DE

LA MONARCHIE

FRANÇAISE.

On trouve chez les mêmes Libraires, les deux Ouvrages suivans, du même Auteur.

De la Monarchie française, depuis son établissement jusqu'à nos jours, ou Recherches sur les anciennes institutions françaises, leur progrès, leur décadence, et sur les causes qui ont amené la Révolution et ses diverses phases, jusqu'à la déclaration d'Empire; avec un supplément sur le gouvernement de Bonaparte depuis ses commencemens jusqu'à sa chute, et sur le retour de la Maison de Bourbon. 3 vol. in-8°.   15 f.

De la Monarchie française, depuis le retour des Bourbons jusqu'au 1er avril 1815; considérations sur l'état de la France à cette époque; examen de la Charte constitutionnelle, de ses défectuosités, et du principe sur lequel l'ordre social peut être recomposé. 1 vol. in-8°..............   7 f.

DE

LA MONARCHIE

FRANÇAISE

DEPUIS LA SECONDE RESTAURATION

JUSQU'A LA FIN DE LA SESSION DE 1816;

AVEC

UN SUPPLÉMENT

SUR LA SESSION ACTUELLE.

Pour faire suite à *la Monarchie française*, depuis son établissement jusqu'en 1814, et à *la Monarchie française*, depuis le retour des Bourbons jusqu'au 1er avril 1815.

PAR M. LE COMTE DE MONTLOSIER.

———— ✳ ————

PARIS,

LIBRAIRIE DE GIDE FILS,

rue Saint-Marc, n° 20.

H. NICOLLE, A LA LIBRAIRIE STÉRÉOTYPE,

rue de Seine, n° 12.

〰〰〰〰〰

M DCCC XVIII.

OBJET

ET PLAN DE CET OUVRAGE.

Dans un premier Ouvrage sur la Monarchie
Française, j'ai rendu compte de nos institutions anciennes. J'ai traité de leur origine, de
leur progrès, et de leur décadence. Je suis arrivé
ainsi à la grande époque de notre révolution.
J'ai traité en même temps de cette révolution ;
j'en ai poursuivi les diverses phases, depuis
l'établissement de la République, jusqu'à la
déclaration d'Empire, et finalement jusqu'à la
première Restauration. Poursuivant ma carrière, j'ai rendu compte, dans un quatrième
volume, de cette Restauration. J'ai exposé la
manière dont le Gouvernement a été dirigé à
cette époque. L'Ouvrage actuel est destiné à
traiter de la situation de la France, au milieu
des événemens qui se sont succédés depuis la

seconde Restauration jusqu'à la fin de la session de 1816. Ma tâche se partage naturellement en plusieurs Parties. Dans la première, je me contenterai d'exposer les événemens. Dans la seconde, j'analyserai les causes auxquelles ces événemens se rapportent, et les conséquences qu'elles peuvent ultérieurement amener. Dans une troisième Partie, je m'occuperai des moyens de les prévenir, ou de s'en préserver.

PRÉFACE.

—

Lors de la première Restauration, quand je vis nos Princes revenus en France, se placer aussitôt et sans précaution sur un trône façonné pour Bonaparte, leur confiance si noble et si française obtint mon admiration ; elle excita aussi mes craintes. Quand je vis ensuite l'attitude du nouveau Gouvernement, quand je fus à même d'observer ses opérations et sa marche, mes craintes redoublèrent. Elles devinrent la matière de mon quatrième volume *De la Monarchie française.*

A la seconde Restauration, tout occupé des malheurs de la première, ayant lieu de craindre le retour de la même insouciance de la part des Alliés, et de

a

la même confiance de la part de nos Princes, j'entrepris d'éveiller à cet égard l'attention. Je publiai deux brochures intitulées, l'une : *Quelques Vues sur l'objet de la Guerre*; l'autre : *Des Désordres actuels de la France.*

Après avoir montré dans ces brochures comment, à la première Restauration, les Alliés avaient manqué l'objet de la guerre, mon intention était de tourner leurs vues sur ce point. Ma faible voix ne fut point écoutée. D'un côté les Alliés persistèrent dans leur première insouciance; d'un autre côté une nouvelle machine fut montée, tout aussi mal conçue, tout aussi défectueuse que la première.

Il ne me fallut pas long-temps pour prévoir sa destinée. A peine fut-elle quelques mois en mouvement, qu'elle se détraqua de toutes parts. La France frémit de la marche d'une Assemblée qui pouvait faire tant de bien, et qui faisait craindre tant de mal. Cette fois cependant, le Gouvernement s'avisa à temps. L'Ordonnance du 5 septembre découvrit un horizon nouveau et des perspectives nouvelles.

Pendant quelque temps je cherchai à m'attacher à cette nouvelle situation. Comme je lui avais donné mes vœux, je voulais lui donner aussi mes espérances. Me trouvant à Paris, je mis un grand soin à observer la marche des choses, ainsi que les dispositions des partis. Je fus obligé de renoncer à mes espérances.

Pourquoi la France résiste-t-elle sans cesse et depuis si long-temps à toutes les formes de Gouvernement qui lui sont offertes ? Tel est le phénomène que je me suis proposé d'examiner. Me plaçant dans l'intervalle écoulé depuis la dernière Restauration, je me suis mis d'abord à exposer les faits ; j'ai examiné ensuite les causes. J'ai composé ainsi l'ouvrage que je vais publier.

Il y a plus de six mois que cet ouvrage est livré à l'impression. Il est inutile de dire par quelle suite de contrariétés la publication en a été différée. Il suffit de rappeler qu'à une certaine époque, ce n'étaient pas les auteurs seuls qui étaient responsables de leurs écrits. Il ne suffisait pas alors d'être rassuré sur ses propres dangers ; on avait à traiter avec les dangers de ses auxiliaires,

Dans une matière aussi importante, il a été convenable de traiter aussi un peu avec les craintes de ses amis. Si j'avais suivi leur conseil, cet ouvrage n'aurait point paru ; non pas qu'ils le trouvassent répréhensible en soi ; il leur paraissait, au contraire, d'un citoyen soumis, aimant le pays et le Gouvernement: mais les matières politiques et générales qui en sont l'objet sortant de la ligne tracée, ils étaient effrayés de cette déviation ; ils l'étaient aussi pour moi des mécontentemens et des haines que j'exciterais.

Sur ce point leurs craintes ne sont que trop fondées. Dans cet ouvrage, ainsi que dans les précédens, je blesserai en beaucoup de points les hommes de la France nouvelle, sans contenter en aucune manière ceux de la France ancienne. Je m'attends de nouveau à être froissé par tous les partis.

Il y a long-temps que telle est ma condition. Depuis le moment où, avec l'ancien état des choses, l'ancienne raison humaine a été comme foudroyée et mise en pièces; depuis le moment où les débris de cette raison, jetés pêle-mêle avec les débris de l'Etat, il n'y a plus eu ni voie, ni lumière; depuis ce moment les Français, un bandeau sur les yeux et un poignard à la main, semblent condamnés à se précipiter éternellement les uns sur les autres, sans savoir ni où ils vont, ni ce qu'ils font.

Je n'ai pu demeurer étranger à ces mouvemens. A Paris, à Coblentz, à Bruxelles, à Londres, on m'a vu souvent dans la mêlée. Si mon sort a été d'élever contre moi beaucoup de déchaînemens, mes efforts n'ont pas été toujours sans succès. A la suite de mes faibles aver-

tissemens, j'ai vu se former quelquefois
une idée plus juste des hommes et des
choses. Je n'ai sûrement pas écarté les
obstacles, je les ai diminués. Vieux ser-
viteur de ma patrie, tout couvert des ci-
catrices de mes anciennes tentatives, aujourd'hui comme au temps passé, je dois
me résigner à ce qui arrivera.

Il n'est pas inutile de remarquer à ce
sujet l'opinion qu'on se fait dans un certain public de la liberté de la presse. Si
vous n'avez à dire la vérité qu'aux ministres, aux grands et au Roi, vous pouvez publier vos pensées. Fussent-elles
énoncées en termes durs, inconvenans,
irrespectueux, on trouvera que vous ne
faites qu'user de la liberté appartenant à
tout Français ; vous passerez pour un
homme indépendant. Mais si, entrant
dans les erreurs publiques, vous dites
des vérités sévères à vos amis, à vos
compagnons, à vos pairs, on tancera
votre orgueil, on vous accusera de présomption.

« Eh quoi ! lorsque tant d'hommes de
« talent attachent leurs espérances à cet
« ordre de choses, pourquoi ne pas s'y atta-
« cher soi-même ? Dans des matières aussi
« obscures et aussi compliquées, n'est-il
« pas prudent de s'en rapporter aux lu-
« mières du plus grand nombre »? En général, un abandon de toute sa fierté en
courtoisie de la fierté des autres ; un
abandon de toutes ses pensées en soumission à la pensée d'autrui : voilà ce qui est
accueilli, ce qui plaît au public.

Je ne disconviens pas de la défaveur
qui appartient à ma position. Cependant, comme j'écris pour le salut de mes
contemporains, et non pas pour leurs
suffrages ; comme j'écris, non ce qu'une
frivole imagination m'a dicté, mais ce
que je sens fortement en moi-même,
plein de cette impression vive, en présence des plus grands intérêts, je n'irai
point embarrasser les vérités que j'ai à
prononcer, dans les formes fallacieuses
d'une apparente modestie. *Tel s'humilie*

méchamment, dit l'Ecriture, *et ses en-trailles sont pleines de fourberie.**

Je ne me laisserai point imposer par une vaine convenance. L'autorité du grand nombre ne m'imposera pas davantage. Ici ma règle est encore tracée. *Non sequeris turbam ad faciendum malum*, nous dit l'Exode ; il ajoute : *Nec in judicio plurimorum acquiescas sententiæ, ut à vero devies.* Depuis la Révolution, on sait ce qu'a été l'opinion du plus grand nombre.

Pour ce qui est des grands et des ministres, qu'il est devenu à la mode de traiter familièrement, et auxquels je continuerai à porter beaucoup de respect, s'il se présente dans cet ouvrage des points qui les concernent, et qu'il me soit indispensable de discuter, j'espère, en reconnaissant tout ce qui m'est prescrit à cet égard de ménagement, que

---

* Est qui nequiter humiliat se, et interiora ejus plena sunt dolo. (*Ecclesiastic.*)

ma voix aura le courage de s'élever jusqu'à eux. Pour le moment, je ne le prévois pas. Je crains que la chose ne périsse avec les ministres, mais non pas, comme on le dit, par eux. C'est par eux, en ce moment, que nous vivons et que nous subsistons. Nous devons à la sagesse du Roi et aux talens de ses premiers serviteurs, de faire aller une machine qui, par sa nature, me paraît incapable d'aller. Grand Dieu! et c'est en cela même que notre situation me semble déplorable. Une nation est perdue, quand elle ne peut plus être gouvernée que par la sagesse et par le génie. Dans quelques cas ces avantages peuvent être insuffisans.

Lorsque je quittai la France, en 1792, je laissai sur le trône le meilleur, le plus vertueux, le plus respectable des Rois. Auprès de lui je laissai des ministres d'un grand mérite et d'un grand caractère. Sans vouloir établir ici de parallèle, ceux qui auront connu, comme moi, M. de

Lessart , M . Bertrand de Moleville ,
M. de Monciel ; ceux qui auront pu savoir tout ce qu'il y avait d'esprit, de sagacité et de bonne intention dans M. de
Narbonne; d'honneur , de loyauté et de
fidélité dans M. de Montmorin , seront
forcés de convenir que ce n'était point
là un faible ministère. Ce ne sont donc
pas toujours les hommes qui manquent
à une nation ; c'est quelquefois la nation
qui manque aux hommes ; et alors ce ne
sont pas seulement les hommes faibles
qui sont emportés. Lorsque l'avalanche
des Alpes se précipite dans la vallée , elle
pousse indifféremment devant elle et l'enfant et l'adulte , et le nain et le géant.

C'est dans ce point de vue que le lecteur doit m'apercevoir , lorsqu'au milieu
de beaucoup de contrariétés , je me suis
décidé à les surmonter. Ayant au-devant
de moi et nos misères actuelles , et un
avenir sinistre, pouvais - je garder le silence ?

Lorsque le vieux matelot de Greenwich, se promenant sur la plage, reconnaît de loin la nef sur laquelle il a servi, et qu'il la voit battue de la tempête, tout ému à ce spectacle, ses cris, ses conseils, ses vœux impuissans s'exhalent malgré lui dans les airs. Toutefois, que le navire se sauve, ou qu'il périsse, les flots irrités ne l'atteindront point dans sa demeure. Il n'en est pas ainsi pour moi des tempêtes de la France. Réfugié dans un désert, c'est en vain que j'y cherche un peu de repos. Avec les révolutions, il n'y a de repos ni à la vie, ni à la mort : elles ne respectent ni les palais, ni les chaumières, ni les déserts, ni les tombeaux.

J'ai dû justifier le sentiment qui m'a ramené sur la scène politique. Qu'on ne me parle pas, après cela, de la grandeur de ma tâche ; je la sens assez.

Le principal trait des difficultés de la France, c'est que son mouvement, quelque direction qu'on lui donne, s'embarrasse sans cesse au milieu des erreurs et des passions. Démêler cette situation n'est pas facile ; contraindre tous les partis à y prendre leur place , semble impossible Dans les premiers temps de la seconde Restauration , l'autorité a voulu se placer dans la France ancienne ; elle a marché aussitôt vers la contre-révolution. Apercevant à temps ce danger , elle a changé de route : on l'accuse de se précipiter aujourd'hui dans la révolution.

Une des premières pensées de cet ouvrage est que Louis XVIII ne peut faire marcher son char légitime sur un essieu et des roues toutes révolutionnaires. Une pensée qui vient immédiatement après celle-là, c'est que Bonaparte lui-même, avec l'avantage de ses affinités révolutionnaires, n'y parviendrait pas. Il n'aurait garde de le tenter. Sa manière était d'employer les hommes de la révolution, mais non pas les choses. Il chérissait les jacobins, et avait en horreur le jacobinisme. Il est inutile à ce sujet de s'occuper de légitimité ou d'illégitimité.

Avec le retour des doctrines révolutionnaires que je vois en faveur, l'illégitimité ne pourrait pas plus s'établir que la
légitimité. Qu'on choisisse pour mettre
sur le trône l'homme le plus ardent de
la révolution ; pour s'y conserver seulement trois mois, il faudra qu'il commence par anéantir la révolution.

Actuellement, que fait-on ? Par un
contre-sens que je ne saurais assez déplorer, un certain parti poursuit, non
la révolution, mais les révolutionnaires.
Ce ne sont pas les principes qu'il attaque
franchement, mais les personnes. Ici on
repousse les hommes qu'on devrait ac-
cueillir ; là on accueille les choses qu'on
devrait repousser. En repoussant les
hommes, ceux-ci répandent partout la
haine ; en accueillant la révolution,
ceux-là distribuent partout des armes.
Sous Bonaparte il y avait sans doute
aussi des haines ; mais du moins elles
étaient étouffées. On était les uns auprès

des autres, sans oser se haïr. Aujourd'hui les haines sont enrégimentées et armées. Elles font effort de toutes parts pour se ranger en bataille et s'attaquer.

Quand cette situation est une fois connue, une compression momentanée se présente aussitôt à l'esprit : c'est une mesure manifestement nécessaire pour avoir le temps de remettre chaque chose à sa place et dans son véritable mouvement. Point du tout. On ne sait imaginer alors que le système d'une compression continue. Ici, toutes les forces de l'Etat vont être employées pour tenir dans une inaction durable des élémens essentiellement actifs ; là, toutes les idées libérales se réunissent, à l'effet de donner un plein essor à des élémens essentiellement désordonnés.

Dans ce désordre on serait tenté de croire que le concert ne s'établira jamais. Autre erreur. Aux temps de la liberté, on est effrayé du spectacle des dissensions.

Aux temps de la compression, on est encore plus effrayé du phénomène d'une certaine harmonie. Ce phénomène consiste en ce que des élémens essentiellement ennemis savent se rapprocher dans l'intérêt de leurs espérances diverses, pour abattre ensemble la puissance qui veut les contenir.

Tel est le chaos dans lequel je suis appelé à entrer. On parle du torrent des âges : oh ! oui, sans doute, c'est un torrent, car il est près de tout entraîner. On parle du progrès de la civilisation : oh ! oui, sans doute, il y a un progrès ; il est même rapide. Quand le corps humain, accablé par la maladie, est au moment de se dissoudre, on peut remarquer un grand progrès dans sa désorganisation. On parle de l'esprit du siècle : c'est beaucoup mieux que de l'esprit ; c'est de la fièvre. J'admire ces merveilles ; et cependant, sous peine de mort, ce sont ces merveilles auxquelles il faut renoncer ; c'est cette fièvre qu'il faut faire cesser ; c'est ce *progrès* vers notre fin qu'il faut arrêter ; c'est ce torrent dévastateur qu'il faut détourner.

DE
LA MONARCHIE
FRANÇAISE.

PREMIÈRE PARTIE.

Analyse des principaux événemens depuis
la seconde Restauration.

Le second armement de l'Europe, la nouvelle
abdication de Bonaparte, le retour du Roi,
la convocation de l'Assemblée de 1815, son
attitude dans les circonstances, la nécessité de
la renvoyer, et ensuite de la dissoudre; l'Ordonnance du 5 septembre, l'Assemblée nouvelle, son esprit, ses opérations : tels sont les
principaux événemens dont je chercherai à
développer le caractère.

1

CHAPITRE PREMIER.

Vue générale sur la situation de la France.

J'ENTENDS continuellement parler de la France et du peuple français. Je sais qu'il y a eu autrefois en Europe un peuple de ce nom. Mais on n'en peut point douter, ce peuple a disparu. Un grand nombre d'entre nous a assisté à ses derniers momens. Nous l'avons vu étendu à terre, massacré, dépecé. Nous avons vu comment la tête a été séparée du tronc, le tronc mis en pièces. Non seulement la tête mise à part, a été massacrée à part; nous avons vu encore comment on a dépecé les membres, comment on a ôté aux différentes contrées leurs lois, leurs coutumes, leurs institutions, jusqu'à leur nom propre. Vous prétendez vous appeler la France! Vous avez eu plus de bonne foi envers les provinces. Aussitôt que vous avez eu dépouillé la Bretagne de sa constitution et de ses Etats, elle n'a plus été pour vous la Bretagne; elle a été la *Vilaine*, le *Finistère*, le *Morbihan* ; l'Auvergne a été à son tour le *Puy-de-Dôme*, le *Cantal*, la *Haute-Loire*. Le mot *France* peut être encore employé dans le langage, dans les livres, dans les cartes géographiques. On peut trouver sur l'ancien territoire de ce nom d'anciennes routes bien entretenues, des villes, des maisons, des hôtels bien bâtis. Est-ce ainsi que se compose un peuple ? Ah! si, en 1789, l'Assemblée qu'on appelle Constituante se fût contentée de mettre le feu à la ville de Paris, et de proche en proche à Saint-Denis, à Versailles, à Lyon, à Rouen, à Toulouse, la France pouvait survivre à cette rage insensée. A l'approche des Gaulois, Rome réfugiée dans le Capitole put voir de là ses sénateurs égorgés et ses maisons livrées aux flammes. Athènes réfugiée dans ses vaisseaux put abandonner de même à ses ennemis la Roche de Minerve et les maisons qui la couvraient. Quelque perte qu'il éprouve, un pays qui a conservé ses anciennes mœurs, ses anciennes institutions, ses anciennes lois, est par cela même plein de vie : de nos jours Moscou en cendres s'est conservée Moscou. Mais un pays qui a abattu tout son ancien édifice social, un pays renégat de ses anciennes institutions et de ses anciennes lois ; un pays qui a perdu tout son moral, en conservant seulement son matériel ; un tel pays a beau figurer parmi les peuples, il n'est pas moins détruit à mes yeux que la fameuse Thèbes aux cent portes, dont les ruines frappèrent de stupeur notre armée dans les déserts de l'Egypte.

C'est ce qu'il est convenu parmi nous d'appeler *révolution*. Je suis obligé de m'élever encore contre cette locution.

Dans nos anciens temps, lorsqu'une tête nouvelle croissant graduellement au sommet de l'Etat, se mit à la place de l'ancienne, ce mouvement qui éleva la race de Charlemagne à la place de celle de Mérovée, et ensuite celle de Hugues Capet à la place de celle de Charlemagne, peut être appelé une révolution. Il en est de même des changemens qui firent succéder à Rome la république à la monarchie, et la monarchie à la république ; de même des changemens qui firent succéder la religion chrétienne au paganisme, le mahométisme à la religion chrétienne. Dans ce qu'on appelle révolution française, quelque chose a-t-il remplacé ce qui a été détruit? On parle en Europe du peuple français. Un peuple est quelque chose qui donne l'idée d'un passé, d'un présent, d'un avenir. Depuis la catastrophe qui a anéanti notre passé, bouleversé notre présent, et qui ne nous laisse apercevoir aucun avenir, sous quel rapport serions-nous encore un peuple? Une multitude composée des débris d'une vieille nation qu'on reconnaît à certains signes avoir existé autrefois, et qui, par un acte de suicide sans exemple, s'est efforcée de se tuer elle-même et de s'abolir : voilà au juste ce que c'est aujourd'hui que le peuple français; voilà ce que c'est que sa révolution.

Dans cette situation, si nous n'avons plus les avantages de la vie, nous n'avons pas même les avantages de la mort. J'ai cité la fameuse Thèbes aux cent portes. Celle-ci gît sur la terre sans effort et sans mouvement. Elle ne fatigue de ses convulsions ni les nations voisines, ni le désert dont elle fait partie. La France, au contraire, ne cesse de se tourmenter et de tourmenter ce qui l'entoure. Les corps, dit-on, *n'agissent que dans leur dissolution*. Il faut que notre dissolution ait été bien complète, car notre action a été bien forte. Quelle leçon pour les peuples de l'Europe, que le spectacle de tous ces lambeaux de la France abolie en 1789, cherchant depuis cette

époque, tantôt d'une façon, tantôt d'une autre,
à se rattacher à la vie ! Je dis quelle leçon !
en même temps quel sujet d'effroi ! Comment
n'être pas épouvanté de l'énergie de tous ces
élémens désunis entre eux, dont l'impatience
cherche partout, et aux dépens de tout, à se
faire une création nouvelle, et a besoin par là
même de destructions nouvelles ! Sous ce rapport, notre situation n'intéresse pas seulement
la France ; elle appartient à l'humanité entière :
elle embrasse tout l'ordre social.

CHAPITRE II.

De l'intervention des Puissances de l'Europe dans les affaires de France. Du droit de cette intervention.

———

A PROPREMENT parler, un homme ne peut jamais être étranger à un autre homme. Toute l'antiquité a professé cette doctrine : « Vous « prétendez, dit Cicéron, que la justice est « due aux citoyens, et non pas aux étrangers. « Sachez que vous détruisez ainsi toute société « parmi les hommes ; car vous effacez la « bienfaisance, la libéralité, la justice. En « les effaçant, vous vous rendez coupables « envers les Dieux mêmes qui ont établi sur « ces fondemens l'existence du genre hu- « main. »

Ce sentiment, qui a été chez tous les peuples le principe des devoirs de l'hospitalité, acquiert plus de force lorsqu'il existe d'homme à homme des liens de service, d'amitié ou de parenté. Il s'établit de la même manière de

maison à maison, lorsqu'il existe entre elles
des rapports de commerce et de voisinage. Il
s'établit de même de peuple à peuple, lorsque
ceux-ci vivent depuis long-temps ensemble
sous la même religion, sous les mêmes institutions, sous les mêmes mœurs. Ainsi les Grecs,
que des usages communs réunissaient à leurs
différens jeux, et surtout aux jeux olympiques; qu'une religion commune réunissait
dans leurs différens temples, et surtout à Delphes; que des intérêts habituels réunissaient
contre les Barbares et surtout contre les Macé-
doniens et les Perses; les Grecs eurent beau
présenter sur leur sol l'apparence d'une multitude d'Etats indépendans, sous le rapport de
la langue, des arts, de la religion, des mœurs,
on les regarde assez généralement comme
composant la même société et le même peuple.

Avec certaines différences de mœurs, d'institutions et de langage, les nations de l'Europe offrent le même phénomène. Il y a réellement en Europe, comme dans la Grèce, un
fonds commun de civilisation, qui, sous certains rapports, fait de l'Europe une seule et
même nation.

De quelque manière que cette sorte d'existence commune se soit composée, dès qu'elle

est une fois établie, ce n'est pas impunément qu'on lui portera des atteintes. Dans des points peu importans, les atteintes seront sans conséquence ; dans les points graves, le principe d'harmonie ne pourra être ébranlé sans danger ; et dès lors on doit s'attendre qu'il provoquera l'irritation et la résistance.

Je viens de citer les Grecs. Au moment de la plus grande énergie de leur confédération, je suppose qu'il vienne tout à coup en fantaisie aux Athéniens de divulguer les mystères d'Eleusis, de dénigrer le culte de Delphes comme une superstition, les jeux olympiques comme une institution féodale ; au milieu des autres Grecs accoutumés au régime des esclaves, je suppose qu'Athènes s'élève tout à coup pour faire consacrer non-seulement la liberté, mais la souveraineté de la multitude ; et que, pour donner plus de succès à cette doctrine, l'Aréopage soit massacré en entier et remplacé par des prolétaires, croit-on que le reste de la Grèce restera tranquillement spectateur de ces scandales ?

Les maisons ont à cet égard le même droit des gens que les peuples. Accablé d'âge et d'infirmités, un vieux charbonnier vit tranquillement dans sa chaumière, au milieu de

ses enfans, de ses petits-enfans, de ses serviteurs, de ses ouvriers. La Discorde entre tout
à coup dans cette peuplade : les enfans, les
ouvriers, les serviteurs, les compagnons, les
apprentis, en un mot toute la *nation* de la
maison se révolte et se fédère contre son chef.
Si ce n'est qu'une ivresse passagère, une effer-
vescence du moment, l'ordre sera bientôt rétabli : on reconnaîtra ses fautes, on réparera
ses torts ; les maisons voisines pourront se dispenser d'intervenir. Si, au contraire, ce sou-
lèvement depuis long-temps médité tient à la
dissolution systématique des anciennes mœurs,
si les auteurs de cette révolution cherchent,
non à faire excuser leurs fautes, mais à les
faire honorer, et surtout à les propager, je
doute que les maisons voisines demeurent indifférentes à ce désordre.

Je prie le lecteur d'arrêter un moment son
attention à la doctrine suivante :

« Que signifie le respect envers la vieillesse?
« Que signifie l'obéissance de tous à un seul
« homme ? Tous ne valent-ils pas mieux qu'un ?
« Quel est le principe de l'autorité sur la terre?
« N'est-ce pas le nombre, n'est ce pas la force ?
« La force n'est-elle pas de notre côté ? La rai-
« son elle-même n'est-elle pas plutôt chez nous

« que chez ce vieillard? Et puis, qu'avons-
« nous besoin, nous qui sommes jeunes, dans
« l'âge des plaisirs et des jouissances, de lais-
« ser tout notre argent à celui-ci qui n'a be-
« soin de rien ? Et vive la jeunesse ! vive
« le peuple de la maison ! »

Je n'ai point à examiner pour le moment
cette doctrine. Je sais qu'il en est une toute
semblable dans l'ordre des nations qui a beaucoup de faveur. Avec le perfectionnement actuel des lumières, il est possible qu'elle gagne
la société entière. Mais pour les maisons, je
ne les crois pas encore mûres pour la doctrine semblable qu'on voudrait leur appliquer.
Il est probable que, d'ici à quelque temps,
elles la regarderont comme un scandale, et
qu'elles chercheront à la repousser.

Dans la question de l'indépendance des
peuples, comme dans celle de l'indépendance
des maisons, la difficulté ne roule pas sur le
droit qu'a chaque peuple ainsi que chaque
maison de régler ou de bouleverser comme il
lui convient son intérieur, mais seulement sur
le point de savoir si, en le bouleversant de
manière à provoquer le bouleversement des
maisons ou des nations voisines, on n'autorise
pas en cela même leur intervention.

CHAPITRE III.

De la manière dont les Puissances de l'Europe sont intervenues dans les affaires de France, à diverses époques.

———

QUELS que fussent, à l'égard de l'Europe, les dangers de la révolution française, les puissances furent long-temps à comprendre ces dangers. Il fallut que la révolution, qui avait suffisamment déclaré la guerre par ses dogmes, la déclarât encore positivement à coups de canon. On commença à se remuer un peu, quand on vit arriver sur soi et déborder de toutes parts un peuple qui avait converti tous ses habitans en soldats, toutes ses terres en moyens de solde, et qui se précipitait vers l'Europe comme vers une proie. Se débattant avec maladresse au milieu de ce danger d'une espèce nouvelle, les puissances se flattèrent long-temps sur la nature d'une crise qu'elles regardaient comme une fougue passagère. Intimidées par nos principes, intimidées par nos armes, elles cédèrent quelquefois à l'énergie de notre valeur, d'autres fois à l'adresse de nos cajoleries. Ici c'étaient les lettres les plus raisonnables au cardinal Matthei; là c'étaient les stipulations sensées de l'article 14 du traité de Campo-Formio; une autre fois c'était l'érection de la Légion d'honneur, l'établissement d'un nouveau corps de noblesse; enfin tout l'éclat d'une cour et d'une grande monarchie. De cette manière la France semblait revenue en quelque sorte de son ancien dévergondage. On lui voyait l'apparence ou au moins des dispositions à un ordre social nouveau. Cet ordre social semblait calqué en beaucoup de points sur les formes de civilisation établies chez les autres peuples.

C'est avec ce patelinage que la révolution est parvenue à énerver les efforts de l'Europe, et à l'envahir pièce à pièce. Depuis long-temps sous le joug, l'Europe affectait encore la sécurité. A la fin, le désespoir a ouvert les yeux; il a fallu renoncer à la prudence, et ne voir de ressource que dans le courage. Depuis quelque temps cette révolution s'était réfugiée dans un homme : cet homme, mélange d'Alexandre et d'Attila, offrait des points accessibles et vulnérables. La retraite de Moscou commença à faire croire que cet homme invaincu n'était pas invincible. Des haines depuis long-temps comprimées osèrent se montrer. Lors-qu'au désastre de Moscou se joignit celui de Leipsick, tout éclata.

Dans cette position, Bonaparte avait perdu la supériorité des armes. Il pouvait se réfugier s'il avait voulu vers celle de la révolution : c'est un écueil qu'il évita. Qui n'aurait cru qu'orgueilleux, obstiné, désirant se défendre jusqu'à la dernière extrémité, il cher-cherait à se conserver en France avec des pe-lotons de son ancienne armée ! Sa résistance n'eût pas été de longue durée. S'affaiblissant chaque jour par des désertions, se délustrant par des défaites, il eût très-heureusement servi de cette manière le parti opposé à la révolu-tion. On peut croire que celui-ci, soutenu par les armées étrangères, se renforçant chaque jour, et disciplinant ses milices, eût offert à la fin un grand volume, pris un grand essor, et imposé finalement à toute la France ses conditions et ses lois.

C'est ce que prévint très-habilement l'abdi-cation de Fontainebleau. Cet événement eut pour effet de laisser en dedans toute entière la révolution avec ses cadres et ses armées. C'est dans cet ensemble si dangereux et si hétéro-gène, que Louis XVIII et sa famille eurent à se placer. Croira-t-on que dans une circonstance aussi grave, les puissances de l'Europe aient fait tout ce qu'elles devaient faire ?

CHAPITRE IV.

Du caractère que devait avoir, dans les circonstances, l'intervention des Puissances.

Quelque détermination qu'on prenne dans la vie, si on avait soin de se demander auparavant où on va, et ce qu'on veut, on s'éviterait beaucoup de fautes. On a publié tantôt que la guerre se faisait seulement contre Bonaparte, tantôt que c'était en faveur de Louis XVIII. Il serait absurde qu'une guerre de cette nature n'eût eu pour objet que des intérêts particuliers. Peu importe sans doute à l'Europe que la France soit gouvernée par tel ou tel prince; peu lui importe que la France soit sous le despotisme ou sous la monarchie, sous l'aristocratie ou sous la république. Je dirai plus : il pourrait ne pas lui importer du tout que la France fût heureuse ou malheureuse, dans l'adversité ou dans la prospérité; qu'elle eût un gouvernement ré-

gulier ou irrégulier. Ce qui lui importe, c'est
que, par l'effet de la situation de ce pays, sa
propre situation ne soit pas inquiétée. Ce qui
lui importe, c'est qu'au milieu de tel ou tel
système, de tels ou tels principes, de tel ou
tel fléau, de telles ou de telles calamités qu'il
plaira à la France de s'imposer, la contagion
de ces principes, de ces systèmes, de ces
fléaux, de ces calamités, ne vienne pas sans
cesse lui apporter des craintes.

On a affirmé que les puissances s'étaient
armées en faveur de la légitimité. C'est bien;
mais n'y a-t-il qu'une seule légitimité au
monde ? N'est-ce que dans les trônes qu'il faut
la reconnaître ? Ne pénètre-t-elle pas aussi de
quelque manière dans les rangs, dans les
droits, dans les possessions des simples citoyens ? Si (par impossible) un prince français
dérogeant à l'honneur de sa race, venait à
adopter comme maxime d'Etat la liberté, l'é-
galité, la fraternité ; s'il proclamait solennel-
lement le principe que tous les hommes anciens d'un Etat, ses lois, ses mœurs, doivent
être livrées à l'anéantissement, à l'humiliation,
à la proscription ; s'il faisait décréter par son
conseil d'Etat que la souveraineté appartient à
la multitude, tout droit à la force ; qu'il fît

2

de cette doctrine si séduisante pour les forts
de la halle de tous les pays, la nouvelle enseigne de son gouvernement, et qu'il la pro-
posât aux autres souverains de l'Europe comme
base de leurs relations futures, croit-on que ce
prince légitime obtînt beaucoup de faveur
dans leurs cabinets ? Nous avons pu nous applaudir en France de voir des marchands de
toile membres d'une Cour des Pairs ; nous
avons admiré des avocats et des procureurs de
petites villes devenus tout à coup comtes,
ducs, princes. L'Europe a aussi probablement
dans ses petites villes des marchands de toile,
des procureurs et des avocats. Pour achever
de s'honorer, s'il ne faut que tuer un roi, une
reine, massacrer des nobles, des évêques,
l'Europe a en ce genre tout ce qu'il faut ; elle
ne manque d'aucune occasion de crimes : elle
ne manquera pas même, si cela est nécessaire,
de rubans pour les honorer et d'écrivains pour
les célébrer. Elle peut recevoir de France
la contagion de ses vices, aussi facilement
que de Constantinople la contagion de sa
peste.

C'est contre cette peste que l'Europe devait
s'armer. C'est pour des choses et contre des
choses, et non pour des hommes seulement et

contre des hommes qu'elle devait développer ses forces et ses précautions.

Je voudrais croire que ces vues n'ont pas tout à-fait échappé. A Rome, on n'osait donner aux esclaves une marque distinctive, de peur de leur donner une idée de leur force. Il a pu être prudent de même de ne pas laisser croire à la multitude de tous les pays qu'on déclarait la guerre en France à la multitude. D'un autre côté, telle est la faiblesse de l'esprit humain, qu'il est porté à donner une forme sensible à tous les centres de mouvement. On a mis ainsi la figure de Roberspierre sur une crise de révolution misérable, en cela seul que Roberspierre semblait plus particulièrement y participer. On aura donné de même pour s'entendre le nom de Bonaparte à une crise de révolution toute de gloire militaire, en ce que Bonaparte, qui la dirigeait, s'y est trouvé le personnage prépondérant. Je voudrais croire ainsi qu'il n'y a eu que de la métaphore dans la langue qui a été parlée dans ce temps-là. Malheureusement ce qui devait n'avoir qu'un sens figuré a eu un sens réel. Après avoir parcouru soigneusement dans notre capitale les rues, les promenades, les spectacles, les édifices publics, les souverains ne dédai-

gnèrent pas de rechercher notre situation intérieure. Ils consultèrent avec la plus grande
impartialité les hommes de la révolution et de
la contre-révolution. Mais ceux qui avaient vu
sérieusement tout le règne de la terreur dans
Roberspierre, leur persuadèrent que toute la
France d'alors était dans Bonaparte. Dès ce
moment leurs foudres se dirigèrent sur cet
objet. Le plus grand rassemblement armé dont
il soit fait mention dans les annales du monde
eut pour résultat le déplacement de Bonaparte, qui des Tuileries passa à l'île d'Elbe,
et celui de Louis XVIII, qui d'Angleterre
passa aux Tuileries.

CHAPITRE V.

Du caractère de la première Restauration.

———

En examinant attentivement le langage et la conduite qui furent tenues à cette époque, il semble que la cause de la France, son salut et celui de l'Europe reposaient dans une seule chose, la *légitimité*. Qu'on prenne bien garde que je ne combats en aucune manière cette doctrine; elle est tout-à-fait la mienne : seulement je ne l'applique pas, et ne la réduis pas, comme on fait aujourd'hui, à un seul objet. Si vous parlez à certaines personnes de la puissance de *fait*, du gouvernement de *fait*, elles se hérissent, et deviennent intraitables. Mais si vous leur parlez de possessions de fait, de propriétés de fait, de rangs, de droits, d'institutions de fait, elles se calment, et sont toutes prêtes à entrer en composition. Je respecte de tout mon cœur la légitimité des couronnes. Je tiens pour doctrine que cette légi-

timité est la sauve garde d'un Etat et le principal lien de la tranquillité publique. Mais en
accordant toute ma foi au principe de la légitimité dans l'ordre politique, il m'est permis
de croire qu'il est quelque chose dans l'ordre
civil ; il m'est permis de croire que le champ
que je tiens de mes pères, que le rang, que
les droits qu'ils m'ont transmis avec l'autorité
de la société, ont aussi quelque chose de légitime. Le droit de la couronne ne peut, dans
aucun cas, s'isoler des autres droits. Tout cela
forme un ordre entier. La légitimité du trône
garde les autres légitimités, et est à son tour
gardée par elles.

Les puissances coalisées n'entrèrent pas dans
toutes ces considérations. Après s'être emparé
de la France, elles en parurent embarrassées.
Elles se saisirent du premier point de solution
qu'on leur présenta. Elles parurent croire,
comme tout le monde, que le salut de l'Europe était dans une seule légitimité. Elles jugèrent à propos de retrancher quelque chose
du territoire géographique de la France. Du
reste, son *statu quo* moral, civil et politique,
fut soigneusement conservé. Il n'y eut de
brèche que pour le trône de Bonaparte. Avant
d'entrer par cette brèche, Louis XVIII voulut

bien consentir à une apparence de capitulation. Par les articles de cette capitulation, les
cadres de la révolution, ses formes, ses institutions, jusqu'à son sénat, son code, son armée furent intégralement conservés. C'était en
quelque sorte la révolution qui avait appelé
Louis XVIII dans son sein : elle lui rendit foi
et hommage ; elle lui fit promesse d'obéissance
et de fidélité. Comme depuis vingt-cinq ans
on continue à parler de la France, ce qui en
réalité ne signifie pas l'ancien pays de ce nom,
mais seulement la révolution, on se mit à proclamer partout comme Roi de France un
prince que la révolution regardait comme tout
à elle. Dans le fait, elle devait le regarder
comme légitime, puisqu'il avait été appelé et
couronné par elle.

De grands mouvemens ne pouvaient manquer de sortir de cet état de choses.

CHAPITRE VI.

Du 20 mars, et de la seconde Restauration.

Des matériaux de révolution, mal ordonnés entre eux par des lois civiles et politiques en ébauche, mis de nouveau en mouvement par le tumulte des combats et les besoins de la guerre, telle était alors la composition de la France. C'est dans ce chaos et par la brèche du cadre brisé de l'ancien gouvernement que se présentent les restes augustes et jusqu'alors fugitifs de l'ancienne race de nos Rois. Dès que je les aperçois, plein de joie et d'inquiétude, je me demande : « Que feront-ils ? S'ils entrent trop avant dans la révolution, ils s'abaissent ; s'ils restent en dehors, ils se perdent. » C'est ainsi que j'exprimais alors mes frémissemens.[*] La suite des événemens n'a pas tardé à les justifier.

La révolution n'avait pas trouvé trop mau-

[*] Voyez le 4e volume de *la Monarchie française.*

vais que Louis XVIII eût voulu octroyer lui-
même la constitution, au lieu de la recevoir
du sénat. Bonaparte l'avait accoutumée à une
domination qui, en beaucoup de points, lui
avait été profitable. Cependant elle s'aperçut
que Louis XVIII, au lieu de se croire Roi de
France, seulement par l'effet de l'abdication
de Bonaparte, donnait une date beaucoup
plus ancienne à son règne ; elle s'aperçut qu'au
lieu de la France de la révolution, ou, si l'on
veut, de la France de *fait*, le monarque semblait reconnaître une autre France, d'autres
âges, d'autres droits ; elle s'aperçut qu'au lieu
du seul peuple français d'aujourd'hui, il y avait
d'autres hommes, un autre peuple avec d'autres prétentions et une autre allure. Enfin la
révolution s'aperçut que le souverain nouveau
qu'elle avait cru se choisir, lui était étranger.
Certes, ces remarques n'étaient pas difficiles à
faire : dès le premier moment tout le mouvement de l'Etat avait été dirigé en ce sens. On
avait conservé des forces qu'on s'attachait
chaque jour à aigrir, un lustre qu'on s'attachait
à ternir, des places qu'on s'efforçait d'enlever,
des propriétés qu'on affectait de tolérer : à la
première étincelle ces élémens réunis écla-
tèrent.

Je n'ignore pas que, pour rendre compte des événemens du 20 mars, plusieurs personnes ont mentionné des correspondances avec l'île d'Elbe, ainsi qu'une multitude de préméditations et de conspirations : ces allégations avaient pour elles les apparences. Je me suis rendu certain qu'elles étaient sans fondement. Lorsque les choses sont en mouvement, il est inévitable que les hommes cherchent à se mettre en scène avec elles. Je ne doute pas qu'il n'y ait eu, à cette époque, certaines correspondances avec l'île d'Elbe : je suis sûr que ces correspondances n'ont eu aucune action sur les événemens.

Cette action est provenue toute entière d'un sentiment de délicatesse blessée. On ne saurait croire aujourd'hui à quel point cette susceptibilité est parvenue dans toutes les classes. Le peuple français nouveau est ainsi fait ; il peut, si cela est nécessaire, accepter des pertes, même des injustices, il n'acceptera pas des outrages. J'ai remarqué que ce sont précisément les outrages que ne peuvent se résoudre à sacrifier les hommes de la contre-révolution. Le peuple ancien qui avait reparu avec Louis XVIII, annonçant des dispositions à sacrifier tous ses anciens avantages, et se réservant seulement les insultes, se croyait surabondamment généreux.

De sa retraite, l'homme de l'île d'Elbe
voyait toutes ces semences fructifier à son profit ; il comptait, à son approche, sur un grand
dévouement de la révolution : ce dévouement
surpassa son attente. En moins de vingt jours
il put traverser la France, et se replacer aux
Tuileries.

La révolution une fois ressuscitée tonne de
nouveau avec ses dogmes, en attendant qu'elle
tonne de nouveau avec ses canons. En proclamant la liberté, l'égalité la fraternité ; en établissant de nouveau les droits de l'homme et
la souveraineté du peuple, Bonaparte, replacé
aux Tuileries, sollicite la paix qu'il a refusée
à Châtillon ; il acceptera même, article par
article, les conditions du traité de Paris. Cependant les souverains sont encore rassemblés
à Vienne ; effrayés, mais s'animant les uns les
autres, ils repoussent ces propositions. Un
nouveau million de soldats s'ébranle : si on est
vainqueur, il semble que cette fois on entrera
un peu plus avant dans l'intérieur de la France,
et qu'on sondera enfin ses plaies : on a été si
bien averti. Point du tout, cette question est
de nouveau posée dans les cabinets, relative

ment aux personnes, plutôt que relativement
aux choses. Il s'agit encore, pour le salut de
la France, ainsi que pour le salut de l'Europe,
d'une légitimité, et toujours d'une seule légitimité. Sur ce principe, on reprend tout le
plan précédent, avec le seul amendement que
Bonaparte se retirera à l'île de Sainte-Hélène,
au lieu d'être exilé à l'île d'Elbe.

On voit que, pour l'Europe, les deux res-
taurations ont eu un résultat semblable, et à
peu près le même caractère : il n'en est pas de
même pour la France. Lors de la première
restauration, c'était en quelque sorte la révolution qui avait reçu Louis XVIII, et qui lui
en avait fait les honneurs : elle méritait alors
des ménagemens; aujourd'hui c'est Louis XVIII
qui reçoit la révolution. Le monarque n'a plus
de conditions à subir : c'est à lui à les imposer; il est vainqueur, il est le maître : comment usera-t-il de sa puissance ?

CHAPITRE VII.

Du premier Ministère.

Je ne dirai pas tout-à-fait que la France actuelle est *ingouvernable* ; je dirai au moins qu'elle est très difficile à gouverner. Je plains d'avance qui que ce soit qui en aura la charge; car il est impossible, quoi qu'il fasse, qu'il ne donne occasion à beaucoup de plaintes. Je n'ai pas à examiner en ce cas à quel tribunal ces plaintes doivent être portées, ni même si elles seront toujours fondées : ce que je sais, selon les lois de tous les pays, et surtout selon les nôtres, c'est que des sujets de plaintes ne sont jamais des sujets de révolte.

En rendant justice à tout ce que le gouvernement de Louis XVIII a eu d'intentions honorables et paternelles à la première restauration, il est permis de croire qu'il a commis des fautes : ces fautes ne pouvaient autoriser une rébellion. Où en seraient les sociétés, si des ré-

bellions avaient le droit d'éclater à chaque
faute de leur gouvernement.

Ces nuances furent aperçues ; elles guidè-
rent la proclamation de Cambrai, ainsi que
l'ordonnance du 13 juillet. D'un côté, on rechercha convenablement les points où l'autorité avait pu se tromper : ils furent rectifiés.
D'un autre côté, on rechercha sagement les
délits ; on en provoqua la punition avec bonté
et ménagement. Cette bonté était sans doute
dans l'intention du Roi. On en attribuait quelque chose à l'esprit du ministère : sa composition, à cette époque, attirait particulièrement
l'attention.

Un homme diversement célèbre, qui a
figuré d'une manière fâcheuse dans nos bac-
chanales, qui, sur sa route, a eu le malheur,
comme Œdipe, de méconnaître son père ; qui
en même temps a rendu des services signalés à
son pays ; et qui, dans les cent jours surtout, a
sauvé la ville de Paris : cet homme pour qui les
uns réclamaient des peines, pour lequel d'autres se contentaient de demander de l'indulgence, mais à qui tout le monde reconnaissait
une habileté infinie, fut porté tout à coup au
conseil du Roi.

Cet événement a pu donner à la France une

idée de la bonté du monarque, et de la difficulté de son gouvernement. Il ne faut pas oublier que ce roi du temps passé, ce roi légitime, et qui, par cette légitimité même, avait tant d'harmonie avec d'autres légitimités, se trouvait en même temps le roi de beaucoup de choses nouvelles; comme en cette qualité il fallait souvent qu'il se mît en rapport avec elles, il avait besoin d'une main faite exprès pour les toucher. Des hommes sortis de la révolution sont souvent ses ennemis les plus ardens, et toujours ses ennemis les plus éclairés. De même que l'homme le plus propre à toucher les plaies est celui qui a étudié le cadavre, par la même raison, un homme, qui avait traversé la révolution, pouvait être raisonnablement choisi pour toucher les plaies de la révolution. Il y eut ainsi, dans le choix de M. le duc d'Otrante, de l'habileté; il y eut aussi de la bonté, en ce que tout ce qui était personnel au Roi était sacrifié à l'intérêt de la France. Malgré ces considérations, ce choix n'était pas soutenable. Il est pour les rois, comme pour les nations, une pudeur publique qu'ils ne doivent jamais offenser. Meurtre involontaire, je le crois; mais, chez les Grecs, celui qui avait touché un corps mort était réputé impur; chez les Hébreux, l'ho-

micide involontaire était tenu à des expiations.
Quelle impression ne devait pas faire parmi
nous, auprès de Louis XVIII, l'homme qui
avait donné contre Louis XVI sa voix de
mort! Des amis de M. le duc d'Otrante osèrent
lui indiquer les moyens de vaincre cette difficulté ; il écouta leurs conseils, parut tenté de
les suivre : les événemens détournèrent un
acte solennel de réparation qui eût été, pour
la France, d'un grand éclat et d'un grand
exemple.

CHAPITRE VIII.

Des premières opérations du Gouvernement.

Une partie de la nation, autrefois fière et arrogante, enflée de ses anciennes victoires, aujourd'hui se sentant coupable, sans moyens de résistance, et, par là même, soumise et abattue ; une autre partie, autrefois soumise et abattue, aujourd'hui relevée et triomphante ; fière de ses succès, de sa constance et de sa fidélité, demandant à grands cris la punition des délits, en même temps que de nouvelles lois de précaution et de rigueur ; les hommes les plus raisonnables n'osant pas repousser ce mouvement, cherchant seulement à le calmer et à le tempérer : telle était à peu près alors la disposition des esprits. A la première restauration, entouré de toutes les forces de la révolution qu'il avait soigneusement conservées, le gouvernement se trouvait extrêmement faible, parce que ses prétendues forces n'étant

5

pas à lui, pouvaient, à la première occasion, se tourner contre lui. A la seconde restauration, le gouvernement, dégagé de ses forces, était devenu réellement fort.

Il dut soigner ce nouvel avantage. Sa première opération fut la dislocation de l'armée de la Loire, et la dissolution de ses cadres. Cette opération, commandée par les étrangers, comme nécessaire à leur sûreté, ne l'était pas moins pour la nôtre : elle fut conduite avec une sagesse, une dextérité, une habileté qui doit compter à jamais dans nos annales.

La recherche des coupables, et l'épuration des autorités, mesures réclamées avec ardeur par un certain parti, n'était pas adoptée généralement avec la même chaleur : on n'osait pas tout-à-fait s'opposer à cette mesure; on n'y consentait pas non plus tout-à-fait. La révolution avait été rebelle; elle devait être punie; on en convenait; mais dans cette famille, qui est très-nombreuse, tous les membres, disait-on, n'avaient pas été coupables, ou du moins ne l'avaient pas été au même degré. Avec les liens qui unissent les hommes qui ont marqué dans la révolution, les alliances de tout genre, et les connexions infinies qui les rapprochent, on pouvait prévoir que tous se sentiraient at-

teints du coup qui allait frapper quelques-
uns.

C'est un inconvénient que le parti opposé
ne chercha pas du tout à atténuer. Son intention, comme je le montrerai bientôt, était de
s'emparer de l'autorité ; il regardait comme
une fortune l'occasion de châtier la révolution
tout entière, en châtiant un certain nombre
de ses principaux membres. Ce plan qui, au
milieu d'un grand intérêt public, allait faire
ressortir beaucoup d'intérêts particuliers, offrait, par là même, beaucoup de difficultés.
Rétabli sur le trône, il était juste que, pour
l'intérêt de tous, le roi s'occupât de l'affermis-
sement du trône : cependant ce n'était pas le
seul point. Autour de la grande légitimité qui
avait reparu, on apercevait une multitude de
petites légitimités qui voulaient reparaître :
une grande vengeance publique ne semblait
réclamée dès-lors que comme une belle occasion pour des vengeances privées.

Après la punition des coupables, la mesure
des épurations était mise en agitation. Telle
qu'elle était sollicitée, elle présentait de grands
inconvéniens. On mettait ainsi en mouvement
toutes les haines, toutes les ambitions, toutes
les cupidités ; on désorganisait toutes les ad-

ministrations : l'Etat entier allait être en confusion. Si on adoptait cette mesure, il fallait y mettre beaucoup de sagesse : un certain parti ne voulait y mettre que de la force.

Au milieu de ces fluctuations, dont les vagues se mêlaient et se choquaient, le gouvernement n'osa prendre une décision : il convoqua une assemblée.

CHAPITRE IX.

De la convocation de l'Assemblée de 1815.

À la première restauration, lorsque Louis XVIII
rappela l'assemblée précédemment dissoute par
Bonaparte, cette mesure gracieuse, tout-à-fait
dans le caractère des Bourbons, se trouva en
même temps très-habile ; elle donna une
grande force au monarque. Toutefois un rassemblement qui n'avait d'autre mission légale
que celle que le souverain avait bien voulu lui
donner, devait-il être traité comme une véritable représentation ?

À la seconde restauration, quelques personnes eurent l'idée de conserver l'assemblée
des cent jours : c'était une extravagance. En
point de vue général, je ne sais si, dans l'état
où se trouvait la France, il fallait se jeter dans
la mesure d'une convocation. La France était
pleine d'irritations et de passions : ce n'était
pas la peine de leur donner des organes. Il

était évident qu'on ne ferait que reporter sur un plus petit théâtre le chaos qui était partout.

S'il faut en croire certains rapports, ces vues n'avaient point échappé au monarque. Au moment de rentrer en France, son conseil fut partagé sur la convenance de rappeler immédiatement des corps délibérans. On ne peut savoir au juste les motifs des personnes qui poussaient à ce parti : leurs dispositions antérieures, bien connues, pourraient faire croire qu'il y avait dans leurs vues moins d'habileté que de routine, moins de sagesse que de flatterie. Dans ces premiers momens, la France me paraît peu susceptible d'un régime de liberté ; elle me paraît encore moins susceptible de pouvoir absolu. Plus nos circonstances seront difficiles, plus le gouvernement aura besoin d'une assemblée. Toutefois ce n'est pas alors la représentation du pays qu'il faut appeler : c'est sa sagesse, ce sont ses autorités : je crois que notre situation indiquait une assemblée de notables, et non pas une représentation.

Je fus étonné, dans les circonstances, de la convocation d'une assemblée représentative; je le fus bien davantage de la confiance du ministère. Ce ministère qui tenait en partie à la situation précédente, et que par là même on avait choisi comme plus capable de démêler la situation nouvelle, ne s'apercevait pas qu'il était là comme de transition. Il se croyait tout-à-fait établi, une assemblée nouvelle ne lui inspirait aucune crainte. Il avait à peine formé les agens secondaires de sa nouvelle administration : le voilà, avec des instrumens tout nouveaux, occupé à remuer un sol qu'il n'a eu le temps ni d'arranger, ni de préparer.

Cependant un passé tout récent devait lui être à cet égard d'une grande leçon. Lors des cent jours, l'appel que Bonaparte fit à la passion dominante, qui était révolutionnaire, produisit une assemblée toute révolutionnaire : il était clair que l'appel qui allait être fait à la nouvelle passion dominante produirait une assemblée dans le sens de cette passion. C'est ce qui arriva. Dès le premier moment les couleurs du ministère et celles de l'assemblée se choquèrent. Le ministère céda.

~~~~~~

CHAPITRE X.

De la marche et de l'esprit de cette Assemblée.

———

Dans le cours de sa session, si l'assemblée avait voulu ne s'occuper que des seuls intérêts présens, c'est-à-dire si elle n'avait voulu traiter que des moyens de renforcer l'existence de la dynastie légitime, de repousser les prétentions de la dynastie usurpatrice; si elle n'avait voulu que régler simplement et matériellement les finances de l'Etat, donner de l'ordre à son code et à ses lois; au sujet de l'attentat du 20 mars, si elle n'avait voulu que rechercher les grands coupables, sans atteindre ceux qui ne l'étaient pas, toute l'assemblée n'eût eu qu'un vœu et qu'une voix. C'étaient bien là les objets qu'un certain parti mettait en avant. On avait lieu de croire qu'il en avait d'autres en réserve.

Et d'abord il faut se rappeler que la France ne présente pas aujourd'hui une seule nation ; il y en a manifestement deux : l'une, comme

anté-diluvienne, appartenant aux âges anté-
rieurs à la révolution ; l'autre qui est née dans
la révolution même, et qui s'y est nourrie. Ces
deux nations ayant fait, l'une des pertes,
l'autre des conquêtes, du moment qu'elles sont
remises en action, comme la tendance de
l'une est toute de reconquérir, l'autre toute
de conserver, il s'élève, aussitôt un conflit.
Quelque couleur qu'aient voulu se donner les
divisions qui ont agité l'assemblée de 1815,
on peut être sûr qu'au milieu de beaucoup de
ruses et de contre-ruses, elles n'ont pas eu un
autre champ. Dans toutes les occasions, ce
champ qui s'est déjà produit tant de fois, se
reproduira de nouveau. Entièrement occupés
d'un objet, on peut compter que les deux
partis ne tendront pour y parvenir qu'à un
seul but ; c'est à avoir la force.

Avoir la force ! Des hommes à idées positives trouveront peut-être cet objet bien vague.
Ils n'imagineront pas qu'un concert puisse s'é-
tablir sur un tel plan ; mais un plan précis serait souvent très-déraisonnable. Lorsque les
alliés se coalisèrent pour l'attaque de la France,
ils se gardèrent bien d'agiter d'avance entre
eux ce qu'ils en feraient. Commençons, di-

rent-ils, par nous en emparer. Le parti domi-
nateur de l'assemblée se garda de même de déterminer ce qu'il ferait de la révolution et des
révolutionnaires. Commençons, dirent - ils,
par nous en rendre maîtres. Avant tout, il fallait examiner quelle espérance d'appui on pouvait avoir et du côté du Roi et du côté du
peuple. Avec beaucoup de résistance du côté
du peuple, si on n'était pas sûr d'un grand
dévouement du côté du Roi, en se proposant d'affermir l'autorité royale, si on ne
faisait que multiplier autour d'elle les obstacles, on devait prévoir que celle-ci fini-
rait par se dégoûter d'une lutte où elle verrait l'Etat s'engager moins pour ses intérêts
propres, que pour des intérêts particuliers.

Le parti dominant ne tint aucun compte de
ces difficultés. Jetant ses regards autour de lui,
il se reconnut de grandes forces. Le sentiment
de ses forces l'aveugla : il se crut en état de
surmonter tous les obstacles.

A la première restauration, il n'aurait pas
eu cette témérité. Il n'avait pour lui alors que
les crimes déjà surannés de la révolution. Des
déclamations usées, répétées mille fois par
Bonaparte lui-même et ses adhérens, ne pou-

vaient lui donner un grand essor. A la seconde restauration, les événemens nouveaux lui donnaient une grande faveur. Les trames qui avaient provoqué le retour de Bonaparte et la défection de l'armée, la formation de quatre cent mille fédérés, la trahison de quelques généraux, la perfidie de quelques préfets, la faiblesse de quelques juges, l'infidélité d'une multitude de commis et de subordonnés : quel fonds heureux pour autoriser un grand développement de pouvoir !

Sur une ligne, les débris de l'armée, les fédérés, les acquéreurs de biens nationaux, les avantages révolutionnaires, les vanités et les jalousies plébéiennes, présentaient en apparence beaucoup de volume ; toutefois ces forces, naguère si redoutables, à présent sans consistance, abattues par les derniers revers, présentaient par cela même quelque chose de terni et de décoloré. Sur une autre ligne, les anti-fédérés, les sociétés secrètes, les prêtres, les anciens nobles, les anciens contre-révolutionnaires ; tout cela, illustré par le triomphe du moment, par la faveur du prince, appuyé par l'armée nouvelle, par les autorités nouvelles, par la haine de la révolution, par la jalousie des nouvelles fortunes, et au besoin par les armées étrangères : c'était assurément une grande force. Ce n'est pas la force qui a manqué à l'assemblée ; c'est la sagesse.

~~~~~~

CHAPITRE XI.

Poursuite des délits. Affaire du maréchal Ney et du comte de Lavalette.

Pour remplir leur plan dans toute leur étendue, les chefs de l'assemblée avaient d'abord
imaginé de classer les coupables dans un ordre
de catégories qui, si elles eussent été adoptées,
eussent mis la moitié de la France à la discrétion de l'autre moitié. Ayant trouvé, sur ce
point, des résistances dans le public, dans le
ministère, dans une partie même de l'assemblée, il fallut renoncer à cette espérance. Ce
revers ne les découragea pas. La dissolution de
l'armée de la Loire s'avançait; la formation
d'une armée nouvelle s'ébauchait; on méditait la création de cours prévôtales, le rétablissement de l'ancienne prépondérance du clergé,
l'épuration de tous les juges, celle des préfets,
une révision entière de tous les emplois supérieurs ou subalternes : avant tout, on comptait

sur l'appareil continu des humiliations et des supplices. On espérait ainsi mâter cette France nouvelle, pendant vingt-cinq ans si forte, si brillante, quelquefois si coupable, aujourd'hui si affaiblie ; et, dans cet état même, encore menaçante et importune.

De grands procès occupaient alors l'attention publique ; quoiqu'ils ne fussent nullement dans la compétence de l'assemblée, il était facile de voir combien elle s'y intéressait. Labédoyère avait expié, par sa mort, sa défection de Grenoble. Sa mort nous avait été douloureuse, mais elle avait été jugée nécessaire ; car la société a besoin de grands châtimens, comme elle a besoin de grandes récompenses : toutefois ce procès avait eu peu d'éclat.

Il n'en était pas de même de celui de M. le maréchal Ney, duc d'Elchingen, prince de la Moskowa, traduit à la cour des pairs. Ici l'homme, le délit, le tribunal étaient de la même dimension.

A ne considérer que la carrière militaire de M. le maréchal Ney, on ne trouve rien de plus brillant dans les annales humaines. Sa gloire a été grande assurément ; car elle a failli corrompre notre justice : un seul moment a vu dissiper toute cette gloire. Conçoit-on rien

de semblable à cette terreur panique qui fait
fuir tout-à-coup vers l'infamie l'homme de la
terre le plus généreux ? Un poète a pu dire :
*Nec tulit, nec ponit secures arbitrio popularis
auræ.* Il a pu dire : *Non civium ardor prava
jubentium, non vultus instantis tyranni.* Ici
voilà un maréchal de France mis en déroute
aux premières vociférations de quelques arti-
sans et de quelques femmes. Maréchal Ney,
pardonnez-nous votre mort ; elle nous a été nécessaire ; que dis-je ? elle vous a été nécessaire à vous-même. Désormais, comment
eussiez vous pu vivre parmi nous ?

Avec moins d'éclat, la vie de M. de Lavalette n'avait pas été moins honorable *. Au
20 mars elle était devenue coupable. Avoir
pris possession de l'hôtel des Postes était un
délit grave. Cependant le Roi était déjà sorti
de Paris. Sa retraite était présumée vers les
terres étrangères. Ces circonstances étaient at-
ténuantes Il y en avait d'autres qui sollici-

---

* J'ai été fort lié avec M. de Lavalette. Au retour de
Bonaparte, sa joie, qui m'était odieuse, nous avait séparés. Mais l'impression que j'avais de ses qualités rares
soit comme homme public, soit comme homme privé,
ne pouvait jamais m'abandonner. Sa situation m'a causé
une des plus grandes peines que j'ai éprouvées dans ma vie.

taient le pardon. M. de Lavalette avait montré un grand dévouement au 10 août. Il avait
fait partie de ce bataillon de Saint-Thomas,
dont la fidélité est citée pour modèle. Signalé
par cela même à la faction opposée, il avait
été obligé de fuir aux armées. Accueilli successivement par divers généraux, réclamé finalement par le général en chef, il l'avait suivi
en Italie, en Egypte, il s'était accoutumé à le
regarder comme son père; il avait été comblé
de ses bienfaits.

Le public était ému de ces circonstances. Il
était convaincu que celui qui avait voulu donner sa vie à Louis XVI méritait qu'on épar-
gnât la sienne; et cependant on le voyait au
moment de périr. Alors même une femme
simple et douce, après avoir imploré de toutes
parts une miséricorde qui lui est refusée de
toutes parts, sent tout à coup son cœur péné-
tré d'espérance et de confiance. Avec un déguisement grossier, elle imagine de faire passer M. de Lavalette au milieu d'une multitude
de gardiens. Quelle folie! Mais l'esprit d'en
haut obsède ces gardiens; un voile épais est
sur leurs yeux. Celui dont l'échafaud était déjà
prêt franchit ainsi la redoutable barrière. Dans
peu il est hors d'atteinte.

~~~~~~

CHAPITRE XII.

De l'attitude de l'Assemblée dans cette circonstance.

Certainement la garde de M. de Lavalette n'entrait pas dans les devoirs de l'assemblée. Quelques hommes d'une condition honorable, renonçant aux délicatesses de leurs habitudes, avaient pu s'enrôler parmi les gardiens du dehors. L'assemblée n'avait pas participé à ce zèle; et cependant la voilà qui se fait une affaire de l'évasion d'un prisonnier. Au premier cri de *Lavalette est évadé*, toute l'assemblée est en rumeur : elle ose maudire une fortune de miséricorde que nos ancêtres eussent regardée comme une fortune de Dieu.

Pour comprendre une semblable disposition, il faut se rappeler que les chefs de l'assemblée venaient d'être repoussés dans l'affaire des catégories. Ils avaient éprouvé aussi quelques autres échecs. Parmi les ressources qui leur restaient à l'effet de remplir leur plan,

4

ils comptaient principalement sur nombre de victimes. Ils se plaignaient souvent, et avec amertume, de ce que ce nombre avait été réduit. Point du tout. En voilà encore une qui leur échappe. De tous côtés on accuse les ministres.

Cette accusation n'eut aucun succès. Les mœurs de tous les pays, et surtout les mœurs françaises, ont à cet égard un instinct admirable. Elles repoussent l'intervention de vues particulières dans des rigueurs commandées pour l'intérêt public. Un père magistrat pourrait être dans le cas de poursuivre la vengeance d'un fils assassiné. La condamnation obtenue, on ne le verrait pas sans repoussement recueillir pour sa satisfaction propre ce qui appartient à la vengeance publique. Telle avait été, l'année précédente, l'impression produite par les mesures du 21 janvier. Un parti affecta trop de s'en emparer. Une nation entière peut accepter la honte pour l'avantage de la morale publique ; elle ne l'accepte point pour l'avantage de quelques hommes. La recherche des délits du 20 mars semblait dirigée dans le même sens. On voyait dans un parti trop de disposition à jouir des fautes de ses concitoyens. La patrie, comme une divinité ter-

rible, peut avoir besoin du sang de ses enfans :
mais c'est la patrie.

L'assemblée de 1815 parut emportée à cet
égard par la passion ; un grand nombre céda
peut-être aux illusions d'une prétendue habileté. C'est du bon sens surtout qu'il faut
dans une assemblée ; c'est souvent ce qu'on
y trouve le moins. Nous avions demandé à
nos départemens des hommes de bien : ils nous
envoyèrent des hommes d'État ; et comme
selon la science d'État d'aujourd'hui, la bonté,
la sensibilité, la pitié, hélas ! quelquefois
l'honneur même, sont des niaiseries, une
multitude d'honnêtes gens que tourmentaient
de bons sentimens se crurent souvent obligés
de les repousser.

Je ne crois pas inutile de faire remarquer ici,
à l'usage d'un grand nombre de bons jeunes
gens dont l'âme n'a pas été encore corrompue
par nos vices, combien il importe, dans toutes
les affaires de la vie, de suivre, au lieu des
suggestions d'une prétendue habileté, les
simples et toujours sûres inspirations de sa
conscience. Au milieu de tous les bruits qui
lui étaient rapportés, soit de la défection des
troupes, soit de l'insurrection de quelques
paysans, si M. le maréchal Ney eût écouté

son devoir de soldat, il se fût conservé l'homme de la Moskowa et de la Bérésina. Point du tout ; le voilà qui se livre à la politique : il calcule avec ses amis le danger d'une guerre civile.

Comme la crainte de la guerre civile a été dans ces derniers temps la défense banale pour toutes les défections et pour toutes les trahisons, il importe d'analyser la valeur de cette prétendue sagesse. Commençons par examiner ce que c'est en soi que ces grands orages de la conscience des nations, auxquels on donne le nom de guerres civiles.

Emportés par une passion impétueuse, si nous nous abandonnons à un crime, si nous brisons ainsi pour une jouissance du moment l'harmonie d'honnêteté et de paix qui était en nous, la passion une fois satisfaite, lorsque les bons sentimens que nous avons fait refouler reviendront pour prendre leur place, le combat qui s'était fait avant l'infraction pour la prévenir, se renouvelant après l'infraction pour la réparer, il en résultera sans doute au-dedans de nous une sorte de guerre civile. Gardons-nous d'étouffer cette guerre civile ; c'est celle du repentir et du remords.

De même lorsqu'une nation, emportée par

le délire, aura commis le crime du 21 janvier
ou du 20 mars, si une partie de cette nation
s'élève contre une autre partie, soit pour prévenir le crime, soit pour le réparer, prenons
garde de maudire comme un fléau cette heureuse résistance de la fidélité et de l'honnêteté.
Prenons garde que dans certains cas la guerre
civile et le remords sont également un bienfait
de Dieu. Malheur aux consciences qui ne sont
plus susceptibles de remords ! Malheur aux
peuples qui ne sont plus susceptibles de guerre
civile !

Après tout, qu'avait à faire M. le maréchal
Ney avec toutes ces considérations de guerre
civile ? En homme d'honneur, il n'avait à
connaître que son devoir : en bon Français,
il devait s'occuper de préserver son pays de
l'oppression et de l'infamie. Il s'est perdu, et il
nous a perdus avec une vaine prétention à
l'habileté.

Dans la poursuite des délits, l'assemblée affecta une prétention semblable. Son devoir était
de fournir sa carrière législative avec gravité
et sévérité. L'honnêteté lui défendait d'aller
au-delà. Juge, elle eût été tenue à l'impassibi-
lité : législatrice, son devoir était plus rigou-
reux encore.

CHAPITRE XIII.

De la réaction de ce mouvement sur l'intérieur de la France.

On avait voulu avoir une représentation de la France : on avait parfaitement réussi. Il ne pouvait y avoir une représentation plus réelle de nos folies, de nos passions, de nos désordres. Il se trouvait sans doute dans cette représentation quelques hommes capables de vues profondes et combinées. Mais là, comme partout, le grand nombre était entraîné par l'impression du moment. Je fais cette réflexion, afin qu'on ne croie pas que j'aie en vue des trames positives. En traitant dans d'autres écrits des conspirations qu'on suppose avoir figuré dans la révolution, j'ai montré au temps présent la difficulté, pour ne pas dire l'impossibilité, de réaliser aucune espèce de conspiration. Ce n'est pas que dans nos grands mouvemens publics il ne se présente quelquefois des combinaisons qui en ont l'apparence : il faut expliquer ce que c'est.

Quand des animaux tels que des abeilles et des castors se trouvent placés dans certaines circonstances, ils n'ont pas besoin de délibérer entre eux par assis et par levé, pour savoir ce qu'ils ont à faire. Ils font, et s'entendent à merveille dans ce qu'ils font. C'est ainsi que non-seulement l'assemblée, mais l'intérieur de la France, a présenté quelquefois, à raison d'une certaine harmonie de mouvemens, l'apparence de conspiration. Qu'on soit sûr, dans ce cas, qu'une masse particulière d'intérêts sait aller ensemble sans en être convenu, et marcher de concert, sans s'être concerté. Toutefois il y a à cet égard des différences. L'instinct des animaux est éclairé, et nos passions sont aveugles. Lorsqu'elles ont un but à atteindre, il n'est pas rare qu'elles ne fassent bien péniblement et bien savamment ce qu'il faut pour s'en détourner.

La France venait d'être livrée au régime des épurations et des destitutions. Que ces mesures aient été exécutées avec peu de sagesse, c'est tout simple. Il est seulement un point sur lequel je ne puis dissimuler mon étonnement : je veux parler de la dissolution de l'armée.

Comment cette mesure a-t-elle été si noblement et si habilement exécutée ? Il me semble
que l'absurdité en ce point était aussi facile
que dans d'autres. Il était si aisé d'envoyer à
l'armée de la Loire, pour commissaires, d'anciens officiers de Coblentz bien exaltés, accompagnés par des envoyés des sociétés secrètes, avec toutes leurs railleries, toutes
leurs dérisions, toutes leurs insultes. Ah !
c'est que, dans la mesure de la dissolution de
l'armée, on a vu quelque danger ; et le danger a engagé à la prudence. Avec de simples
citoyens on s'est mis plus à l'aise. Partout des
mesures rigoureuses qui devaient être accom-
pagnées de regrets, de douleur, au moins de
gravité, ont été exécutées avec la fanfare des
rires de salon et des bravos de coterie. Ce mouvement, exécuté avec toutes les jouissances
de la haine, l'a été encore avec l'aveuglement
de l'impéritie. Cet aveuglement a été tel, que
souvent de bons royalistes ont été déplacés.
Partout des places ne semblaient être ôtées au
mérite que pour être distribuées ensuite à l'in-
capacité et à la cupidité.

L'assemblée se contentait de fomenter ce
mouvement de son approbation. La direction
en était confiée à un homme qu'on avait long-

temps cherché, et qui, aussitôt qu'il fut
trouvé, fut regardé comme l'homme unique.
On ne se serait jamais douté qu'un nom qui
avait figuré jusque-là dans les rangs des modérés, dût s'associer à un plan de folies. En
recherchant la vie de ce personnage, peut-
être ne la trouverait-on pas exempte de fautes.
Ici on le voit à la barre de la première assemblée, dirigeant cette faction si célèbre des
amis des noirs, dont la philantropie imprudente nous a valu la perte de Saint-Domingue.
Une autre fois on l'aperçoit à la tribune demandant la peine de mort contre nos princes
dans le cas de leur présence sur le territoire.
Malgré ces irrégularités, une conduite coura-
geuse au 18 fructidor, plusieurs traits honorables, et en général des mœurs douces, le
désignaient depuis long-temps à l'estime publique. Dans la circonstance présente, je serais
porté à croire qu'il n'a pas eu la liberté de son
caractère. Comme la confiance long-temps mar-
chandée n'avait été accordée par des hommes
absolus qu'au prix des mesures les plus abso-
lues, il dut se façonner à cette nouvelle situation. Il faut rendre justice au nouveau ministre ; il avait promis l'extravagance ; il tint
parole. Après avoir prononcé pour l'inaugu-

ration de Louis XVIII un discours qu'on disait avoir été travaillé pour d'autres inaugu-
rations, il s'établit comme ouragan en chef
chargé de diriger et de fomenter les autres
ouragans. A cet égard, si son mouvement fut
aveugle, son impartialité fut entière. Il n'é-
pargna ni amis, ni ennemis.

Une assemblée proclamant avec éclat un
plan de conduite insensé, ayant pour auxiliaire, d'un côté des sociétés secrètes soufflant
au feu par des conduits souterrains; d'un autre
côté un directeur suprême, pour donner de
l'ordre à l'incendie : c'est ainsi que la France
fut menacée de voir ajouter un nouveau bouleversement à ses autres bouleversemens.

~~~~~~

CHAPITRE XIV.

Des résistances apportées à ce mouvement.

———

Il n'est aucune période de la révolution où le parti de la France ancienne ait manqué de se mettre en avant, à l'effet de profiter de ses crises ; mais, en outre de ses maladresses constantes, son attitude n'était guère de nature à inspirer la confiance. Ses pertes, ses humiliations, ses ressentimens, dont l'origine était toute récente, rendaient ses protestations équivoques et ses efforts suspects. A la longue cependant, le temps, qui a été d'abord un ennemi, peut devenir un auxiliaire. Certains souvenirs peuvent bien ne pas s'effacer facilement ; au moins ils s'affaiblissent. Aujourd'hui où, par l'effet de l'accumulation des événemens, il s'est presque écoulé un siècle depuis la révolution, les pertes qu'ont éprouvées les hommes de la France ancienne semblent tellement établies, qu'on ne soupçonne plus aussi facilement des idées de retour.

A la première restauration, j'avais déjà aperçu quelque chose de ce changement : le parti de la France ancienne me parut très-fort. A la seconde restauration, sa force s'est encore accrue : en outre de la faveur du trône, de l'horreur générale de la révolution, du lustre qui s'attache toujours à de nobles victimes, je l'ai vu se recruter successivement, dans tous les pays et dans tous les rangs, de la haine qui était portée à Bonaparte et à ses Fédérés, ainsi que des inimitiés et des jalousies locales. Le parti opposé, quoique nombreux, animé de passions vives, façonné et trempé dans les habitudes révolutionnaires, mais sans ensemble, sans principe, sans vue fixe, sans faveur d'opinion, n'a pu reprendre de la consistance. On aurait dit autrefois qu'il couvrait toute la France : aujourd'hui on ne sait ce qu'il est devenu.

Ces nuances qui ont pu être remarquées d'une manière sensible dans les assemblées électorales, se sont montrées dans l'assemblée de 1815 à son début. Dès le premier moment, le parti de la France nouvelle qui, à la première restauration, avait conservé une attitude

hautaine, avait senti le désavantage de sa position : on le vit se ranger avec modestie, quelquefois avec humilité, vers les hommes de la
France ancienne. Comme les temps étaient
changés, il sentit que la manœuvre d'état devait changer de même. Une armée entière et
une grande partie de la population récemment
en révolte avaient beau protester de leur fidélité,
il était impossible qu'on n'eût pas les yeux sur
une multitude de personnes affectant, depuis les
événemens, de regarder en avant; mais toujours
portées à regarder en arrière. Ce mouvement
nouveau qui allait rendre beaucoup de doctrines
discordantes, beaucoup de protestations hypo-
crites, beaucoup de situations fausses, exigeait
manifestement des précautions. Dès le premier
moment, le parti de la France nouvelle reconnut cette nécessité; il donna les mains à la recherche des grands coupables, à la dissolution
de l'armée, à un changement dans les places :
c'est-à-dire à toutes les mesures capables de
donner une prépondérance positive à la légitimité. Je ne veux pas dire que ce plan lui
fût tout-à-fait agréable; mais seulement qu'il
était réputé nécessaire; et qu'au dedans de
l'assemblée, comme au dehors, il avait été

adopté franchement par tout ce que ce parti
avait d'hommes sages.

Avec de telles dispositions, on pouvait faire
ce qu'on aurait voulu; il suffisait de mettre
quelques hommes influens de ce parti dans sa
confidence. Ils n'auraient sûrement abandonné
ni le régime constitutionnel, ni la Charte, ni certains avantages de la révolution; ils n'auraient
accepté personnellement ni humiliations, ni
insultes. Du reste, ils auraient consenti volontiers à tous les retours raisonnables. J'entends par là les retours qui auraient offert une
issue honorable à eux et aux leurs.

Ce n'est pas là ce qu'on voulut. On voulut
faire précisément contre eux ce que la sagesse
prescrivait de faire avec eux; on ne voulut
énoncer ni vœu, ni plan; on ne voulut marquer ni but, ni objet. On voulut, avec une
combinaison d'habileté et de finesse, s'emparer d'abord de toute la force; on voulut mettre, dès le premier abord, dans ses mains les
hommes et les choses, les tenir bien garottés
pendant un temps suffisant, et en disposer ensuite à son plaisir.

Toute la France fut effrayée d'un plan étalé
avec audace, et dans lequel le dénouement

seul était un mystère ; car, dans l'exécution, il
était suffisamment mis en évidence par tout le
système des épurations, des destitutions, des
emprisonnemens et des cours prévotales. Chaque jour il devenait particulièrement odieux
par la coalition du parti avec les prêtres, par
les sacrifices faits à leurs avantages, par la diffamation avec eux et par eux de toutes les
ventes nationales ; enfin il était révoltant par
l'ostracisme généralement exercé contre tout
ce qui avait appartenu soit au temps de Bonaparte, soit au temps de la révolution.

Il ne faut pas s'y tromper : comme Bonaparte se connaissait très - bien en hommes,
et qu'il était avide de s'entourer de toute
espèce de lustre , même de celui de la probité , il n'est pas merveille qu'on puisse
compter à son service, et sous sa domination,
un grand nombre d'hommes recommandables
en tout genre. Ces hommes , qui n'avaient
d'autre tort que d'avoir été aperçus par un
homme odieux , voulaient bien qu'on châtiât
toute la partie de la révolution qui avait été
coupable ; mais ils désiraient que les coups fussent portés avec discernement. Ils s'opposaient
à ce que, dans les grands événemens qui venaient de ravager la France , des animosités de

salon, ou des jalousies locales se missent à la place des intérêts publics. Ils regardaient comme dangereux pour l'ordre, pour le Roi, et surtout pour eux-mêmes, une proscription dont les recherches, avec déguisement ou sans déguisement, arrivaient quelquefois jusqu'à eux.

C'était cette partie de son plan que les hommes absolus semblaient le plus affectionner. Leurs mesures embrassaient franchement la révolution tout entière : la France leur offrait en ce genre peu d'exceptions. Le talent recherché par Bonaparte semblait leur être plus particulièrement en haine. Une simple soumission à la force était confondue avec la révolte ; un serment prêté de faiblesse, et à peu près sans conséquence, après tant d'autres sermens, était présenté avec toutes les couleurs du sacrilége. On appelait, d'un côté, tant qu'on pouvait les échafauds ; d'un autre côté, on aurait voulu attacher au pilori ceux qui n'offraient aucune prise pour être portés sur les échafauds.

Je ne puis dire précisément où on serait arrivé avec ce plan : le parti ne le sait peut-être pas lui-même ; mais si l'on consulte la pente des choses, on peut prévoir que, renversant devant lui, et la révolution qui lui était odieuse, et le gouvernement dont l'inactivité lui était incommode, il eût fini par se constituer de quelque manière en nouveau comité de salut public, et former ainsi une belle olygarchie.

Dans l'effroi que causait à la France le nouveau flot de cette marée montante, on vit de tous côtés, avec plaisir, un contre-parti puissant s'établir au sein même de l'assemblée. Ce parti qui, dans beaucoup d'occasions, était parvenu à tempérer la violence du parti dominant, semblait chaque jour prendre plus de force; il était au moment d'acquérir la prépondérance : une circonstance particulière vint la lui enlever.

Depuis long-temps, on discutait dans la chambre des réglemens de détail sur la loi d'amnistie portée d'abord dans la proclamation de Cambrai, modifiée ensuite par l'ordonnance du 24 juillet. Cette ordonnance, après avoir renvoyé devant les tribunaux quelques-uns des coupables de la révolte du 20 mars, en désignait ensuite trente-huit comme devant être exilés : elle réservait toutefois aux chambres de décider si tous ou quelques-uns de ces

5

trente-huit individus seraient jugés selon les
lois, ou seulement éloignés par mesure politique. Saisie, par cette ordonnance, d'une
partie de la question d'amnistie, l'assemblée
l'aborda tout entière. Sa commission crut devoir ajouter, par amendement de l'article des
exceptions, de nouvelles exceptions, et principalement contre ceux des régicides qui auraient voté l'acte additionnel, ou accepté des
places de l'usurpateur.

Sur ce point, le gouvernement avait for-
mellement montré de l'opposition. M. le duc
de Richelieu avait dit en son nom : « Le Roi
« s'est fait rendre compte de vos propositions
« diverses : le testament de Louis XVI est tou-
« jours présent à sa pensée; et sa parole sacrée,
« en maintenant une des importantes disposi-
« tions de la Charte, rassure la nation sur
« toutes les autres. » La commission ne s'étant
point laissée vaincre par ces paroles, et le Roi
persistant, l'assemblée se partageait entre les
amis de sa justice et ceux de sa miséricorde.
A la fin, l'éloquence de M. le comte Charles
de Béthisy ébranla l'assemblée ; elle ébranla
le Roi même. Le contre-parti, qui, à la sol-
licitation des ministres, et par respect pour

l'autorité du Roi, s'était engagé dans cette cause, ayant été défavorable, abandonné avec éclat, languit encore quelque temps, et tomba tout-à-fait.

CHAPITRE XV.

De l'influence de cette victoire sur les opérations
ultérieures de l'Assemblée.

L'AFFAIRE des régicides n'eut pas seulement
pour effet d'abattre le contre-parti élevé dans
l'assemblée; elle eut, dans le public, celui
de faire douter de la véritable intention du
Roi. D'un autre côté, le parti prépondérant
s'accoutuma à croire qu'il pouvait quelquefois
être utile de faire violence à sa bonté; ce succès fut regardé comme une victoire importante dont il fallait se hâter de recueillir le
fruit. Jusque-là, ce qui avait été proposé au
nom du Roi n'avait pas toujours été reçu avec
faveur. Dès ce moment, tout ce qui vint du
Roi, ou du moins tout ce qui fut apporté en
son nom, fut frappé de réprobation. Si ce
mouvement avait duré, il pouvait arriver,
comme sous l'Assemblée Constituante, que

l'autorité quittât le trône pour passer dans l'assemblée.

Dans aucune partie le gouvernement n'était ménagé; c'est surtout dans la partie des finances, que les coups devenaient meurtriers: ce fut là qu'il fut particulièrement attaqué. On verra bientôt sur quel prétexte étaient fondées ces attaques : il faut commencer par en établir l'importance.

Dans ma seconde partie j'aurai à parler, à la différence d'un état définitif auquel nous devons tous aspirer, d'un état provisoire par lequel il nous est indispensable de passer. Cet état provisoire mérite les plus grands ménagemens : c'est la vie d'aujourd'hui, sans laquelle il est impossible de s'occuper de celle de demain. Lors de la première restauration, à la suite des efforts et des profusions des derniers momens, à la suite du ravage des armées de toute espèce, notre vie provisoire en finances avait été assez difficile à régler : on n'avait pu y parvenir qu'au moyen des plus grands sacrifices. Obligé d'atermoyer une partie de la dette exigible, on avait offert au moins en dédommagemens de gros intérêts, et, comme sécurité, un gage considérable. A la seconde restauration, lorsqu'un pays, déjà épuisé, a été de nouveau épuisé, lorsque notre nouvel état de finances nécessite, outre les anciennes ressources, de nouvelles ressources, et que l'Europe armée, ajoutée à nos créanciers, nous entoure pour se faire payer, et semble avoir pris pour gage la France elle-même, de telles circonstances exigent sans doute de la prudence. C'est alors que la majorité de l'assemblée tout entière a quelques principes abstraits, ou a des vues de restauration qu'elle projette, vient demander aux ministres, non pas des comptes, non pas des économies, non pas des réformes, comme elle en avait le droit, mais le sacrifice des seules ressources qui restent ; c'est alors qu'elle s'occupe à renverser non-seulement les opérations présentes du gouvernement, mais encore ses opérations passées.

La restitution des biens du clergé est le prétexte de ce nouveau système.

Dans le principe de la monarchie, toute espèce de service public se récompensait, ou se soldait avec des terres. Le Roi avait de vastes domaines avec lesquels il soldait ses dépenses ; il avait des armé s qu'il soldait ou qu'il récompensait avec des concessions de ces mêmes domaines ; c'est-à-dire avec des bénéfices. La magistrature ; à une époque les comtes ; à une autre époque les baillis, étaient tous soldés de même avec des concessions de domaine, ou avec des produits. A la suite d'un mouvement de choses dont j'ai décrit ailleurs les progrès, cet ordre a été changé. Les dépenses du Roi, celles de l'Etat, de l'armée, de la magistrature, ont été soldées en argent. Après avoir échappé long-temps à ce mouvement, à la fin le clergé et ses biens y ont été engloutis. Pendant quelque temps il a paru consentir, ainsi que le gouvernement et la magistrature, à recevoir ses rétributions en argent. Au retour du Roi, ses prétentions se sont relevées ; il a réclamé des possessions territoriales. Son plaidoyer à cet égard porte sur deux principes. Le premier, de justice : il redemande, comme son patrimoine, ce qui reste de ses anciennes possessions non vendues ; le second, de convenance : il regarde comme une humiliation de recevoir des salaires ; il regarde de plus comme une nécessité de sa situation, de demeurer étranger aux convulsions de l'Etat : il veut être indépendant des hommes et des choses.

Ces prétentions commencèrent à se montrer quoique avec timidité, à l'époque du concordat. A la première restauration, elles prirent un essor qui embarrassa un moment l'administration : à la seconde, elles sont entrées fortement dans l'opinion publique : elles ont été au moment de l'envahir. Il ne faut pas être trop surpris de voir parmi les fauteurs de ces prétentions des hommes de beaucoup d'esprit. C'est une remarque qui peut être faite généralement dans l'histoire des erreurs humaines: lorsqu'une erreur, même une ineptie, a été dans le cas d'avoir un grand mouvement, un homme d'esprit ne lui a jamais manqué.

Ici deux questions se présentent. En 1789, a-t-on dû vendre les biens du clergé ? Je pense que non. A-t-on pu les vendre ? C'est une question d'une autre nature : laquelle ne peut se résoudre qu'en examinant si c'est alors le véritable souverain qui a vendu ; car, comme il dépend du souverain de supprimer tel ou tel établissement public, la dotation qui a été faite à ces établissemens revient de droit à ses domaines.

Certes, ce n'est pas d'aujourd'hui que datent des ventes des biens du clergé. Chilpéric, scandalisé de ses richesses, cassa les donations qu'il lui avait faites. Il cassa même les donations faites par son père. Je ne trouve pas

que, depuis, ces biens aient été redemandés.
Il en fut de même sous Charles Martel. Il en
a été de même dans des âges postérieurs.

C'est que, dans le fait, ces prétendus biens
du clergé n'ont jamais été son patrimoine,
mais seulement celui de quelques églises.
Le clergé de France n'a jamais ni administré, ni possédé en corps ; jamais nos pères
n'ont fait de donations au clergé, mais seulement à quelques églises, à quelques établissemens.

Encore que les prétentions du clergé se
trouvassent tout-à-fait sans fondement, elles
ne laissèrent pas de faire une grande impression. On se tromperait si, à raison du peu de
piété du temps, on croyait que le clergé est
sans influence. C'est la seule hiérarchie bien
composée. Quoique cette hiérarchie n'ait plus,
comparativement aux anciens temps, la même
puissance, elle en a peut-être réellement davantage, comparativement à ce qui peut exister autour d'elle ; car rien n'existe. S'apercevant de cet avantage, la France ancienne, en
se relevant, regarda comme habile de s'attacher à cette partie, qui était déjà relevée. Au
premier moment, elle lui prêta sa force, dans
l'espérance d'en recevoir.

Ni le Roi, ni le ministère, ni le corps de la nation, ne voulurent entrer dans ces vues. S'il n'avait fallu que bien traiter le clergé, personne ne s'y serait refusé. Cela ne suffisait pas à un certain parti. En se défendant comme d'un crime de disposer désormais des biens ecclésiastiques, son intention était de signaler comme des crimes les actes qui en avaient déjà disposé. On ne parlait pas encore de revenir sur ces actes : on regardait comme un préliminaire très-habile de les diffamer. Peu importait que l'Etat existât depuis long-temps de telle ou telle manière : il semblait qu'on désirât faire l'épreuve d'un petit bouleversement, dans l'espérance d'arriver ensuite à d'autres bouleversemens.

CHAPITRE XVI.

De l'embarras du Gouvernement.

———

A FORCE de clameurs, d'opiniâtreté et de persistance, le parti dominant de l'assemblée était parvenu à renverser toutes les parties du budget : bientôt se mettant à la place du ministre des finances, il s'était occupé lui-même à faire un budget. Ces succès, que toute la France regardait comme une calamité, lui parurent une fortune. De succès en succès, on ne savait plus sur cette voie où il s'arrêterait. Un mépris affecté pour tout ce qui venait du ministère; des altérations dérisoires apportées sous le nom d'amendement à toutes ses propositions, l'intention annoncée de déplacer les ministres et de les remplacer, c'est ainsi que se présentait l'assemblée.

Cette marche, qui devenait de plus en plus menaçante, commença à effrayer. Le gouvernement avait perdu l'appui de ce contre-parti

dont j'ai parlé. Il le regretta peu. Ce parti
avait beau se dire ennemi de la révolution, on
lui en trouvait les couleurs. Entre des amis
ardens, opiniâtres, qui perdaient quelquefois
le respect, et qui étaient au moment de perdre
l'obéissance, et un autre parti en apparence
plus soumis, mais dont les sentimens parais-
saient equivoques, et qui, après tout, se trouvait décrédité, une ligne n'était pas facile à
suivre. Une fois remis sur le trône, le gouvernement du Roi voulait s'occuper, avant tout,
à l'y affermir. Il s'effraya, pour la légitimité
royale, du mouvement que se donnaient beaucoup d'autres légitimités. Il pouvait se trouver
emporté ainsi dans des difficultés dont il n'avait
que faire. Il voyait une multitude de dangers
se mettre à la place de ceux dont des hommes
imprudens prétendaient le délivrer. Comme il
se trouvait beaucoup d'adversaires de Bonaparte parmi les adversaires des choses anciennes, qu'était-il nécessaire de s'ôter leur sou-
tien, en laissant confondre la cause du trône,
qu'ils chérissaient avec d'autres causes qui leur
étaient odieuses ? On peut croire, si on veut,
que le gouvernement n'avait point d'éloignement pour un peu de retour à ces choses anciennes. Il voulait au moins que ce retour fût

opéré avec ménagement, et surtout qu'il fût
opéré par la royauté. L'assemblée, au contraire, voulait qu'il fût opéré par elle.

Ce plan, qui présentait beaucoup de difficultés dans les choses, en offrait aussi à cause
des personnes. Ce n'était pas une petite affaire
que de mettre si près de soi des hommes ardens, absolus et d'une grande audace. Ces
hommes étaient sans doute de bons royalistes.
Les ligueurs étaient royalistes aussi. Dans les
uns et dans les autres, on ne condamnait pas
la doctrine, mais seulement les procédés. On
a cité en éloge de cette assemblée les paroles
d'un grand personnage. Ces paroles sont tout-
à-fait honorables, en même temps qu'elles sont
tout-à-fait justes. Dans des circonstances aussi
mauvaises, une assemblée pleinement royaliste a dû paraître une fortune. On peut le dire
avec une grande probabilité, c'est la même
assemblée et la même majorité que le gouvernement aurait voulue, mais seulement moins
impatiente, moins animée, plus disposée à la
conciliation et à la condescendance. Par-dessus
tout, ce qu'on ne voulait pas, c'était une puissance au lieu d'instrumens, et des maîtres au
lieu de sujets.

Dans ces circonstances, les libertés publi-

ques eurent une fortune à laquelle elles sont
peu accoutumées; c'est que l'autorité se rangea
vers elles. Ce qu'on tramait contre la liberté
lui parut un danger commun. En effet, ce
qu'on appelle d'un côté autorité, d'un autre
côté liberté, ne sont point des choses aussi
étrangères qu'on le pense. Une faction assez
puissante pour s'emparer de la liberté au nom
du Roi, s'emparera bientôt, au nom du Roi,
de l'autorité royale elle-même. Le parti dominant de l'assemblée annonçait pour objet de
refaire l'autorité royale. Cela même était effrayant ; car, comme il faut d'abord une
grande autorité à celui qui se propose de refaire l'autorité, on ne sait ensuite comment il
s'en séparera.

Ces considérations pouvaient porter l'a-
larme dans des esprits droits : elles pouvaient
effrayer encore mieux des mœurs douces. On
se balança long-temps entre l'appui qu'offraient les hommes de la révolution, et celui
qu'offraient également les hommes de la contre-révolution. On ne savait comment accepter cet appui ; on ne savait non plus comment
le refuser. On commença par proroger la session. On s'en remit, pour un parti plus prononcé, à la fortune et au temps.

CHAPITRE XVII.

De l'Ordonnance du 5 septembre.

———

Quand un peuple existe réellement, quand ses cadres, ses rangs, ses mœurs sont définitivement composés, il peut non-seulement n'y avoir aucun inconvénient, mais encore y avoir un très-grand avantage à appeler une représentation ; c'est un levier avec lequel on agit sur la masse, pour en obtenir dans certaines circonstances de grands sacrifices et de grands efforts. C'est alors qu'il se forme une opinion énergique, qui peut être dominante, avec d'autant moins d'inconvénient qu'elle est dominée elle-même par tout l'ensemble des mœurs, des lois, des constitutions anciennement existantes. Mais quand un peuple a été aboli, lorsque ses anciennes lois, ses anciennes mœurs, ses anciennes institutions ont été broyées, appeler un tel peuple à concourir à sa recomposition, c'est appeler le néant.

Dans nos traditions religieuses, le néant a été matière de la création; il n'en a pas été l'instrument.

Le premier ministère n'avait tenu aucun compte de ces vues. Se modelant sur nos âges anciens, sur l'exemple d'un peuple voisin ou de quelques autres peuples, il mit en mouvement toute l'anarchie de la France, à l'effet d'en obtenir une représentation. Il eut ce qu'il désirait. A sa voix se forma un chaos en miniature, représentant parfaitement le chaos dont il était émané.

Après avoir commis la faute de rassembler de tels représentans, je suis porté à croire qu'on pouvait mieux les diriger. Quand on a une fois la force, savoir bien ce qu'on veut, vouloir ensuite avec raison, avec justice, avec douceur, c'est-à-dire avec une disposition constante à éclairer, à redresser, à perfectionner, c'est ainsi qu'on marche. Après cela déclarer franchement et où l'on va, et ce qu'on veut, c'est ainsi qu'on aurait pu diriger et dominer l'assemblée. Pas du tout. Un gouvernement qui ne savait peut-être avec précision ce qu'il voulait, s'était mis en présence d'une assemblée qui ne savait pas ce qu'on lui voulait, et qui, emportée par des partis et par des passions diverses, était incapable elle-même d'avoir une volonté.

Dans cette position, de mauvaises directions étaient inévitables : ces directions une fois prises, il n'y avait plus à en revenir. Il fallait absolument changer sa situation. Conserver l'assemblée était impossible ; la congédier n'était pas sans inconvénient. Il était facile de prévoir que ses membres rapporteraient dans leurs provinces des dispositions aigries. Leurs succès contre le ministère ne pouvaient manquer de leur donner de l'influence. Partout en effet leur retour fut célébré. Le gouvernement eut à craindre qu'on ne leur élevât, à beaucoup d'endroits, des arcs de triomphe. Il fallut que, sur ce point, il prît encore une attitude d'opposition, et eût l'air de déclarer une sorte de guerre à la joie publique, ou du moins à un mouvement qui voulait se faire passer pour tel.

Ce mouvement fut d'abord un objet de déplaisance ; il devint en même temps un avertissement : il donna la mesure de ce qu'on devait craindre pour une session nouvelle. En prorogeant la session, le gouvernement

avait osé se montrer mécontent : tout faisait
présager qu'il allait devenir plus entrepre-
nant. A cet égard quelques mesures préliminaires étaient indispensables. Tant qu'un ministre extrêmement important continuait à
demeurer à la tête d'un département que son
mauvais esprit ne cessait de ravager; tant que
des sociétés secrètes aux ordres du parti dominant continuaient à circonvenir la France,
aucune ligne nouvelle n'était tenable. Un coup
frappé à Amiens sur les sociétés secrètes; un
autre coup frappé à Paris contre le chef d'un
grand ministère, commencèrent à signaler la
marche nouvelle.

Tout était ainsi préparé; et cependant au
milieu de nos affaires publiques si embrouillées,
si compliquées, si difficiles à manier, et où l'on
marche comme dans les ténèbres, tel est le
tâtonnement de ceux qui ont le timon de l'Etat,
que de long-temps on n'osa prendre une décision. Les jours s'accumulaient; le temps
pressait : encore quelques jours, et des députés renvoyés avec humeur allaient revenir
avec des forces et une animosité accrues.
Trempés de nouveau dans les folies de la
France, ils attendaient avec impatience la
session nouvelle. Il fallait absolument, ou

comme quelques personnes le conseillaient,
se passer de toute législature, ou comme
d'autres le proposaient, s'abandonner au délire des hommes absolus, ou s'occuper à former dans un esprit nouveau une législation
nouvelle.

On penchait sans doute vers ce dernier parti,
et cependant on n'osait s'y arrêter : on ne
pouvait se résoudre à frapper une assemblée
chérie qui avait fait tant de fautes, mais qui
avait donné tant d'espérances, et qui laissait
encore tant de regrets. Il semblait peu sage de
se séparer d'une assemblée essentiellement
royaliste, pour courir dans des temps aussi ora-
geux les hasards d'une assemblée nouvelle.

Tandis qu'un parti cherchait à faire prévaloir ces craintes, un autre cherchait à les affaiblir. Il exposait que les fautes de l'assemblée
avaient été dans sa nature même, c'est-à-dire
dans l'extension qui avait été donnée impru-
demment à ses attributions. On attaquait à cet
égard l'Ordonnance du 13 juillet. On la blâ-
mait d'avoir accru et développé les élémens
démocratiques de la Charte. On assurait que
de cette manière la Chambre s'était crue appelée à prendre la plus large part dans le
gouvernement : ce qui devait la conduire à

l'envahir tout-à-fait. On allait ainsi au-devant des craintes ; on cherchait aussi à adoucir les regrets. « Quand il serait vrai, disait-on, que la monarchie est à refaire, qu'il faut modifier l'état actuel de nos mœurs, qu'il faut pour les intérêts du Roi et de la nation combattre les habitudes et les intérêts nouveaux, au lieu de les calmer et de les légitimer ; en un mot, quand il serait vrai qu'il faut effacer la révolution tout entière : c'est justement l'office à quoi une assemblée est le moins propre. Ce sont des résultats d'autant plus difficiles à obtenir, qu'on les annonce d'avance, qu'on y tend publiquement, qu'on en fait le sujet de discussions. »

Je n'ai point à m'occuper pour le moment de ces vues ; j'ai seulement à raconter comment elles déterminèrent le gouvernement. Il fut convenu de revenir sur les concessions de l'Ordonnance du 13 juillet, de réduire aux termes primitifs de la Charte le nombre des députés, et de modifier, autant qu'on le pourrait à l'avenir, les attributions, ainsi que l'action de l'assemblée nouvelle. Sur ces principes fut rendue l'Ordonnance du 5 septembre.

CHAPITRE XVIII.

Du mouvement des esprits à l'occasion de l'Ordonnance
du 5 septembre.

IL me paraît toujours difficile de rendre
compte au vrai du mouvement de l'opinion
dans un grand pays, où, selon les dispositions
et le danger des événemens, il n'y a jamais
qu'une partie de sa population qui soit en
scène. Comment croire que la mort de Néron
n'ait pas été regardée généralement à Rome
comme un événement heureux! Lisez certains
historiens, vous trouverez qu'elle fut un
objet de deuil. On en pourrait dire autant de
la mort de Roberspierre. J'ai vu le 20 mars.
Jusqu'à une certaine heure toute la place du
Carrousel retentissait du cri de *vive le Roi.*
A une autre heure je n'ai plus entendu que les
cris de *vive l'Empereur.* L'opinion que quelques personnes prétendent saisir est un tableau
extrêmement mobile, où les points qui sont

un moment en lumière rentrant dans l'ombre, et ceux qui étaient dans l'ombre revenant en lumière, ne vous laissent jamais d'impression positive.

L'assemblée de 1815 conduisait le Roi et la France dans un abîme : il n'y a pas de doute. Mais elle *conduisait*. Cela seul lui donnait un grand nombre de partisans qui étaient en évidence ; tandis qu'un autre grand nombre la couvraient, mais moins évidemment, de malédictions. S'il était vrai, comme je le vois dans un écrit célèbre, qu'au moment de la nouvelle de sa dissolution, on ait osé s'écrier à la Bourse ; *les brigands ne reviendront plus*, ce serait une preuve que malgré les apparences il y avait contre elle une grande exaspération.

Aussitôt que l'Ordonnance du 5 septembre fut connue, cette exaspération éclata. Tout ce qui depuis long-temps avait l'habitude de crier *vive le Roi* garda le silence. Tout ce qui gardait le silence se mit à crier *vive le Roi*. Dans le premier cas, comme c'était moins en signe d'amour qu'en signe d'insulte contre tels ou tels hommes qu'on proférait ce cri, les représailles furent dans le même sens. C'était le spectacle le plus singulier, de voir dans les rues d'anciens effrénés jacobins poursuivant les royalistes du cri de *vive le Roi!*

Les écrivains ne pouvaient manquer de figurer dans ce mouvement. Il est extrêmement remarquable que pendant tout le temps de la domination de l'assemblée, aucun écrivain n'ait pensé à s'élever contre elle ; au moment de sa dissolution, il ne s'est trouvé de préparé chez les imprimeurs que des louanges. Pendant qu'une partie de la nation gémissait du joug qu'on lui façonnait, et que le gouvernement, non moins effrayé de ses entreprises, méditait les moyens de s'y soustraire, deux écrivains d'un grand talent s'occupèrent à célébrer ses œuvres. L'*Histoire de la Session de 1815*, par M. Fiévée, et l'ouvrage *De la Monarchie selon la Charte*, par M. le vicomte de Châteaubriand, ont eu un grand éclat. Comme ces deux ouvrages, qui étaient une apothéose de l'assemblée, contenaient en même temps l'accusation et la réprobation du ministère, un grand procès se trouvait par là même engagé. A quelques égards, l'Ordonnance du 5 septembre décida le procès. Il restait encore à se défendre dans l'opinion publique. Des écrivains furent opposés aux écrivains.

Ici je ne puis m'empêcher de rendre compte
d'une singularité qu'on peut juger aussi défa-
vorablement qu'on voudra : c'est qu'entre les
opinions diverses telles qu'elles sont aujour-
d'hui prononcées, il m'est impossible de m'attacher à un parti. J'ai sûrement une grande
aversion pour ce que la majorité de l'assemblée de 1815 a fait et ce qu'elle a voulu faire.
Je ne me sens pas plus de goût pour les vues
du parti opposé. J'ai suivi avec beaucoup d'attention les discours des principaux chefs du
parti absolu. Leurs principes ne m'ont pas
paru toujours vrais ; leurs procédés au moins
ne m'ont pas paru avoir l'irrégularité dont on
les a accusés. J'ai trouvé cette irrégularité
quelquefois au plus haut degré dans le parti
contraire. En laissant de côté les motifs, il y
avait sûrement plus d'idées libérales, ou , si
l'on veut, de formes antiques françaises dans
ceux qui s'opposaient pour le Roi à l'amnistie
prononcée par le Roi, que dans les discours
de ceux qui présentaient à l'assemblée, comme
une irrévérence, d'oser délibérer autrement
que pour accepter ce que le ministre pro-
posait.

Les écrivains durent tenir la même ligne
que l'assemblée : car eux aussi sont une re-

présentation. Des deux côtés ils nous répro-
duisirent ce qu'il y avait des deux côtés, c'est-
à-dire un mélange mal ordonné de lumières
et d'erreurs, de passion et de sagesse. J'ai lu
avec beaucoup d'attention les ouvrages pleins
de talent des deux grands écrivains que je
viens de nommer. Placez la France dans la
ligne qu'ils ont tracée, elle n'ira pas ; placez-
la dans la ligne qu'indiquent leurs adversaires,
elle n'ira pas davantage.

Une fois lancés dans l'arène, les écrivains
des deux partis développèrent de grandes
forces. Il fut facile des deux côtés d'obtenir
des victoires : car, comme ils eurent soin les
uns et les autres de ne s'attaquer que dans les
points défectueux, ils purent respectivement
célébrer des défaites et des triomphes. Dans
cette lutte, M. de Châteaubriand, si grand par
son talent, si distingué surtout par ses couleurs, l'a été souvent par la sagesse de ses vues
et de sa doctrine. Les cent trente premières
pages de son ouvrage étincellent de traits
brillans, en même temps que de principes
justes. Il faut en retrancher seulement une
application un peu servile des usages de l'Angleterre ; application sur laquelle M. Villemain et M. Guizot me paraissent avoir eu sur

lui de l'avantage. Ces messieurs à leur tour me semblent s'être trompés en quelques points, notamment sur l'initiative que M. de Château-briand a traitée dans son véritable sens. Si M. Villemain, écrivain d'ailleurs très-hono-rable, avait entendu donner tout leur sens à certaines expressions éparses dans son livre, je me permettrais de dire qu'il ne se serait pas seulement trompé, mais qu'il se serait tout-à-fait égaré.

CHAPITRE XIX.

De l'Assemblée actuelle, de sa convocation, et de ses premières séances.

Depuis long-temps on est accoutumé en France à ce que tout parti pour se préserver d'un danger ne fait que conduire dans un autre danger. D'après cette expérience, on est très-timide dans ce qu'on fait ; car on ne sait jamais tout-à-fait si on a raison, encore moins jusqu'à quel point on a raison.

La formation d'une nouvelle assemblée porta l'empreinte de cette timidité. On s'abstint avec soin de s'expliquer sur l'assemblée précédente. On affecta seulement du remords sur les infractions qu'on s'était permises contre la Charte. On fonda sur ce regret la nécessité de procéder sur un autre plan. On chercha à atteindre ainsi le grand but, qui était d'affaiblir l'instrument représentatif, et de le mettre désormais de mesure avec les mains qui de-

vaient le manier. Après avoir fait une ordonnance pour blâmer des innovations portées par
une autre ordonnance, il ne resta plus qu'à
s'assurer par un bon mouvement imprimé aux
corps électoraux, des bonnes dispositions de
l'assemblée qui allait succéder.

Ce plan était susceptible de deux espèces
d'obstacles : l'un pouvait s'élever du côté des
royalistes absolus, à qui l'ordonnance du
5 septembre devait déplaire ; l'autre de la part
des révolutionnaires, à qui elle plairait probablement beaucoup trop. Ceux-ci, relevés,
pouvaient remplir les corps électoraux, et y
reprendre de la prépondérance. Ceux-là, renouvelant leurs efforts, pouvaient ramener au
monarque la même majorité qui lui avait
déplu.

L'ordonnance, avec son véritable objet, ne
fut pas plutôt connue, que le parti absolu
s'efforça par tous les moyens à en éluder l'effet.
Tel était l'accroissement de pouvoir qu'avait
pris l'assemblée en raison de l'accroissement
de compression qu'elle avait obtenue, et de
l'accroissement de considération que ses victoires sur les ministres lui avaient valu, qu'au
premier moment l'obéissance hésita. On s'était
tellement accoutumé à regarder l'assemblée

comme souveraine, qu'on douta si ce n'était pas le ministère lui-même qui était en révolte.

On a fait beaucoup de bruit au sujet des élections, des démarches d'un ministre, ou du zèle de quelques préfets. Dans des choses inusitées, quelques irrégularités ont pu avoir lieu. Elles sont bien moins étonnantes en ce sens, que le zèle opposé qui, résistant ostensiblement au mouvement imprimé par le gouvernement, a fait tout ce qui était possible pour le laisser sans effet.

On avait eu de la peine à composer l'assemblée dans un bon sens : on s'empressa de la mettre à l'épreuve. Les premières séances présentèrent un grand spectacle.

Les hommes s'habillent : ce n'est pas seulement pour se préserver du froid ; c'est encore pour couvrir leur nudité. Ils se parent alors, ou se négligent, selon les circonstances. Au premier abord, l'assemblée se para de tout ce qu'elle avait de plus beau : elle étala les plus belles protestations et les plus belles maximes. Cependant il était probable qu'on sortirait bientôt du cérémonial. La pétition de la demoiselle Robert commença par développer quelques nudités. La loi sur les élections en

développa de nouveau. Cette dernière question avait une grande importance.

Dans les premiers momens, les passions
qui, dans l'affaire de la demoiselle Robert,
s'étaient mises à découvert, cherchèrent à res-
ter dans leur enveloppe. Comme le parti qui
avait proposé la loi des élections n'avait pas
jugé à propos d'en montrer les vrais motifs, le
parti qui la combattait n'avait pas voulu, de
son côté, montrer les siens. Ce fut pendant
plusieurs jours un flux de paroles habillées en
belles maximes, en beaux sentimens, cachant
soigneusement ce qu'elles étaient si tentées
d'exprimer. A la fin, quelques mots ayant
échappé d'un côté, quelques mots échappè-
rent aussi de l'autre : d'abord l'avant-garde
parut ; puis, des deux côtés, l'armée entière.
Ce combat signala une majorité que l'affaire
de la demoiselle Robert avait déjà annoncée.

~~~~~~

CHAPITRE XX.

Des diverses lois de l'Assemblée de 1816, et d'abord de sa loi sur les élections.

————

En traitant dans ma seconde Partie de l'état politique de la France, je parlerai d'un état définitif, appartenant à notre situation durable, et vers lequel nous devons tendre de toutes nos forces, à la différence d'un état provisoire commandé par nos circonstances, et qui doit être regardé comme la transition inévitable pour parvenir à l'état définitif. Au lieu d'une assemblée provisoire telle qu'une assemblée de notables, si on regardait comme plus habile d'avoir une apparence de représentation, je pense au moins que cette assemblée ne devait être employée que pour cette partie de notre situation, qui est provisoire, et qu'il fallait se garder de l'occuper de la partie qui doit être stable.

La loi sur les élections et les débats qui ont

eu lieu à ce sujet, m'ont confirmé dans cette
disposition. Ils me sont une preuve nouvelle
que notre état définitif, dont cette loi a voulu
régler une partie, n'est pas encore bien compris. En attendant, il est impossible de s'occuper de l'ensemble, et dangereux de s'en
occuper partiellement. Par exemple, le principe de la loi sur les élections a été pris dans
l'esprit démocratique qu'on a eu soin de favoriser, de manière à ce qu'il fût porté au plus
haut point de vigueur. En cela même j'approuve cette loi. Nul doute qu'elle ne dût
avoir ce caractère. Des élémens de démocratie
sont absolument nécessaires dans un gouvernement représentatif. Seulement je demanderai si en contre-poids vous avez des élémens
d'aristocratie d'une égale force, et composés
avec le même soin. Je vous demanderai de
considérer bien attentivement votre Chambre
des Pairs, et de me dire si, par ses connexions
avec le reste du grand corps de la magistrature, ainsi qu'avec le corps entier des grands
propriétaires et de tout ce qui a du lustre dans
l'Etat, vous lui trouvez la consistance nécessaire pour balancer les grandes oscillations
populaires, et, en quelques cas, leur résister.
Sans cela votre loi démocratique isolée, re-

muant tout le corps de la nation avec une prédominance absolue et continue, me paraît avoir des inconvéniens.

Il est d'autres considérations que je présenterai aux auteurs de cette loi.

On accuse cette loi d'avoir été composée principalement en haine d'une certaine classe. Cette classe ayant eu autrefois dans l'Etat des avantages considérables, et étant toujours occupée, à ce qu'on suppose, à les recouvrer, on a imaginé de la mettre dans une situation où elle serait forcée de devenir populaire si elle veut avoir de l'influence, ou privée de toute influence si elle ne veut pas se rendre populaire. Il y a de l'adresse dans cette manière de voir; il y a surtout de ce génie d'aujourd'hui qui consiste en une grande habileté d'expédient pour la chose du moment : y a-t-il de même de la profondeur de vues et une prévoyance nécessaire des choses de l'avenir? Je ne le pense pas.

D'un côté votre loi dès élections a composé votre démocratie de manière à laisser en dehors tout ce qui ne voudra pas caresser les jalousies populaires; comme d'un autre côté vous avez épuré cette démocratie de manière à laisser en dehors toute la masse de la popu-

lation au-dessous de 3oo francs d'imposition,
avez-vous bien pensé aux rapports que pourraient contracter entre elles ces deux classes ?
En voilà une considérable par son lustre,
par ses services, par ses propriétés, mise
comme en dehors de la chose publique : par
là même on la place dans un mouvement
continuel d'opposition. En voilà une autre
sans action dans l'Etat, n'existant que pour
en supporter les charges, ramenée de cette
manière à l'ancien état de la population gau-
loise dont nous parle César : *Nam plebs pene
servorum habetur loco : per se nil audet, nulli
adhibetur concilio.....* Etes-vous sûrs que cette
classe demeurera toujours sous la direction de
votre corporation électorale ? Etes-vous sûrs
que son appui ne sera pas recherché quelquefois, ses passions vivement sollicitées, et
qu'elle-même ne recherchera pas dans quelques occasions les passions et l'appui d'une
autre classe ?

Ces considérations étaient d'autant plus dans
le cas d'être pesées, que partout cette loi avait
été présentée comme une affaire de parti. Sa
discussion avait pris un caractère qui rappelait
les anciennes discussions sur le doublement
du tiers et la délibération par Ordre : elle avait

élevé des deux côtés des animosités du même
genre, et obtenu à quelques égards des résultats semblables. En 1789, on avait vu, dans la
victoire du tiers-état, la révolution faite : par
la victoire d'aujourd'hui, quelques personnes
l'ont regardée comme consommée.

Il est, dans cette loi, une autre défectuosité
que je dois noter. Je ne puis comprendre
comment, dans une loi constitutionnelle et
fondamentale, on a choisi pour base une
somme de trois cents francs. J'ai vu construire
les fondemens de l'arc de triomphe, sur la
route du Bois de Boulogne. Tant que les ouvriers ont travaillé dans le sable, l'architecte
s'est gardé de poser ses masses fondamentales ;
il a fait fouiller jusqu'à ce qu'il ait trouvé une
roche bien compacte. « C'est ainsi, a-t-il dit,
« que doivent être fondés les édifices d'état. »
Je suis tout-à-fait de son avis : pour cela même
je m'étonne qu'on se soit décidé à fonder une
grande loi d'état sur le sable : j'appelle ainsi
une base mobile d'argent, base qui, dans cinquante ans, aura fléchi déjà sensiblement ; et
qui, dans deux siècles, se sera tout-à-fait af-
faissée.

CHAPITRE XXI.

De la loi sur la liberté individuelle et sur la liberté
de la presse.

L<small>A</small> France est sûrement destinée à avoir un
état calme, solide, dans lequel tous les droits
auront été fixés, toutes les prétentions décidées, toutes les questions jugées : en attendant
il faut qu'elle subisse provisoirement un état
de transition également nécessaire au peuple
et au souverain. C'est à la suite de cet état que
nous jouirons de la plénitude de la Charte, et
particulièrement de la liberté individuelle et
de la liberté de la presse : grandes questions
auxquelles le peuple français prend beaucoup
d'intérêt nominativement, mais fort peu en
réalité, très-heureux de trouver toutes ces choses écrites dans sa Charte, sauf à en jouir quand
il pourra.

La Charte a été fort bien rédigée en ce sens:
on y trouve une multitude de dispositions pro-

pres à notre état à venir définitif; elle n'a pas
négligé non plus les petites passions de notre
situation provisoire. Quel bonheur pour quelques personnes, de pouvoir lire en tête de la
Charte : « Les Français sont égaux devant la
« loi. » Cela me rappelle qu'il y avait anciennement aux affaires étrangères un bon vieux
jacobin, d'ailleurs fort honnête homme. A la
nouvelle de la déclaration d'empire, comme
il était au désespoir, ses amis lui apportèrent
une pièce de monnaie impériale, sur le revers
de laquelle il y avait *république française* : on
lui apporta en même temps des décrets où,
après la formule féodale, *par la grace de Dieu,*
il y avait : *et par les constitutions de la répu-*
blique. C'EST BIEN HEUREUX, s'écria-t-il, et il
mourut content. Le monde entier est ainsi fait.
En vérité, il a été fort habile à la restauration
de nous parler d'égalité. J'approuve beaucoup
qu'on ait mis à la tête de la Charte un petit
morceau de ce sucre si doux de la révolution ;
il a été fort habile de nous parler de même
de la liberté de la presse et de la liberté individuelle : peu importe ensuite que tout cela
existe ou n'existe pas.

Ce n'est pas d'aujourd'hui que datent ces
collusions, où ceux qui ont l'air de tromper

sont parfaitement d'accord avec ceux qui ont
l'air d'être trompés. Dans le fait, le gouvernement n'a voulu tromper qui que ce soit ; il a
placé la Charte dans un état définitif qui
n'existe encore que par supposition. La liberté
de la presse, ainsi que la liberté individuelle,
s'appliquent à cet état définitif ; d'un autre
côté, les prohibitions s'appliquent à notre état
provisoire, dont il suffira sans doute d'abréger
la durée. Me plaçant dans ce point de vue,
quand j'ai examiné les discours des deux partis, j'ai pu trouver que les uns et les autres
parlaient à merveille, selon qu'ils apercevaient
de préférence : ceux-ci, notre état définitif;
ceux-là, notre état provisoire.

~~~~~~

CHAPITRE XXII.

Des débats sur le Budget.

———

Un des points qui a été le mieux établi dans
l'ouvrage de M. de Châteaubriand (*la Mo-*
narchie selon la Charte), c'est l'inconvenance,
de la part d'une assemblée, de faire elle-
même un budjet. Ayant peu de connaissances
des difficultés pratiques, n'ayant pas eu le
temps, comme l'administration, de préparer
et de mûrir les moyens d'exécution, elle se
jette maladroitement, et presque toujours in-
considérément dans des voies dont elle ne sait
pas l'issue ; elle se charge ensuite d'une responsabilité illusoire, en ce qu'elle ne peut
en être atteinte, et en décharge le ministre
qu'elle ne doit jamais abandonner.

Emportée par l'esprit de parti, l'assemblée
de 1815 avait voulu absolument faire le budjet : on le lui avait laissé faire. Le ministre
exécuta ensuite, comme il put, une œuvre

qui n'était pas la sienne. Il y mit sûrement
de la bonne volonté ; mais, dans la vérité, il
ne pouvait exécuter convenablement des opérations inexécutables. On l'avait contraint à
renoncer aux meilleures ressources qui étaient
dans ses mains ; on l'avait contraint à renoncer
à toutes les anciennes voies, et à faire son chemin dans des directions nouvelles. Il alléguait
les besoins de l'état : on lui opposait la politique. Les besoins étaient présens et pressans : on
opposait la nécessité de refaire la morale. Enfin il était notoire que, depuis quelque temps,
l'état vivait d'une certaine manière : il importait qu'une vie toute faite ne fût pas soudaine-
ment interrompue ; tout entière à ses vues
ultérieures, la majorité de l'assemblée n'entendait rien. Il fallut faire ce qu'elle commandait :
en obéissant à ses commandemens, un désordre, déjà immense, devint accablant.

On attendait à cette difficulté l'assemblée de
1816. Aussitôt que la question du budjet s'é-
leva, la minorité se précipita sur les traces de
la majorité de 1815. Plusieurs considérations
de l'apparence la plus favorable furent étalées
avec éloquence. « Doit-on payer ses dettes
« avec le bien d'autrui ? Les biens des com-
« munes ne leur appartiennent-ils pas ? Les

« biens non vendus du clergé ne sont-ils pas
« toujours les biens du clergé? Doit-on pour-
« suivre, sous le règne de la légitimité, les
« spoliations d'un gouvernement usurpateur? »

Je ne prétends, pour le moment, entrer
dans aucune discussion sur ces points : tout ce
que j'ai à dire, c'est que, sous les gouvernemens
précédens, dans des temps moins difficiles,
ces ressources avaient déjà été jugées indispensables. Au temps actuel, en présence des
armées de l'Europe, accablé par des besoins de
tout genre, était-il raisonnable de les sacrifier?
Un homme est mourant; il a dans les mains
une liqueur qui peut lui sauver la vie : est-il
raisonnable de la lui arracher, sous prétexte
qu'elle n'est pas sa propriété. Je suis disposé
à croire tout ce que l'on voudra en faveur des
biens des communes : j'en dirai presque autant
des biens du clergé, encore que ceux-ci me
paraissent dans une autre catégorie; mais en
vérité, dans la position où nous nous trou-
vions, était-il prudent, même avec les plus
justes motifs, d'arrêter tout à coup la vie de
l'Etat?

En examinant, dans une partie de l'assemblée, les motifs qui l'ont portée à mettre
tant de chaleur dans ces débats, on pourrait

croire que la restitution des biens des émigrés se rattachait secrètement à cette question. Je me permettrai de dire alors, sans ménager aucune expression, que sa conduite fut inepte. Il m'est permis d'appeler *ineptie* le mal qu'on se fait à soi-même, avec la prétention de se faire du bien. Certainement c'était un grand contresens de la part de cette assemblée (qu'on pouvait soupçonner favorable aux émigrés), d'associer la cause de biens confisqués en haine de la monarchie légitime, à la cause d'établissemens ecclésiastiques à jamais supprimés, et dont les biens, par cela même, étaient rentrés de droit dans le domaine de l'Etat. Présenter ensemble ces deux causes comme connexes ; associer la faveur de l'une à la défaveur de l'autre, était un renversement de raison et de prudence.

Emportée sur les traces de la majorité de 1815, la minorité de 1816 regarda comme un devoir de conscience de repousser tout un budjet entaché de quelques articles sur la vente des biens ecclésiastiques; plusieurs membres montrèrent avec jactance leurs boules noires : c'était, à leurs yeux, une chose très-honorable de voter la ruine de leur pays.

CHAPITRE XXIII.

Des rapports de l'Assemblée de 1815 avec le Gouvernement.

———

Il ne faut pas que le ministère se flatte de posséder l'assemblée actuelle; elle ne lui appartient en aucune manière, et elle lui échappera aussitôt qu'elle pourra. Lors du dernier discours de M. de Villèle sur les finances, cette disposition a été tout-à-fait sensible. On a vu de combien peu il s'en est fallu que ce discours, dirigé contre le ministère, ne reçût le vote d'impression à trois exemplaires. Plus de vingt-cinq membres ministériels passèrent tout à coup dans les rangs de la minorité. Sans la crainte du retour de l'ancienne majorité de 1815, et avec elle, de ses exagérations et de ses projets menaçans, le ministère eût été reporté à plusieurs reprises dans sa situation de l'année dernière. Le mécontentement de l'assemblée, à l'égard du gouvernement, me paraît tenir à plusieurs causes.

Il provient en premier lieu du vice radical de leurs rapports. L'article 16 de la Charte porte : « *Le Roi propose la loi.* » Une disposition réglementaire, s'attachant à cet article, a stipulé que la loi proposée pourrait être débattue et discutée par des commissaires du Roi. Ces commissaires commencèrent l'an passé à entrer dans la Chambre. Cette année, ils s'en sont emparés. On sait ce qui est arrivé à cet égard dans nos anciens Parlemens, lorsque les conseillers rapporteurs se mêlèrent aux conseillers jugeurs. Ceux-ci peu à peu furent écartés, et finalement mis en dehors.

Ce n'est pas seulement sous ce rapport que cette innovation est dangereuse. Si on avait voulu composer une prime pour jeter peu à peu dans l'opposition tout ce qu'il y a de talent et de vigueur dans l'assemblée, on ne pouvait mieux s'y prendre. On ne s'est pas contenté d'exproprier l'assemblée de toute part directe dans les affaires, au moyen d'une initiative à laquelle on donne une exécution rigoureuse; on l'exproprie encore de la plus noble partie de la discussion, celle qui tend à établir, pour ne lui laisser que celle qui tend à empêcher. Il est clair qu'en définitive tout doit se jeter dans cette partie.

Il est d'autres points sur lesquels le gouvernement et l'assemblée me paraissent se toucher d'une manière fâcheuse.

Lorsqu'anciennement les conseillers rapporteurs que je viens de citer, entrèrent dans le Parlement, ils y entrèrent avec modestie, et se contentèrent de se placer au second rang. Les commissaires d'aujourd'hui n'ont pas cette réserve. Quand ils sont dans la Chambre des Députés, ils se croient chez eux. Ces messieurs tancent les députés et sont tancés par eux. Comme il est impossible de ne pas prévoir qu'il s'élevera à cet égard quelque grand démêlé, que deviendra la prérogative du Roi, si ses commissaires sont forcés de subir la police de la Chambre ? Que deviendra la prérogative de la Chambre si les commissaires peuvent la braver ?

Je passe à d'autres points de mécontentement.

CHAPITRE XXIV.

Des rapports du Gouvernement avec la Nation.

Aussitôt que Bonaparte eut fait atteler à son char d'or les quatre magnifiques chevaux de Corinthe ; à la manière dont ces chevaux étaient tournés, les uns à droite, les autres à gauche, nous fûmes convaincus que son char ne pouvait aller. S'il se trouvait jamais que le char du gouvernement fût attelé de la même manière, nous serions autorisés à tirer les mêmes inductions. Il s'agit donc d'examiner si toutes les parties du gouvernement vont véritablement dans le même sens et du même pas.

Dès les premières séances de la session présente, il ne fut pas difficile de s'apercevoir que l'éloignement d'un certain ministre de l'administration n'avait fait qu'effacer de sa game la note la plus discordante. Il fut évident pour tout le monde qu'il en restait encore beaucoup d'autres. Une personne avait disparu; son esprit était partout.

De ce côté un grand changement avait eu l'air de s'opérer, il ne faisait apercevoir rien de positif. D'un autre côté quelques ministres, feignant de plier sous l'action nouvelle, semblaient tenir ferme par les racines à d'autres principes et à d'autres vues. Se mettant en apparence en avant, ils restaient effectivement en arrière. On avait ainsi au sommet de l'Etat, pour faire cesser l'anarchie de la France, un véritable centre d'anarchie. Un Etat ne se conserve pas long-temps dans cette situation. *Unus Deus, una Ecclesia, unum baptisma:* c'est ainsi que le Christianisme a marché à la conquête du monde. C'est avec cet esprit d'unité, et seulement avec cet esprit d'unité, que le gouvernement marchera avec succès à la réparation de la France.

A la fin, un pas de plus a été fait vers cette unité si précieuse. Nous avons vu arriver tout à coup à la tête d'un grand ministère un homme d'une sagesse éprouvée et dont le nom seul est une garantie monarchique. Quelque chose de l'ancienne discordance a été ainsi effacé au sommet de l'Etat; elle a été soigneusement conservée dans les provinces.

Leur situation à cet égard était remarquable.

On sait comment, à la première décadence, une multitude de mauvais sujets de Bonaparte s'empressèrent de se redonner de la valeur, en devenant tout à coup les meilleurs sujets de Louis XVIII. Tous ceux qui avaient été négligés sous le régime précédent, pour leur peu de mérite, ou peut-être pour leur mauvaise conduite, s'étaient sentis tout à coup un zèle ardent pour la légitimité ; de toutes parts on les vit faire des offres au nouveau gouvernement ; de grands personnages, forcés par leur situation de se rendre accessibles à tous les avis et à tous les services, ne purent pas toujours faire un choix dans ces offres. Les tribunaux n'ont que trop retenti des contentions de ces prétendus royalistes, dont quelques-uns ont figuré d'une manière hideuse. Des préfets nouveaux, arrivant sans connaissance des hommes et des choses, tombèrent de tous côtés dans les embuscades de ces hommes vernissés quelquefois de marques illustres de confiance. Après en avoir tiré quelques services, le mieux eût été de les récompenser et de s'en séparer. Quelques préfets s'y attachèrent. De cette association qui les avilissait, comme il sortait en même temps des délations, et par suite, des arrestations et des destitutions: ils devinrent un objet de haine.

Avant l'Ordonnance du 5 septembre, cette situation était déjà fâcheuse. Après l'Ordonnance, elle ne fut plus tenable. Au premier moment où la compression cessa, le ressort se détendit de toutes parts, et frappa surtout les préfets. Ceux d'entre eux qui furent raisonnables, jugèrent très-bien leur position. Engagés dans de petites coteries, et dans celle des sociétés secrètes, ils sentirent qu'en adoptant la ligne nouvelle, ils se trouveraient en contradiction avec eux-mêmes et avec leurs amis ; en demeurant fidèles à eux-mêmes et à leurs amis, ils sentirent qu'ils se trouveraient infidèles au gouvernement. Ils demandèrent leur changement.

Ces demandes durent être appuyées par les députés. Un mouvement dans les préfectures fut généralement réclamé. On voulut généraliser l'esprit de l'Ordonnance du 5 septembre et en recueillir le fruit. Le gouvernement craignait à Paris la prépondérance des *ultrà* : on la craignait de même en province. Ceux qui donnaient à Paris la majorité aux ministres voulaient que les ministres leur permissent de l'avoir chez eux.

Ces demandes ne furent pas toujours accueillies. On regarda d'un côté comme une subversion totale, des mutations que d'un autre côté on regardait comme nécessaires. Il en résulta un premier levain de mécontentement entre le gouvernement et la majorité de l'assemblée.

Il y a eu d'autres causes d'humeur. La majorité s'est plainte amèrement de la faveur accordée à la minorité. A l'entendre, toutes les grâces et toutes les places étaient pour celle-ci. Au contraire, les demandes de la majorité étaient généralement repoussées.

C'est au milieu de cette fermentation que la session s'est terminée. Elle a été certainement moins orageuse que la session précédente. Quelques personnes espèrent encore plus de calme des sessions à venir. Je fais tout ce que je peux pour partager cette espérance*. J'ai dû d'abord exposer les faits; je vais actuellement analyser les causes.

* Il n'est pas inutile de rappeler que ceci a été écrit immédiatement après la session.

FIN DE LA PREMIÈRE PARTIE.

SECONDE PARTIE.

Des Causes de notre situation.

OBJET DE CETTE SECONDE PARTIE.

En résumant les faits qui ont eu lieu depuis la dernière restauration, il se trouve qu'une Charte, donnée d'abord avec une grande solennité, comme monument immuable, n'a pu tenir un an dans sa forme première, et qu'elle a dû être revisée. Il se trouve que, revisée et modifiée, elle n'a pu tenir encore dans cette forme, et qu'on a été obligé de la ramener à sa forme première. Il se trouve qu'une assemblée composée, par une fortune singulière, des hommes les plus honorables de la France, et les plus dévoués au Roi, n'a pu tenir un an en place, et qu'il a fallu la congédier et la dissoudre; il se trouve qu'avec toute la puissance d'un grand corps délibérant, l'assemblée de 1815 n'a su ou n'a pu exécuter aucun plan. Avec une assemblée nouvelle, façonnée à sa mesure, le gouvernement, secondé des épurations et des destitutions, a pu améliorer sa situation du moment; en ce qui concerne sa situation durable, il est resté au même état. Il se trouve qu'en beaucoup de points, et notamment en ce qui concerne la liberté individuelle et la liberté de la presse, les avantages tant de fois promis au peuple français, n'ont pu encore être mis à exécution. Enfin, il se trouve que, dans ce moment, comme dans tout l'espace qui s'est écoulé depuis la révolution, nous nous efforçons sans cesse pour atteindre un état stable qui nous échappe sans cesse; et alors, l'esprit frappé de cette première impression, que notre machine politique ne va pas, est amené à cette seconde pensée : pourquoi ne va-t-elle pas? Il se demande, si cette instabilité qui est généralement aperçue, tient à des causes purement passagères, propres au moment présent, ou à quelque grande cause durable.

Je m'attache tout-à-fait à cette dernière idée. Il m'est impossible de ne pas voir, depuis les événemens de la révolution, une cause constante dans ses résultats, quoique variable dans ses formes, qui détermine notre situation. Tant que cette cause se conservera, je crains que la France n'ait en réalité, ni une assemblée représentative, ni un gouvernement représentatif, ni la liberté de la presse, ni la liberté individuelle, ni une bonne loi sur les élections, ni même (il faut que je le dise) une véritable loi civile. Je crains que l'intérieur de la France n'offre, même avec un calme apparent, une fermentation vague et continue; je crains que, dans cette fermentation d'une nature particulière, ni les intérêts anciens, ni les intérêts nouveaux, ni l'aristocratie, ni la démocratie, ni la monarchie, ni la république, ni la légitimité, ni l'illégitimité, ne parviennent positivement à s'établir. Je crains que le trône soit sans cesse ébranlé, le peuple dans l'anxiété, toutes les existences précaires, tous les avantages fugitifs, et comme de fortune. Ma pensée est enfin que, tant que durera une situation dont les chances, les tours et les retours offrent à l'esprit des combinaisons infinies, tout est possible, tout est à pré-

voir ou à calculer, excepté une seule chose ;
l'ordre et le repos. Je vais tâcher de montrer
cette cause, ses divers élémens, ses divers
foyers ; c'est l'objet de cette seconde partie.

CHAPITRE PREMIER.

De l'illusion qui fait croire que la France a quelque chose d'établi. De notre état provisoire, et de notre état définitif.

Pour avoir une connaissance exacte de la situation de la France, il faut y distinguer deux états différens : l'un est un état provisoire dont tout le monde est occupé, et qui est assez difficile à régler; l'autre, un état définitif auquel tout le monde rêve, sans prévoir comment on pourra y arriver.

J'appelle état provisoire, un ordre de choses où l'on s'occupe à soutenir son existence telle qu'elle est : c'est-à-dire à vaincre les difficultés du moment, et à vivre ensuite le jour le jour, comme on pourra. J'appelle état définitif un ordre de choses où tout ce qui existe appartient à des principes fixes, et présente ainsi une constitution durable. L'existence de ces deux états et leur différence ont un caractère qui n'est pas toujours aperçu,

A la première restauration, Louis XVIII,
trouvant en France un sénat de Bonaparte, des
ministres de Bonaparte, un code de Bonaparte,
se saisit bien vite de cet ensemble, et s'y plaça.
Ce ne pouvait être évidemment qu'un état provisoire; mais comme, pour faire aller cet état
tel qu'il était, il fallait tout l'appareil de forces
et de mouvement propre à un gouvernement
établi, la France eut aux yeux de toute l'Europe les apparences d'un gouvernement établi.
On a vu, au 20 mars, ce que c'était que ce
gouvernement : on n'avait pu prendre aucune
précaution contre le vingt mars.

A la seconde restauration, comme la même
situation s'est renouvelée à peu de chose près;
et comme ce sont encore et le sénat de Bonaparte, et les ministres de Bonaparte, et le code
de Bonaparte, qui ont été en scène; quand il
a fallu convoquer une assemblée, comme ce
sont les corps électoraux de Bonaparte qu'on
a jugé à propos d'appeler, la France a repris,
avec le même fond de chose, la même apparence de gouvernement établi. De cette apparence sont sortis la même sécurité du moment,
la même confiance dans l'avenir.

Depuis vingt-cinq ans, il en a toujours été de
même. Pour faire aller la chose du moment,

comme il faut toujours un gouvernement du
moment, les besoins de ce gouvernement oc-
cupant toute l'attention, toute la pensée, toutes
les forces, il en résulte une discipline visible
d'instrumens organisés pour ce but. Ces instrumens, avec toute leur hiérachie, se dirigeant avec une apparence régulière, comme
dans les gouvernemens établis, portent partout l'impression d'un gouvernement établi.
Les autres états se vantent de leur constitution
et de leur charte : n'avons-nous pas une constitution et une charte ? N'y a-t-il pas à Paris,
comme à Londres, un Roi, une Chambre des
Pairs, une Chambre des Députés ? Ne parle-
t-on pas à Paris, comme à Londres, de la liberté de la presse, de la liberté individuelle,
même de la responsabilité des ministres ? N'a-
vons-nous pas, comme dans tout le reste de
l'Europe, divers départemens des finances,
de l'intérieur, de la guerre, des affaires étrangères ? N'est-ce pas de cet ensemble que se
composent partout les gouvernemens ? Ne
pourrait-on pas presser encore davantage ces
comparaisons, et dire : Dans presque tous les
états de l'Europe, il n'y a qu'une monnaie de
papier ; en France, nous avons une monnaie
d'or. Rassurés sur ces avantages apparens, on

regarde tout cet échafaudage du moment comme un édifice réel : on passe ainsi éternellement de convulsions en convulsions, sans en comprendre et sans en rechercher la cause.

CHAPITRE II.

Comment l'état provisoire de la France empêche l'état définitif de se former.

QUAND une révolution est faite, ce n'est pas une petite affaire que de la renverser ; une fois renversée, ce n'est pas une petite affaire que de s'arranger avec ses débris : nous pouvons être à cet égard un modèle. Toutes nos révolutions ont été successivement léguées à ceux qui les ont détruites. La Gironde, en s'élevant, a eu à traiter avec un reste de constitutionnels ; la république a eu à traiter avec un reste de Girondins ; le Directoire avec les restes de la république, le consulat avec les restes du Directoire. L'ensemble de tous ces restes a été légué ensuite à Louis XVIII, qui les a pris et qui les soudoie aujourd'hui pêle-mêle avec des fragmens de Chouans, de Vendée, de Coblentz. Nous payons ainsi en même temps deux ou trois armées qui n'existent plus,

une autre armée qu'on prépare, et qui exis-
tera : nous en payons une quatrième qui existe;
mais celle-là n'est pas à nous.

Une telle situation, quand on l'examine attentivement est effrayante : c'est, dans toutes
les révolutions, la difficulté la plus grave
qu'on a à surmonter : c'est en cela, suivant
moi, que Bonaparte a été admirable. On peut
donner tant qu'on voudra des éloges à ses entreprises guerrières : je ne trouve nulle part le
sceau de l'homme extraordinaire aussi bien
empreint que dans la transition qu'il a pour-
suivie de l'état de la révolution antérieur
au 18 brumaire, à la monarchie d'une espèce
nouvelle qu'il a commencé à fonder.

Telle est aujourd'hui une des plus grandes difficultés de Louis XVIII. En remontant sur le
trône, il trouve, sous le nom d'Etat, un mélange
de révolution et de bonapartisme. Peu importe
qu'il se serve au premier abord d'instrumens
provisoires exercés à diriger ce mélange,
pourvu toutefois que ces instrumens consen-
tent à être provisoires. Point du tout. Le provisoire, dans ce cas, s'efforce à devenir définitif. Par sa nature, il a beau être essentiellement provisoire, il fait obstacle à tout ce qui
veut se mettre à sa place. Quand Louis XVIII

trouvant, en France, un sénat tout fait, le conserve, ce sénat ne pense pas qu'on lui fasse
grâce. Ses membres ont été pris à la cour de Bonaparte, ou dans les rangs de la révolution :
cela ne leur fait rien du tout ; ils se croient
aussi convenablement à leur place, que s'ils
avaient été pris dans l'ancienne cour de
Louis XVI, ou dans celle de Louis XVIII.
Il en est de même des ministres : quelle qu'ait
été leur position passée, aucun d'eux n'imagine que cette position puisse être un inconvénient. Il en est de même des magistrats, des
juges et des administrations inférieures ; il en
est de même de l'armée ; il en est de même de
la monnaie. Si les napoléons d'or savaient parler, ils diraient : « Nous sommes si bien frap-
« pés : pourquoi nous changer ? »

En même temps que le provisoire a une
grande volonté pour se conserver, il a, par la
nature des choses, une grande puissance pour
écarter tout ce qui veut le déplacer. Peu lui
importe que, par sa nature, il soit essentiellement provisoire ; comme il a seul tous les
instrumens de la puissance, il comprime vic-
torieusement tout ce qui veut l'écarter. Vous
voudriez vous occuper de la vie de l'état, dans
un an : au moyen de la vie d'aujourd'hui, on

vous en empêchera. Le provisoire étant toujours la grande affaire, tout ressort à ce provisoire. Pendant un temps indéfini, tout y ressortira de même; pendant un temps indéfini toute la puissance de la vie du moment sera employée à vous priver de la vie durable.

J'ai parlé de la puissance du provisoire; elle est telle, qu'elle envahit jusqu'à l'opinion. Au milieu de ce provisoire, vers lequel tout se précipite, le premier homme d'Etat qui veut penser à l'avenir est décrédité d'avance comme un *rêve-creux*. Une multitude d'hommes, habiles à manier le présent, sont sérieusement convaincus qu'un Etat est tout entier dans le présent. Toutes les idées positives, toutes les idées applicables, leur paraissent placées dans cette pratique du moment. Ils se reposent de bonne foi sur un échafaudage qu'ils regardent comme durable et qui va crouler sous eux, comme sous ceux qui les ont précédés.

Je ne sais si j'exprime bien les malheurs de cette situation. Je la sens bien vivement. Placés entre un provisoire qui nous a saisis, et dont nous cherchons vainement à nous dégager; et un définitif, objet perpétuel de nos vœux, et que nous ne pouvons jamais atteindre, que devenir? D'un côté, comme l'état définitif qui, en s'éloignant toujours, semble à la fin se décréditer, n'en demeure pas moins nécessaire; d'un autre côté, comme l'état provisoire, qui semble s'affermir, n'en demeure pas moins par sa nature provisoire, sans sécurité, sans perspective lointaine, vivant sans cesse au jour le jour, on s'impatiente de cette position, on s'en fatigue; on attend comme une délivrance le premier événement, quel qu'il soit, qui la fera cesser.

CHAPITRE III.

Des exceptions à cette règle. Comment elles sont une
nouvelle cause de désordre.

———

Les efforts du provisoire ont beau s'exercer,
comme il ne peut garder toutes les avenues,
et que le règne nouveau veut absolument voir
quelque part son empreinte, il en résulte la
bigarrure suivante :

Mon lecteur a été probablement quelquefois à la Banque. Au milieu des pièces d'or
et d'argent qu'on y délivre, il a pu en voir
un grand nombre portant l'effigie de Bonaparte de gauche à droite ; il a pu en voir aussi
d'autres qui portent l'effigie de Louis XVIII de
droite à gauche. Tel est en tout point notre état
social. Des sénateurs, des ministres, des juges,
des préfets à l'effigie de la France nouvelle, se
rencontrent partout à côté de sénateurs, de
ministres, de juges à l'effigie de la France
ancienne.

Il est juste de tenir compte des différences. Quand des pièces de Bonaparte et de Louis XVIII se rencontrent, il ne s'élève entre elles aucune dissension : elles gissent paisiblement ensemble dans le même sac. Il n'en est pas de même quand des hommes de Louis XVIII et des hommes de Bonaparte se rapprochent. Dès que les principes, l'esprit, les institutions de la révolution viennent se mêler à un autre esprit, à d'autres institutions, à d'autres principes, il y a crise.

Il n'échappera à personne que quelque chose de semblable a existé sous Napoléon. On a vu alors, comme aujourd'hui, une bigarrure de France ancienne et de France nouvelle. Voyons si cela peut se comparer.

Napoléon avait pour double objet de faire la contre-révolution dans les choses et de compléter la révolution dans les personnes. Il élevait au plus haut tout jacobin qui abandonnait ses principes. Il frappait de toutes ses forces le jacobin qui les conservait. Des révolutionnaires infidèles à la révolution : voilà ce qu'il lui fallait. Sous des dénominations anciennes c'était un nouveau peuple qui se formait. Auprès de ces nouvelles organisations, si on appelait quelque chose des orga-

9

nisations anciennes, ce n'était pas pour les mettre en lumière, c'était pour les effacer. Ces débris poussés de force vers le peuple nouveau, comme aliment ou comme lustre, étaient obligés d'en prendre la couleur et de s'y fondre.

Je ne vois pas la même chose sous Louis XVIII. Les masses de la France nouvelle qu'on place à côté des débris de la France ancienne, prétendent bien ne pas se laisser envahir par elle. Des élémens essentiellement hostiles, abandonnés à leur mauvaise nature, sont mis à côté les uns des autres : comment croire qu'il en résultera le repos! On sent parfaitement cet inconvénient. On prononce en conséquence de beaux discours sur l'union et la paix. Un État ne se gouverne pas avec des discours.

CHAPITRE IV.

De l'amalgame d'ordre et d'anarchie qui résulte de cet ensemble.

Si ce que j'ai exposé précédemment est exact, il se trouve que la France présente un mélange de provisoire et de définitif. Le provisoire ayant ses raisons pour vouloir être définitif, et le définitif ayant aussi ses raisons pour craindre de n'être que provisoire, il en résulte un état indéterminé; où ceux qui redoutent l'anarchie sont sans cesse à désirer l'ordre, et où ceux qui redoutent l'ordre désirent avec la même ardeur la continuité de l'anarchie.

Cependant, pour rendre un peu durable cette même anarchie, comme il faut encore un peu d'ordre, on a soin de l'établir dans une multitude de choses apparentes et comme en dehors; tandis qu'au dedans on se complait dans l'absence de toute règle et de tout ordre. La France présente ainsi, sous un

double rapport, le spectacle d'un ordre bien
savant et bien établi qui ferait croire qu'elle est
l'État le mieux réglé de l'Europe, et celui d'une
anarchie également bien établie qui peut faire
croire que nous avons perdu jusqu'aux élémens de la civilisation. Pour l'entretien des
routes, pour la police des rues, pour l'administration des boues et des lanternes, et encore
pour quelques autres objets, on peut dire
qu'il y a en France une distribution habile
de mouvemens, et par conséquent un ordre
réel. En d'autres points n'y a-t-il pas positivement anarchie!

L'anarchie, si j'entends bien ce que c'est,
est une absence de règle et de droit défini.
J'entre dans un espace de terrain vague, où il
n'y a aucune propriété démarquée, aucun
champ planté, ou entouré de murs et de
fossés. Je regarde ce terrain comme quelque
chose qui n'appartient à personne *ut singuli*,
précisément parce que cela appartient à tous,
ut universi. C'est ce qu'on appelle vulgaire-
ment un communal.

A beaucoup d'égards la France me fait cette
impression. Je ne parle pas d'un certain matériel tel que les champs, les prés, les propriétés particulières. Je sais que tout cela est réglé

quant à présent. J'entends parler d'un fonds
de principes, de droits, d'avantages moraux
et sociaux qui depuis la révolution se trouvent
sans stipulation et sans règle. Non-seulement
on ne sollicite pas à cet égard des divisions
et des démarcations précises; on paraît les
craindre. On regarde comme une perfection
de l'ordre politique que tout cela soit laissé
en indivis.

Je ne puis partager cet avis. Qu'on ne se
fie pas à quelques momens de calme. Ce
calme ne tardera pas à être suivi d'une tempête. Sous Bonaparte, il y avait aussi de l'a-
narchie; mais comme elle était fortement
comprimée, cette anarchie disciplinée et do-
cile pouvait se laisser conduire finalement à
une espèce d'ordre. Sous Louis XVIII, avec
la douceur de son autorité, le régime des
chartes, des constitutions, des assemblées
délibérantes, non-seulement l'anarchie n'est
pas comprimée, elle est appelée au mouvement.

Elle répond fort bien à cet appel. Quelquefois on voit s'agiter les craintes et les espérances; quelquefois elles paraissent tranquilles : alors même c'est le repos des volcans.
Ce qui trouble les Etats, ce n'est presque

jamais le mal qu'on éprouve; c'est celui qu'on craint. Des craintes exagérées, des espérances désordonnées, voilà ce qui fait les tempêtes. Sous Bonaparte on ne craignait pas le mal : on l'éprouvait. Sous Louis XVIII on éprouve le bien ; mais les espérances et les craintes sont comme déchaînées. Je suis si convaincu des dangers de cette situation, que je n'hésite pas à affirmer qu'une contre-révolution pleine serait plus facile à diriger. Une contre-révolution pleine serait l'abolition des intérêts nouveaux. Or, ce qu'on abolit n'est pas dangereux : ce qui l'est, c'est ce qui est sur pied ; c'est ce qui étant continuellement excité à l'espérance ou à la crainte, se trouve en même temps fort et armé. J'en dirais presque autant d'un retour plein à la révolution. La pire de toutes les situations est d'attacher ensemble, en les animant sans cesse de crainte et d'espérances, une demi-révolution et une demi-contre-révolution.

CHAPITRE V.

Des intérêts anciens et des intérêts nouveaux.

Ce n'est pas d'aujourd'hui qu'il se trouve en France une masse d'intérêts particuliers nouveaux, en présence d'intérêts anciens. Dans tous les âges, il y a eu des événemens qui ont interverti les rangs et les conditions. Sous la première race, nous voyons un des esclaves attachés à la boulángerie du Roi créé comte de Tours. Sous la seconde, les capitulaires nous apprennent qu'une multitude d'hommes de condition servile avaient été investis de bénéfices et élevés aux plus grandes dignités. Sous la troisième, nous voyons un nouveau peuple élevé au titre de Franc et de Bourgeois s'emparer d'abord de la noblesse et de tous ses avantages; puis envahir, sous divers prétextes, les places judiciaires, le Parlement et la Chambre des Pairs. Ces événemens, encore qu'ils aient causé des troubles, n'ont toutefois ren-

versé ni la France, ni la dynastie, parce que
les Rois qui favorisaient le peuple nouveau
avaient soin en même temps de maintenir le
peuple ancien. Il n'en a pas été de même de la
révolution.

Ayant eu pour principal caractère de remettre aux prises ces deux classes, et le dénoûment de cette crise ayant été la défaite
complète et comme l'anéantissement du peuple ancien, ce mouvement a dû bouleverser
la France. Il n'a pu tarder à ébranler l'Europe placée dans des circonstances et au milieu d'élémens semblables. Conçoit-on l'impression qui a dû s'établir dans tous les pays,
de la fortune survenue tout à coup en France
aux classes subalternes ? D'un autre côté,
conçoit-on l'impression qu'ont dû éprouver de
même les classes élevées ? Il importait sans
doute à tout le petit peuple de l'Europe que
la révolution française se maintînt : il importait par la même raison à tout le peuple *ancien*
de l'Europe, que le peuple *ancien* de la
France se relevât. Comme cet événement n'a
pu s'effectuer sans porter atteinte au peuple
nouveau, un nouveau froissement a remplacé
l'ancien froissement. Le peuple ancien était
déjà un objet d'inquiétude, en ce qu'on le

voyait là sans cesse, attendant les événemens.
Les événemens une fois survenus, son succès
a été une cause de trouble, en ce qu'il s'est
mis à reprendre sur le peuple nouveau une
partie des avantages qu'il avait perdus.

CHAPITRE VI.

Des effets de la victoire remportée par les intérêts nouveaux sur les intérêts anciens. S'il en peut résulter
le repos.

———

QUELQUES personnes regardent comme peu
de chose ce contact des intérêts anciens et
des intérêts nouveaux. Je conviens qu'on a
peine à saisir des traits qui échappent souvent en simples nuances. Mais tout ainsi que
nos petites maladies physiques sont un excellent instrument pour juger des variations de
l'atmosphère, nos petites maladies morales,
c'est-à-dire nos amours-propres, nos vanités,
sont de même un excellent instrument pour
juger les nuances de l'état social. Voilà une
multitude d'hommes nouveaux qui se sont emparés tout à coup des dignités et des places. Ils
auraient voulu aussitôt en avoir la considération. Ils n'ont pas toujours pu y parvenir.
De même qu'au milieu des miracles du Fils
de Dieu, les Juifs s'obstinaient à demander :

« N'est-ce pas le fils du forgeron ? *Nonne filius est fabri ?* le public se permet de même, au milieu des miracles de nos nouveaux comtes, de nos nouveaux ducs, de nos nouveaux princes, de demander : *Nonne filius est fabri ?*

Ce n'est pas seulement aux sommités de l'Etat que se trouvent ces contrastes : dans les rangs inférieurs ils sont un objet continu d'irritation. On sait le nombre infini de généraux et d'officiers de tout grade qu'a nécessités la composition de nos nouvelles armées ; on sait comment cette composition s'est faite, comment elle s'est élevée. Quand par une cause ou par une autre, ces hommes, issus pour la plupart des classes inférieures, sont rendus à leur case originaire, pense-t-on au contraste qui se trouve entre des mœurs nobles, contractées par les habitudes guerrières, et les mœurs provenant des habitudes de la misère et des professions subalternes ? Je demande quelle contenance pourra avoir à votre table un capitaine servi par son père demeuré dans la profession de valet. Je demande quelle figure peuvent faire ces anciens généraux retirés avec une médiocre pension, dans la boutique de leurs parens menuisiers ?

Pour remédier à ces inconvéniens, on propose quelquefois d'adopter d'autres mœurs. Mais d'abord, adopter de nouvelles mœurs n'est pas une chose facile : les hommes anciens s'y prêteraient peu ; les hommes nouveaux ne s'y prêteraient pas davantage. Ce qui plaît le plus au nouveau duc, c'est de l'être de la même manière que sous l'ancien régime. Tout en dénigrant la féodalité, le nouveau comte, le nouveau baron veulent prendre ce qu'elle a eu d'éclat. Il en est de même en tout point. Les nouveaux juges prétendent bien garder la robe rouge qu'ils ont prise des anciens parlemens. Le sénateur, anciennement commerçant, est tout réjoui de s'entendre appeler pair de France. Les généraux de brigade ou de division le sont de même d'être devenus lieutenans généraux et maréchaux de camp.

C'est ainsi que cet ancien régime, qu'on prétend avoir anéanti, ressuscite sans cesse, quelquefois pour donner des jouissances, souvent pour donner des amertumes. La situation du peuple nouveau est parsemée ainsi d'inquiétudes. Examinons celle de l'ancien peuple.

Si on veut se représenter dans un État quarante-cinq mille familles se trouvant, sous certains rapports, dans le rang le plus inférieur de

la société, sous d'autres rapports dans le plus
élevé; recueillant sans cesse le respect au milieu du dénigrement, l'estime au milieu des
intentions du mépris; liées ensemble par les
mêmes mœurs, par les mêmes prétentions, et
surtout par les mêmes infortunes; si on veut se
représenter ces familles formant comme un
peuple particulier dans le peuple, jouissant
autrefois de grandes prérogatives, de grands
honneurs, de grandes possessions, toutes
meurtries aujourd'hui des coups de la révolution, et cependant consacrées en quelque
sorte par les proscriptions, ajoutant à l'éclat
de leurs aventures l'importance de leur bonne
éducation, de leurs bonnes manières, de tout
ce qui appartient au bon goût et au bon ton;
continuant à dominer dans les salons, et les
premières encore entre les citoyens par ce
qu'elles ont pu conserver de richesse; si on se
représente, dis-je, tout ce peuple privé par
la confiscation d'une partie de ses biens, par
la révolution de tous ses honneurs, accoutumé
à l'inégalité en sens direct, et soumis aujour-
d'hui à l'inégalité en sens inverse, c'est-à-dire
n'ayant plus dans l'Etat que le privilége des
proscriptions, des exclusions, des injures,
on aura une idée de la situation de tout ce

peuple de l'ancien régime, de l'amour qu'il doit avoir pour la nouvelle patrie qu'on lui a faite, et surtout de son zèle pour une constitution qui lui est présentée sans cesse comme le meilleur moyen de rendre toute cette situation durable.

Je ne sais si on regardera ce tableau comme chargé. C'est le tableau même de la révolution. Ses résultats consistent en ce que, d'un côté, les classes inférieures continuant à demeurer saisies des professions lucratives, en même temps qu'elles se sont emparées de tous les rangs, de toutes les places, c'est-à-dire de toutes les professions honorables, l'ancienne noblesse française, avec un reste de possessions tolérées, et quelques avantages de souvenir et d'opinion enviés, est demeurée effectivement et réellement en dehors de la France.

Cette situation, qui la rend particulièrement odieuse par le contraste du respect qu'elle inspire, et du mépris qu'on veut lui porter, ne se renferme pas dans ces seuls points. Dans un pays où on a mis à bas, autant qu'on a pu, les anciennes mœurs, les anciennes institutions, les anciennes lois, comme les nouvelles constructions qu'on leur a substituées peuvent présenter encore long-temps

des positions gauches, un tel pays plein d'ennemis au-dedans, et objet d'inquiétude au-
dehors, ne peut manquer d'avoir des crises.
Il faut voir comment tous les regards se tour-
nent aussitôt vers le peuple ancien. Il ne suffit
pas alors de ne vouloir pas entrer dans les
troubles publics. Tous les mécontentemens
qui s'élèvent se croient d'avance en alliance
avec les vôtres : ils vous saisissent, quoi que
vous fassiez ; ils vous emportent. Echappez-
vous à la loi des coupables, vous n'échappez
pas à la loi des suspects. Un inspecteur-géné-
ral de police qui semble avoir besoin de vous,
pour vous offrir quand il le faudra aux fureurs
du peuple, a soin de vous assigner d'avance,
sinon une prison, du moins un domicile.

Telle est pour le peuple ancien sa nouvelle
et aimable patrie : il n'y a plus le privilége
des grâces, des faveurs, des honneurs ; il a
celui des injures, des diffamations, des persécutions. Non, la naissance n'y est point ou-
bliée : elle est sans cesse là pour vous valoir selon les temps des échafauds ou des ignominies.

Au milieu de tant de motifs d'irritation,
on prétend avoir la liberté de la presse dans
toute son étendue; on prétend avoir la liberté
individuelle, on prétend jouir de toute sa

chartre ; on s'occupe savamment de la division ou de la distribution des pouvoirs. Les
uns citent la constitution anglaise ; d'autres
les capitulaires. Oh ! comme le gouvernement
a raison d'invoquer, avant tout, l'ordre et le
repos ! Je doute que cela seul suffise ; mais je
ne puis douter que ce ne soit un préliminaire
majeur et indispensable.

CHAPITRE VII.

Des effets de la Restauration de Louis XVIII sur le mouvement des intérêts anciens et des intérêts nouveaux.

LONG-TEMPS victorieuse, la France nouvelle a été vaincue. J'ai vu ses armées mises en fuite, ses forces anéanties, son territoire envahi. Ce n'est point l'armée de la France ancienne qui a triomphé ; je le sais. On ne peut nier au moins qu'à l'aide des armées étrangères, ses principes, ses drapeaux, ses couleurs, ses devises, tout cela ne soit rentré pêle-mêle avec le Roi. Actuellement, que résultera-t-il de cette irruption nouvelle ? Comment la multitude déjà ancienne des intérêts nouveaux s'arrangera-t-elle avec cette nouvelle multitude d'intérêts anciens ? O surprise que je ne puis rendre ! Ce long combat qui, pendant vingt-cinq ans, ébranla l'Europe, et qui, à deux reprises, n'a pu avoir de dénoûment qu'avec un million de soldats, se borne à régler la situation de deux personnages. On met avec raison une grande importance à faire prévaloir la dynastie légitime ; qu'il me soit permis seulement de faire une question.

Quand la révolution a éclaté en 1789, s'agissait-il de telle ou de telle dynastie ? D'un autre côté, dans les négociations de ces derniers temps, la légitimité ou l'illégitimité des dynasties n'ont-elles pas été proclamées souvent comme un objet accessoire ? Comment se fait-il qu'elles soient devenues tout à coup l'objet unique ?

Il faut en convenir. Les puissances, s'attachant de toutes leurs forces au bras terrible qui était levé sur elles, ont fait peu d'attention au corps qui lui donnait le mouvement. Fidèles à leur ancienne insouciance de la révolution philosophique, elles se sont contentées de rejeter en dedans la révolution armée. Comme elles n'ont rien changé à notre situation morale et politique, elles ont remis Louis XVIII tout juste à la place de Louis XVI. Elles ont regardé comme une chose habile de faire rétrograder l'année 1814 vers l'année 1790 et 1792. Eh quoi ! vous ne voyez pas

qu'une seule chose a fait périr Louis XVI:
c'est de se trouver comme tête ancienne sur
un corps nouveau, et d'avoir à commander
comme légitimité à beaucoup d'illégitimités?
Ces illégitimités, si terribles dans leur jeunesse, vous les croyez adoucies aujourd'hui,
parce qu'elles ont vieilli !

Quelques personnes ne comprennent pas
comment la légitimité, placée à la tête de beaucoup d'illégitimités, peut en être inquiétée,
ou les inquiéter elle-même. Je vais grossir les
objets.

Je suppose que, fatiguée de la situation
actuelle de Saint-Domingue, il vienne à la
pensée de quelque grande puissance de le
rendre à son souverain légitime, et qu'elle
en fasse la conquête. Qu'on se représente un
prince français, accompagné seulement de
quelques serviteurs, allant siéger par capitulation dans un sénat mi-parti de blancs et de
noirs. Si les blancs ont la prépondérance, on
voit tout de suite quelle figure font les ducs
de Marmelade et de Limonade. Si, au contraire, ce sont les noirs qui l'emportent, je
tremble pour notre prince et pour ce qui l'accompagne.

A la première restauration, cette fable s'est

réalisée. Par la conduite qu'ont tenue alors les puissances, les *noirs* se sont trouvés avoir une telle prépondérance, que la victoire a eu lieu sans combat. Depuis la seconde restauration, je conviens qu'une nouvelle victoire ne serait plus si facile; mais on a laissé encore tous les élémens d'une crise. Reportons nos regards sur l'état des choses qui a été composé.

En 1814, lorsque pour la première fois les puissances de l'Europe ramenèrent sur notre sol le Roi légitime, c'est-à-dire le Roi du temps passé, aussitôt tout le temps présent fut effrayé. Si jamais on prend la peine de recueillir ce qui a été dit et ce qui a été écrit alors contre la légitimité, on fera un recueil curieux. Il a manqué au monde un spectacle nouveau : c'est celui d'une nation persuadée que, dans un Etat, rien ne doit être légitime. Cette doctrine, qui dans les cent jours avait été accueillie par les Fédérés des faubourgs, et qui, dans tous les temps, a paru fort raisonnable aux Fédérés des prisons, se trouvait en harmonie avec la révolution : elle a été tout-à-fait dominante. Cela même m'est une preuve que, dans aucun cas, la légitimité royale ne peut demeurer isolée. Si elle ne veut pas s'exposer à périr, il faut absolument qu'elle se donne pour cortége les autres légitimités : toutes se rappellent entre elles, comme étant naturellement en affinité. Il en est de même des illégitimités : elles ont toutes les unes auprès des autres une même couleur, un même attrait, une même voix.

J'ai lieu de croire que c'est l'impression que la dernière restauration a laissée en France. Cette restauration aurait dû être faite dans un système de justice lié à tout l'ordre des justices. Je crains qu'on la regarde comme un événement, et qu'elle ne paraisse par là soumise à la fortune des événemens. Je puis prononcer dans un seul mot le principe de l'inquiétude générale. Il est dans l'indécision apportée à toutes les choses, excepté une. Comme cette seule chose, qui a été décidée, tend à faire décider de la même manière ce qui jusqu'à présent avait été décidé dans un autre sens, on comprend tout ce qui en résulte d'irritation. Les puissances n'ont pas prévu que le principe, par lequel elles jugeaient la cause de la couronne, ne pourrait se restreindre à la seule cause de la couronne. Ce principe se présentant sans cesse pour les

autres-causes, d'un côté toutes les illégitimités
se sont senties ébranlées par ce qui en a ren-
versé une ; d'un autre côté, toutes les légitimités subalternes se sont senties ranimées par ce
qui avait rappelé la légitimité dominante.

CHAPITRE VIII.

S'il est vrai, comme on le dit, que la Révolution soit finie.

En recherchant les causes de nos désordres, je n'ai traité jusqu'à présent que de ce qui appartient à quelques circonstances. Mon sujet embrasse malheureusement un plus grand espace.

Je voudrais croire que la révolution française n'a été que ce que les anciens appelaient *cataclysme*, c'est-à-dire un bouleversement passager. Qu'il y ait eu une fois un déluge de quarante jours, à la bonne heure : nous nous rassurons avec raison sur le renouvellement de cette catastrophe. Pouvons-nous nous rassurer de même sur le renouvellement de la révolution ?

J'entends dire quelquefois : « La révolution est finie. » Elle n'a jamais eu tant de force. Qui ne voit qu'elle est au moment d'embraser l'Europe ? Toutes les fois que vous entendez des discussions sur l'esprit du siècle, sur la marche du temps, sur l'accroissement des lumières, sur les progrès de la civilisation, écoutez attentivement ; c'est la révolution qui parle.

Je demande s'il y a un autre langage aujourd'hui en Europe. Si les gouvernemens n'y font une sérieuse attention, ils seront emportés par ce mouvement, comme nous l'avons été nous-mêmes. Au milieu de cette commotion universelle, n'est-ce pas trop se flatter que de croire que nous y demeurerons étrangers ? Peut-on croire que les enfans voudront se contenter de la révolution de leurs pères, qu'au milieu du dévergondage de tout le monde civilisé, ils demeureront sages, tranquilles, soumis ? Je n'ai point cette confiance. Le passé a été terrible : l'avenir peut l'être beaucoup plus encore. Heureux temps que celui de 1789 ! il n'y avait alors qu'une seule révolution : aujourd'hui, j'en aperçois deux ; une vieille, qui a fait son coup, et qui, si on ne la contrariait pas trop, aimerait assez à se reposer ; une autre, en bas âge, grandissant chaque jour, se fortifiant par les *bonnes* doctrines du temps, et se proposant bien, quand son temps viendra, d'obtenir les mêmes honneurs et les mêmes succès que sa mère. Dans le fait, les révolutions ne finissent pas aussi facilement qu'on le croit.

En proie à un foyer ardent de divisions intestines, Rome leur échappa en ravageant les nations. Après la conquête du monde, elle retrouva bien conservées ces divisions; et on sait ce qui arriva.

L'Angleterre a eu une révolution en 1688. On cite cet événement comme quelque chose de passager. La révolution de 1688 n'y a jamais cessé. L'Angleterre n'a échappé, comme Rome, aux effets de cette fièvre ardente, qu'en armant son commerce, et le faisant marcher à la conquête du monde.

La France a eu une grande révolution en 1789. Depuis ce temps j'ai entendu affirmer à plusieurs reprises que cette révolution était finie. La France n'a échappé quelques instans aux effets de ses convulsions qu'en se portant sur l'Europe, et en la désolant.

Nations germaines! pourquoi ne vous êtes-vous pas laissé subjuguer? Votre destruction eût donné quelques années de plus à l'existence de Rome. Nations de l'Europe! pourquoi ne vous êtes-vous pas laissé humilier par la France. Elle avait besoin de votre honte

pour son repos. Pour ce qui est de l'Angleterre, je suis convaincu que ses hommes d'Etat
désirent vivre en paix avec les nations : je
doute que cela leur soit possible.

Quelque parti que prenne l'Europe relativement à l'Angleterre, qui me paraît poussée
comme Rome à la domination universelle, et
relativement à la France qui y marchait de
même par une autre route, mais qu'elle a
détournée pour le moment de cette voie, tant
qu'il ne sera pas fait chez l'un et l'autre de ces
deux peuples des amendemens à leur situation
intérieure, aucune partie du monde ne peut
compter sur le repos.

Je ne cite ici que la France et l'Angleterre.
L'Europe entière me paraît participer à cette
fermentation. Tout ce qui travaille y est encore
tranquille ; tout ce qui pense est prêt d'être
factieux. Lassé de ses anciens usages, de ses
anciennes institutions, le monde semble se
précipiter de toutes parts vers une vie nouvelle. Ce fléau, que tout devrait se réunir à
repousser, trouve des philosophes qui le pré-
conisent comme un effet des lumières ; et des
souverains qui le favorisent, comme un effet
des progrès de la civilisation. Nous allons rechercher les principes de ce fléau.

CHAPITRE IX.

Premier principe d'un mouvement révolutionnaire universel : esprit d'indépendance.

Tout le monde veut être libre, comme tout le monde veut être heureux. Cependant, comme tous ne sont pas également riches, également savans, également vertueux, il se trouve que tous ne sont pas également libres. Toutefois la servitude pleine est presque aussi impossible que la liberté pleine. L'esclavage, qui, dans tous les temps, a été établi parmi les nations, a toujours été plus ou moins mitigé. Chez les Germains on avait peine à distinguer le maître de l'esclave : le travail et quelques tributs composaient toute la servitude. Le loisir et le courage distinguaient l'homme d'une condition ingénue.

J'ai dit que de tout temps l'esclavage avait été établi chez les nations. On peut citer positivement le quatorzième siècle de notre ère comme l'époque où l'abolition de la servitude a commencé à avoir un grand mouvement. Je dois m'arrêter sur ce fait, car il me paraît bien important. A partir des idées que nous avons aujourd'hui, il doit paraître singulier que, pendant tant de milliers d'années, un état qu'on dit aussi réprouvé de l'humanité ait reçu la sanction de l'humanité entière ! Comment se fait-il que ce soit seulement à une époque récente qu'il ait été repoussé ?

Les partisans zélés de la liberté ne contestent pas ce fait ; ils s'en saisissent au contraire comme d'une preuve que le monde marche au perfectionnement : ils allèguent l'accroissement des lumières, les progrès de la civilisation. J'ai souvent examiné ces allégations. Sur quelques points les arts ont sûrement fait des progrès. En beaucoup d'autres je doute de notre perfectionnement. Je doute surtout qu'il faille appeler de ce nom un mouvement désordonné imprimé généralement aux idées de liberté, et dont la suite est aujourd'hui partout un désir effréné d'indépendance.

Et d'abord, pour ce qui est des progrès de la civilisation, il me paraît qu'il y a ici quelque méprise. La dépendance, voilà ce qui forme la vie des sociétés. L'indépendance, au

contraire, en est la destruction. Si les parties
de notre corps obtenaient un moment l'indépendance , nous tomberions en poussière.
Lorsque toutes les parties d'un Etat cessent
d'avoir de la dépendance entre elles, la société
croule.

Tel a été le principal caractère de la révolution française. Depuis long-temps tout était
ébranlé ; elle a voulu tout dissoudre : elle a
séduit à cet effet une de nos passions les plus
vives.

La société cherche à tout lier, à tout enchaîner, à tout entraîner dans la vie commune ;
un attrait particulier nous porte au contraire à
briser tout ce qui appartient à la vie commune
pour l'entraîner dans notre vie propre. A la
fin il s'est fait comme une transaction entre
la vie individuelle et la vie sociale. Ce n'est
qu'à une certaine heure et avec de certaines
conditions que le fils peut se détacher des entrailles de sa mère, et se produire au jour ; ce
n'est de même qu'à une certaine heure et avec
de certaines conditions que le fils peut échapper à l'autorité de son père : ce qui s'appelle
émancipation. Ce n'est encore qu'avec de certaines règles et de certaines conditions que
l'ouvrier échappera à la dépendance de son

maître, le pauvre à la dépendance du riche.
Dans une société bien organisée, ces règles
forment une des parties les plus importantes
du droit civil. Dans une société dissoute elles
en sont effacées. Le fils veut être indépendant
de son père avant le temps qui a été réglé pour
son émancipation ; l'ouvrier veut être indépendant de son maître en dépit des règles qui
doivent l'assujétir. Le pauvre veut être indépendant du riche avant que cette indépendance lui ait été acquise par le temps et par
l'économie. Que dis-je ? On a vu la femme
elle-même regarder sa dépendance d'épouse,
non plus comme un bonheur, mais comme
une calamité.

C'est ainsi que les sociétés tombent. Une
fois en décadence, ce sont les liens qu'on devrait s'empresser de rétablir. Ce sont alors les
liens que de tous côtés on s'empresse de dissoudre. On appelle civilisation, progrès des
lumières, esprit public, les exhalaisons d'une
corruption sociale. Ce fléau a envahi et en-
glouti la France en 1789; il l'obsède encore
aujourd'hui, ainsi que l'Europe.

CHAPITRE X.

Second principe de ce mouvement universel révolutionnaire : l'esprit d'égalité.

———

O<small>N</small> peut rechercher tant qu'on voudra les mo-
numens de l'antiquité, on n'y trouvera rien de
semblable à ce qui se passe aujourd'hui. On y
verra ici des propositions pour l'abolition des
dettes ; là des propositions pour le partage des
terres : on verra quelques jalousies s'élever d'une
classe envers une autre classe, comme à Rome
entre les patriciens et les plébéiens ; comme en
France entre la noblesse et le tiers-état : nulle
part on ne trouvera, comme aujourd'hui, une
proposition positive, pour que tous les rangs
soient renouvelés, ou pour qu'ils soient définitivement abolis.

Il m'est indispensable de faire connaître le
principe de cette singularité ; il porte tout entier sur ce mouvement nouveau des sociétés,
qui a multiplié d'une manière extraordinaire

par la science, par le talent, par le commerce, les chances de fortune et d'élévation
rapide. Autrefois les avantages sociaux se ti-
raient presque exclusivement des armes et de
la propriété. Les propriétés avaient un rang
comme les personnes. Il y avait des propriétés
illustres ou seigneuriales, des propriétés simplement libres ou allodiales, des propriétés
serviles ou assujéties à la censive. Le rang de
la propriété démontrait alors le rang du propriétaire. Les domaines avaient une hiérarchie
comme les dominations.

Depuis long-temps tout cela est changé. La
découverte de l'Amérique, un nouveau mouvement des sciences et des arts, l'institution
des communes, des académies, des universités, ont apporté dans l'état social des avantages nouveaux et un lustre nouveau. Il en est
résulté que l'ancien lustre des armes et l'ancien
lustre des propriétés ont été affaiblis. Cette révolution, prenant peu à peu des forces, et se
consommant ensuite tout-à-fait, on a été amené
à croire que toute démarcation de rang devait
être effacée. L'Angleterre ayant pris un grand
vol entre les nations, son exemple est venu
favoriser ce mouvement. Il est curieux d'entendre ceux qui s'en prévalent.

« Qui fait qu'à l'exception de la Chambre
des Pairs, aucune autre noblesse n'a pu se
conserver en Angleterre, si ce n'est la même
cause qui agit aujourd'hui partout; c'est-à-dire
l'activité qu'ont pris les arts, les sciences et le
commerce ! Dans tout pays où une fortune col-
lossale est possible en dix ans, et où elle n'est
possible qu'avec les moyens et les habitudes
propres aux rangs inférieurs, il est inévitable
que la noblesse descende peu à peu dans ces
rangs, et par conséquent que, comme noblesse, elle s'efface. Ce que l'Angleterre nous
explique par son exemple, nous est commandé
par sa prospérité. Comment résister d'un côté
à la nature des choses qui pousse à ce mouvement, et à la nature des résultats qui le justi-
fient? Si la révolution en France a brisé avec
trop de violence un État ancien qui ne pouvait
se conserver, et développé trop brusquement
un état nouveau qui ne pouvait s'éviter, n'est-
il pas raisonnable, actuellement qu'il est établi, de s'y placer et d'y persévérer ! »

Je n'ai point à réfuter, en ce moment, cette
doctrine : j'ai dû seulement l'exposer. Ce qui
me paraît admirable, c'est qu'on regarde de
tels dogmes comme un effet de l'accroissement

11

des lumières et du progrès de la civilisation. Je n'en connais point qui soit plus propre à détruire toute espèce de civivilisation, et à conduire le genre humain à la barbarie.

CHAPITRE XI.

Troisième principe de ce mouvement révolutionnaire
universel : opposition de l'esprit individuel à l'esprit
de famille.

Quand on voit un grand mouvement bien ardent, bien tumultueux, bien continu, se donner pour enseigne un objet vague, on peut
supposer d'avance qu'il y a hypocrisie dans
les paroles, et que le véritable objet n'est pas
mis en lumière. A la fin du dix-huitième siècle,
est-ce qu'on ne déclamait pas de toutes parts
contre la féodalité ? Depuis long-temps il n'y
avait plus de féodalité. Sous l'assemblée constituante, est-ce qu'on ne déclamait pas contre
le despotisme ? Il n'y avait plus d'autorité.
Contre l'aristocratie ? il n'y avait plus de liens.
Contre le fanatisme ? il n'y avait plus de religion.
Examinez aujourd'hui ce qui se passe en Europe ; écoutez les nouvelles déclamations en faveur des idées libérales, contre les idées na-

ciennes, en faveur des constitutions nouvelles contre les anciennes constitutions. Ecoutez surtout ce qui se dit en Angleterre, en faveur d'une réforme, contre le système d'élection établi, et contre les *sinecures*. Tacite disait des paroles d'un prince : *Magis dignitatis erat in verbis, quam fidei.* Cette dignité hypocrite se remarque aujourd'hui comme alors. On la trouve également dans les souverains et dans les peuples, dans les individus et dans les partis. A une époque, je me souviens qu'on prêchait seulement la liberté : on ne voulait point, disait-on, toucher à la démarcation des rangs. J'annonçai alors que c'était précisément à la démarcation des rangs qu'on en voulait. Peu à peu on s'est enhardi à prononcer le mot égalité, à la place de celui de liberté; mais remarquez avec quelle réserve : c'est seulement l'égalité des droits, l'égalité devant la loi. Qu'on se découvre tout-à-fait : c'est l'égalité en tout et pour tout qu'on désire.

Ce n'est pas qu'en ce point, comme en d'autres, il n'y ait un peu de vérité mêlée à cette erreur. Certainement le pauvre et le riche, l'homme obscur et l'homme illustre, naissent avec la même nudité; ils sont ensuite sujets aux mêmes infirmités. Lorsqu'ils paraissent devant les tribunaux; leurs droits doivent être pesés dans la même balance. De plus, la même terre nous attend à la mort; et, selon nos œuvres, la même destinée dans le Ciel. Sur ces points, certainement il n'y a pas d'opposition; mais si c'est dans cette doctrine l'objet ostensible , ce n'est pas l'objet réel. On montre ici la vérité en fraude, pour faire passer le mensonge! Qu'il me soit permis d'interroger un des grands hommes d'état du temps, et de lui demander ce qu'il entend par l'égalité.

Est-ce l'égalité des richesses? — Non; il faut que chacun conserve le prix de son industrie, de ses travaux, ou de ce qui a été acquis par ses pères. — C'est peut-être alors l'égalité des talens que vous voulez établir? — Non; la nature a fait en ce genre les hommes très inégaux : nous ne prétendons point contrarier la nature. — Quelle égalité prétendez-vous donc établir? — L'égalité des droits : c'est-à-dire l'admissibilité à tous les avantages sociaux. — Sur ce point nous pouvons nous rapprocher : tâchons seulement de nous entendre. Vous ne prétendez pas qu'un *bossu* ou un homme de cinq pieds soit *admissible* à la place de grenadier; qu'un homme, qui a étudié pour être médecin, soit admissible à l'Académie de Peinture; ou que le peintre soit admissible à l'Académie de Médecine? Vous ne prétendez pas qu'un homme qui a de l'instruction sans courage, puisse être promu au grade de général; celui qui aura du courage sans instruction, au grade de chancelier de France? — Non, non. — Expliquez-vous donc avec franchise. — Nous prétendons effacer tous les effets de la naissance. — C'est bien fort. Il y a sûrement ici quelque méprise. Vous ne prétendez pas vous opposer à ce qu'un père transmette à son fils sa taille, ses traits, ses avantages, ses défectuosités, sa bonne ou mauvaise constitution physique? — Non. — Vous ne prétendez pas vous opposer à ce qu'un père transmette à son fils ses richessses, c'est-à-dire le fruit de son industrie et de ses sueurs? — Non. — Malheureux! actuellement je vous entends; vous prétendez seulement empêcher qu'il ne transmette l'éclat de ses vertus, ou celui de ses services. Si Catinat est fournisseur, vous consentez qu'il transmette à son fils le fruit de son industrie ou de ses rapines; mais s'il a sauvé sa patrie, s'il a donné son sang pour elle, s'il est mort sans autre fortune que la gloire des combats, vous prétendez que son fils hérite seulement de sa misère.

Telle est nuement et cruement la nouvelle doctrine, fruit de l'accroissement des lumières et des progrès de la civilisation. Par cette doctrine, toute transmission héréditaire, autre que celle des objets matériels est prohibée; par cette doctrine, il est permis à d'Assas, marchand de morue, de transmettre à ses enfans la fortune de sa sueur et de son comptoir; il lui est défendu, mourant pour la patrie, de transmettre la fortune de son sang et de sa gloire.

CHAPITRE XII.

Continuation du même chapitre.

Je n'ai pas fini l'énumération de toutes ces hypocrisies ; j'ai remarqué qu'à une époque où l'on parlait tant de liberté, c'était réellement l'égalité qu'on voulait. J'ai remarqué qu'à une autre époque où on parlait d'égalité de droits et d'égalité devant la loi, c'est l'égalité absolue qu'on réclamait. J'ai une révélation de plus à faire : c'est qu'en réclamant l'égalité, ce n'est pas même l'égalité qu'on veut : c'est la supériorité. Il suffit d'observer ce qui se passe habituellement sous nos yeux.

Abandonné à lui-même, chaque avantage tend naturellement à effacer les autres avantages. Si on laisse faire le guerrier, tout sera donné au courage ; si on laisse faire le savant, tout sera donné à la science ; si on laisse faire l'homme de lettres, tout sera donné au bel-esprit; si on laisse faire le banquier, le commerçant, le manufacturier, tout sera donné à l'industrie et à la richesse.

Tout en se déchirant entre elles, ces diverses supériorités ne manquent jamais de se réunir contre la supériorité de la naissance, à laquelle elles portent une haine commune. Un esprit ardent, individuel, fruit des progrès de la civilisation, s'efforce d'opprimer partout l'esprit de famille, et de tout rendre viager. De son côté, un esprit de famille non moins ardent, formé par les mœurs et par les sentimens les plus saints de la nature, s'efforce de tout transmettre et de tout perpétuer. Des deux côtés même enthousiasme, même fanatisme. Lorsqu'en raison du mouvement donné à l'industrie, aux lettres, aux sciences et aux arts, une fortune immense en gloire, en considération, en richesse, peut être faite en peu d'années, comment ne pas s'indigner d'une odieuse supériorité de la naissance, qui ne peut s'acquérir qu'avec le temps? D'un autre côté, cet avantage si long, si lent, si pénible, étant une fois acquis, comment ne pas s'indigner contre tout ce qui aspire à l'effacer?

Sur ce point, je remarquerai qu'il s'est établi une division entre ceux qui sont enclins à adopter l'esprit de famille; mais seulement à partir d'eux; et ceux qui, sans aucune composition, voudraient l'anéantir tout-à-fait. Je citerai, à cet égard, quelques exemples.

Un des aides-de-camp les plus estimés de Bonaparte me disait, pendant les cent jours : « Peut-être serai-je maréchal de France; alors « je veux envoyer mon fils et ma fille apprentifs dans des magasins : » c'est l'esprit individuel dans toute sa rigidité. D'un autre côté, un maréchal de France s'écriait, sous Bonaparte : « De quoi se targuent ces anciens no- « bles? De leurs ancêtres! Eh bien! nous, nous sommes les ancêtres. Tel est l'esprit individuel mitigé.

Dans cette guerre, qui n'est encore que de marches et de contre-marches; mais qui, selon mes pressentimens, pourra prendre un autre caractère, la ruse s'emploie comme la force. J'ai connaissance d'une députation qui, pendant les cent jours, fut envoyée à M. le maréchal Masséna, pour l'engager à abdiquer son titre de prince. « Messieurs, répondit le maréchal, « je ne me suis jamais fort enorgueilli de « ce titre : je consentirais volontiers à l'aban-

« donner ; mais la démarche que vous faites
« me prouve qu'il a de l'importance : je le
« garde. »

Et qui faisait ces démarches auprès d'un
vieux soldat plein de grandeur et de gloire ?
C'étaient des hommes de lettres, des banquiers, d'anciens procureurs, portés alors
au pinacle de l'État. Ces hommes de lettres
s'étaient illustrés par des comédies; ces banquiers s'étaient illustrés par des spéculations
sur les fonds publics de l'Autriche, ou sur des
billets de la caisse de service ; ces procureurs
s'étaient illustrés par d'anciennes *motions* élo-
quentes au club des jacobins. Chacun de ces
personnages avait sa petite supériorité privée,
qu'importunait la grande supériorité de M. le
prince d'Essling. En tout, voilà l'égalité que
nous réclamons : c'est un état de choses où
toutes les supériorités seront effacées, excepté
la nôtre.

Je ne puis finir ce chapitre sans faire remarquer la peine qu'on se donne dans tous les partis
pour masquer son véritable objet. D'un côté,
les progrès de la civilisation, l'accroissement
des lumières, la nouvelle nation qui s'est faite,
'exemple de l'Angleterre, les merveilles de
son gouvernement, l'esprit du siècle, la mar-

che des choses, l'égalité devant la loi : tel est le verbiage avec lequel on masque ses désirs de nivellement.

L'esprit de famille ne dédaigne pas d'avoir recours aux mêmes ruses. Ce ne sont jamais les droits de la noblesse qu'on défend, mais seulement ceux de la propriété. On n'aime l'ancien régime qu'à cause de ses perfections, la monarchie, qu'à cause du monarque; l'aristocratie, qu'à cause du peuple. Du reste, on affecte un profond mépris pour les idées libérales, pour les constitutions et les gouvernemens représentatifs, jusqu'au moment où cette artillerie de l'ennemi pourra lui être enlevée et tournée contre lui-même.

~~~~~~

CHAPITRE XIII.

Quatrième principe de ce mouvement révolutionnaire
universel : la haine des temps passés.

———

J'AI montré précédemment comment la France
a été amenée à une dissolution entière. Pour
avoir une idée juste d'un événement aussi extraordinaire, et des conséquences non moins
extraordinaires qu'il a eues, il ne faut jamais
perdre de vue le principe premier par lequel
il s'est effectué. Ce principe est l'horreur imprimée depuis deux siècles, et principalement
depuis cinquante ans, contre nos siècles passés. Un mouvement général, qu'on croirait
quelquefois concerté, avait élevé contre la
noblesse des ennemis puissans dans les rois,
dans les parlemens, dans les savans, dans
toute l'opinion publique. Le premier effet de
ce mouvement, qui multiplia contre elle les
exclusions, les spoliations, souvent les persécutions, fut, ainsi que je l'ai montré ailleurs,

de diffamer nos anciens âges. Enlevant ainsi les fondemens de notre droit public, il fut facile de nous dépouiller successivement de nos mœurs, de nos lois, de nos institutions, de nos libertés. Cette guerre contre la France ancienne, déclarée sous Louis XI, continuée sous Louis XIII, perfectionnée sous Louis XIV, avait laissé au moins çà et là des débris. Voltaire, menant avec lui toute la fin du dix-huitième siècle, juge à propos de reprendre la guerre contre ces débris. La diffamation de l'ancienne patrie devient tellement à la mode, que, dans la noblesse même, tout ce qui veut avoir du succès, doit commencer par une abnégation formelle des anciennes lois, des anciennes iustitutions, des anciens honneurs de la France. Le temple de Thémis, les marches de l'autèl, celles du trône, ne sont plus accessibles qu'aux renégats de la patrie. En 1787, un des membres de l'ordre de la noblesse, dont l'opposition à la révolution a eu ensuite beaucoup d'éclat, débuta dans sa carrière politique, en publiant que *la noblesse est le plus terrible fléau que le Ciel ait pu envoyer aux hommes dans sa colère.*

Les ouvriers de destruction, qui ont composé l'Assemblée Constituante, n'eurent qu'à

partir de ce principe. Ils n'avaient probablement pas, à leur début, le projet de toutes les
ruines qu'ils ont créées; mais comme ils avaient,
avec la haine de la patrie, la puissance de la
détruire, après avoir une fois commencé, il
leur a été impossible de savoir où et comment s'arrêter. Convaincus, comme tout le
monde, que la féodalité avait été un temps de
brigandage, non seulement ils ont abattu
ce qui restait de la féodalité; ils ont été
amenés à abattre de même tout ce qui l'avait
remplacée. De cette manière, les parlemens
bourgeois qui avaient succédé aux anciens
parlemens de barons, n'ont pas été plus épargnés que la pairie à brevet qui avait succédé
aux anciens grands vassaux : les droits des provinces, ceux des corporations et des cités,
n'ont pas été plus épargnés que ceux des châteaux : rien n'a pu se défendre. Comme depuis deux siècles la politique avait été d'instituer, non la force, mais la faiblesse; non la
puissance, mais le lustre; non des colonnes,
mais seulement des décorations; le pouvoir
qui avait cru arriver à la solidité, en s'entou-
rant d'étais fragiles, fut tout étonné, à la première commotion, de se voir entraîné, lui et
l'Etat, dans un abîme.

L'Europe entière est aujourd'hui sur la même voie. Partout s'y essaie, avec la diffamation des temps anciens, des mœurs anciennes, des institutions anciennes, un bouleversement complet. Chez quelques peuples, la révolution française n'est point un exemple : c'est un modèle.

CHAPITRE XIV.

Cinquième principe de ce mouvement révolutionnaire universel : la souveraineté du peuple et la majorité numérique.

———

Si ce n'était qu'en point de fait, la souveraineté du peuple ne serait pas une grande invention. A Athènes, à Sparte, à Rome, où cette souveraineté était réelle, le peuple ne faisait pas seulement les lois; il élisait les magistrats, il administrait, il jugeait. Ce n'est pas tout; il exerçait dans les maisons la même autorité que sur la place publique. A Athènes, il ordonnait aux citoyens de prendre une seconde femme, et Socrate obéissait. Faire de ce point de fait particulier un point général de droit public, c'est tout confondre. Dans un pays comme la France, où, par le fait, la population est sujette, un homme, seul souverain, établir, en opposition au droit public qui est en vigueur, un autre prétendu droit public tiré de la nature, c'est de l'égarement.

12

Pour donner une couleur favorable à cette doctrine, on dit : « La souveraineté du peuple « provient de la collection de tous les droits. » On ne fait pas attention que cette collection de droits suppose elle-même des possessions, des titres, et des institutions déjà fixées. Or, dans ces droits, comme il se trouve évidemment, et en première ligne, le droit même de la souveraineté, tel qu'il est exercé légalement, la souveraineté du peuple qu'on en fait dériver, présente une pétition de principe. C'est la remarque que fit, dans son temps, le grand Bossuet. « Du moment qu'il y a un peuple, disait-il, ou ce qui est la même chose, une société constituée, il y a par là même une souveraineté. Il ne peut pas plus y avoir de peuple sans souveraineté, que de souveraineté sans peuple. »

Il ne suffisait pas, pour la destruction de la France, d'établir en principe, sous le nom de la souveraineté du peuple, la souveraineté de la multitude; il fallait encore ajouter que toutes les possessions, toutes les prétentions, tous les droits, devaient se régler par la majorité.

Avant d'examiner ce dogme, il importe d'en séparer un point de vérité qui s'y attache, et qui peut faire illusion.

On est accoutumé à ce que, dans les assemblées délibérantes, les questions se décident
par la majorité. Dans une assemblée composée de mandataires égaux entre eux, cette règle est bonne : elle est ordinairement fixée
par la loi. Se saisissant de cet exemple, les
révolutionnaires l'ont appliquée à la société entière. Aristote n'a sûrement pas vécu sous le
gouvernement féodal. Il établit en doctrine
qu'on n'est point citoyen par cela seul qu'on
est habitant d'une ville, ou bien parce qu'on
a le droit de plaider à un tribunal; il faut encore avoir la capacité de l'état de juge et de
celui de magistrat *. Si désormais toutes les
richessses, toutes les qualités, tous les talens,
toutes les possessions devaient être mis aux
voix, et jugés habituellement par une nation
entière, nous verrions, à la suite de ces déli-

---

* Civis autem non est, quod urbem aliquam incolat.
Etenim inquilini et servi habitationis sunt participes.
Neque ii quibus cum jura ita communicata sunt, ut et
judicium accipere necesse habeant, et litem intendere
atque in jus vocare possint, cives sunt..... Civis igitur
simpliciter nullâ aliâ re definitur magis, quam quod sit
judicatûs et magistratûs particeps. *Aristot. Politicon,*
lib. 3, c. 2.

bérations, de belles sociétés et de beaux résultats.

Cette doctrine, prônée aujourd'hui par tous
les hommes de la révolution, est tellement
absurde, qu'indépendamment même de ses
conséquences horribles, je défierais de la
mettre à exécution. Dans une nation de vingt-
quatre millions d'âmes, qui me prouvera que
douze millions plus un, doivent l'emporter
sur douze millions moins un? Dans une assemblée délibérante, si la plus faible majorité
l'emporte, c'est en vertu de lois, et d'un ordre primitivement établi; mais ici, où vous
faites sortir la souveraineté non des lois et des
institutions, mais seulement de la pluralité
numérique, je vous demande, en cas d'une
nombreuse et ardente minorité, de quel côté
se trouvera la véritable supériorité?

Il n'y a que des pays tout-à-fait en délire,
où l'on ose avancer une telle doctrine. Quel
est le peuple, dans son bon sens, qui songea
jamais à mettre l'existence de son roi, celle
de son sénat, de ses magistrats, et ensuite ses
rangs, ses propriétés, en délibération auprès
de la multitude? Grâce à l'accroissement des
lumières et aux progrès de la civilisation,

c'est ce que méditent bien savamment, bien
profondément, une grande partie de la France,
de l'Angleterre et de l'Allemagne ; je dirais
presque l'Europe entière.

CHAPITRE XV.

De l'exemple de l'Angleterre et de l'Amérique.

———

On m'oppose l'exemple de l'Angleterre et de l'Amérique. « Dans ces pays, dit-on, on « parle continuellement de la souveraineté « du peuple, ainsi que de la majorité et de « l'égalité : ces doctrines, prétendues subver- « sives, n'y ont aucun fâcheux effet. »

Tout ne me paraît pas vrai dans cette allé- gation ; et ce qu'il y a de vrai tient à des dif- férences qu'il faut apprécier.

Amalgame composé de tous les pays, et dès-lors sans couleur précise, sans tradition particulière, sans mœurs propres, l'Amérique a pu adopter de convention la langue et quel- que chose des usages de l'Angleterre, qui, la première, s'était emparée de son sol : c'était pour elle une contrée dominante, beaucoup plus qu'une mère-patrie. Dans cette absence de loi et de constitution propre, dès que le

peuple qui lui avait imposé de loin sa constitution et ses lois s'est séparé d'elle, elle a pu
se former facilement, comme peuple nouveau,
sur une terre nouvelle. Elle a demandé à la
nature un principe d'institution qu'elle n'avait
pas ; elle a fait une déclaration des droits de
l'homme : quelle comparaison peut-on faire à
cet égard avec la France ?

Toute chargée de traditions et de souvenirs,
lorsque celle-ci, à l'exemple de l'Amérique,
a voulu parler d'une déclaration des droits de
l'homme, le monde a vu avec dérision une
carcasse de vieux peuple se présentant parmi
les nations dans l'attitude d'un peuple enfant.
Sa démarche a facilement décélé sa vieillesse.
Les rides du peuple ancien se sont montrées
de toutes parts. La France a bien cherché à
effacer son existence ancienne ; mais ce qu'elle
en a détruit, et ce qu'elle n'a pu parvenir à détruire, l'ont flétrie seulement comme peuple
ancien, sans la former comme peuple nouveau.

« Tous les principes de la révolution ont été
« invoqués en Amérique. » Il faut remarquer
au moins qu'ils n'y ont pas été invoqués avec
la même rigueur. Ils ont été subordonnés sans
cesse à tous les moyens de création. Par exemple une partie de l'Amérique a conservé l'es-

clavage des noirs. Partout on a consacré, pendant un temps, le caractère absolu et servile
des engagemens. En France, où on avait d'autres intentions, on est arrivé à d'autres résultats. Invoqués comme moyens de destruction,
associés à la haine contre tout ce qui existait, les
principes révolutionnaires n'ont rien épargné.

L'Angleterre offre d'autres différences notables.

Ce pays a eu aussi sa révolution ; dans cette
révolution il y a eu sans doute un roi mort
sur un échafaud, un autre roi expulsé ; il y a
eu quelques changemens dans les formes intérieures. Ce sont là des rapprochemens : examinons les différences.

Il est facile d'apprécier le mouvement qui
a eu lieu en Angleterre : on n'a qu'à observer
le point où elle est arrivée. Nulle part plus de
respect pour les rangs, plus de démarcation
dans les classes. Aux écoles, aux assemblées
de cérémonie, aux fêtes publiques, rien n'est
établi comme cette démarcation. Quand on
allègue que la noblesse anglaise est dans la
chambre des pairs, on croit avoir cité un grand
exemple. Il y a d'abord une multitude de
lords qui ne sont pas pairs, une autre multitude
de barons et de chevaliers ; il y a ensuite les

différens ordres. Même dans la pairie, qui semble le *nec plus ultrà* de cette hiérachie, on trouve les divisions de barons, de vicomtes, de comtes, de marquis et de ducs, avec les titres particuliers de *his grace* à celui-ci, de *most noble* à celui-là, d'*honorables* ou *très-honorables* à d'autres. En Angleterre, jusqu'à la manière de frapper à la porte des maisons, tout est classé, tout est fixé : rien de semblable ne seroit supporté en France.

Il est remarquable en beaucoup de points qu'on cite l'Angleterre pour ses défectuosités, plutôt que pour ses perfections. Par exemple, la pairie anglaise ne me paraît pas constituée avec un degré de force et d'attribution suffisant. Eh bien ! c'est en cela même qu'on pense à l'imiter : on allègue à cet égard l'expérience et le succès. On ne fait pas attention que la pairie tient fortement en Angleterre par ses connexions, par son patronage, ainsi que par toutes ses racines antiques. La pairie anglaise représente, par une succession non interrompue, les anciens hauts barons du royaume : c'est quelque chose dans un pays qui a des mœurs, que cette force du temps.

Au surplus ce n'est pas la pairie seule : toutes les institutions sont attachées de même aux temps passés. Ces temps, sous les noms de *précédens*, forment une autorité. Ce qui se faisait hier est la règle de ce qui se fait aujourd'hui. Dans toutes les questions, les temps passés sont la lumière : ils ouvrent la marche. On ne contestera pas que, parmi les hommes d'Etat de l'Angleterre, M. Fox n'ait été l'un des plus populaires. Avec quelle force cet ami de la liberté ne faisait-il pas retentir souvent ces paroles : *ours ancestors !* Je me souviens avec quel religieux silence tout l'auditoire ranimait alors son attention. En France, je me représente un de nos plus célèbres orateurs montant à la tribune, et se mettant à articuler ces mots : *Nos ancêtres.* On s'attend d'avance au succès qu'il aura.

Actuellement j'accorde que, soit en Amérique, soit en Angleterre, les doctrines révolutionnaires de la France n'y font pas tout-à-fait la même impression. Dans un pays où une grande souveraineté est établie, il peut y avoir peu d'inconvénient à parler de la souveraineté du peuple : des hommes du plus haut rang pourront, sans beaucoup de danger, prononcer cette doctrine naturellement agréable à des classes peu favorisées. Cette petite adulation sera sans conséquence. C'est ainsi que, sous l'ancienne monarchie, nos écoles se permettaient de grands éloges des anciennes républiques.

Il en sera de même des écrivains. Celui-ci pourra se jeter, sans beaucoup d'inconvénient, dans quelques excès du côté du pouvoir; celui-là, dans quelques excès du côté de la liberté. En France où, en fait d'établissement, tout est nouveau, où rien n'a encore ni une certaine expérience, ni une certaine conscience de sa solidité, une doctrine vicieuse offre un grand danger, en cela même que les bonnes doctrines ne sont pas encore établies.

C'est ainsi que, soit en Amérique, soit en Angleterre, nos dogmes révolutionnaires semblent y avoir un autre caractère; et cependant, à cet égard même, il ne faut pas aller trop loin. Si l'on veut observer avec attention la marche des événemens, on reconnaîtra que, comme par sa nature le poison ne cesse jamais d'être poison, les dogmes de la révolution ont, dans ces deux pays comme ailleurs, marqué leur tendance.

Je ne puis dire combien il y a, en ce moment, de jacobins à Londres; en 1794, il s'en rassemblait quelquefois jusqu'à cent mille dans les plaines de *Copenhagen - House*. Si on veut laisser faire quelques mauvais esprits, je ne doute pas qu'il ne s'en montre bientôt en plus grand nombre. Lors de la révolte des matelots, l'Angleterre a pu voir, au *Nore*, les conséquences du système de la majorité. Plus récemment, elle a pu voir ces mêmes conséquences dans les œuvres des *Luddistes*. N'est-il pas bien injuste, en effet, d'inventer des machines qui ont pour effet de rendre inutiles les bras de la multitude ? la majorité des ouvriers ne doit-elle pas l'emporter sur la minorité des maîtres ?

CHAPITRE XVI.

Influence de toutes ces causes sur notre situation.

S'IL y a au monde un spectacle de douleurs, c'est celui que présente la France ; elle pourrait être un peuple ancien, elle ne le veut pas ; elle voudrait être un peuple nouveau, elle ne le peut pas. Elle ne peut pas subsister avec la révolution : elle ne veut pas s'en départir. Elle ne peut pas avoir de constitution et de représentation : elle ne peut pas s'en passer. Elle veut effacer toutes les choses d'autrefois par la loi : elles reviennent par la mémoire. Elle veut effacer tous les rangs par la force ; ils reviennent par la nature. Ici des prétendus hommes d'état s'essaient de nous faire revivre : c'est par les poisons qui nous ont tués. Ils nous offrent, en 1815, la souveraineté du peuple, la majorité, l'égalité : c'est-à-dire tout ce qui nous a ravagés en 1789. D'autres nous offrent, comme moyen de prospé-

rité, de nous ramener à l'ancien régime : c'est-
à-dire précisement sur la pente qui a déterminé
notre chute.

Il s'en faut de beaucoup que ce tableau fasse
l'impression que mérite son importance. Je ne
vois partout que des esprits confians ou des
esprits légers. Les uns espèrent échapper au
danger avec la sagesse d'une assemblée, les
autres avec la force de l'autorité. Une assemblée ? Mais avec l'assemblée précédente il n'y
avait manifestement aucune route, ou du moins
il n'y en avait que pour aller dans un abîme !

Quoique l'assemblée actuelle paraisse plus
sage, peut-on dire en quelque chose qu'elle
ait marqué sa voie ? L'autorité ! Depuis long-
temps elle ne sait que comprimer, l'un après
l'autre, tous les partis. Les partis se laissent
comprimer ; ils attendent avec une patience
dont ils ont pris l'habitude : ils reviennent
aussitôt que la compression cesse ; et alors
leur cortége, au lieu de se trouver diminué,
semble avoir grossi avec le temps. J'ai vu les
vieux grands-pères : ils n'étaient pas raisonnables. Je vois aujourd'hui les petits-fils : ils ne
le sont pas davantage.

On se confie à la compression ; mais la plus
sûre des compressions est la destruction. Eh

bien! votre destruction ne détruira rien. Appliquez à la noblesse, si vous le pouvez, la mesure de la Saint-Barthélemy, ou seulement celle de la révocation de l'édit de Nantes : ces mesures ne vous réussiront pas mieux aujourd'hui qu'elles n'ont réussi dans leur temps. L'âge, les peines, les combats ont fait périr la plus grande partie de ce qui était autrefois à Coblentz : Coblentz vit toujours.

Il en est de même de l'esprit de démagogie : il a été assez comprimé, dans la révolution, par ses fureurs ; sous Bonaparte, par son autorité. Au 20 mars, il se retrouve tout entier, et toujours avec le même attirail de liberté, d'égalité, de majorité. Détruisez autant que vous voudrez des nobles, vous ne détruirez jamais la noblesse ; détruisez autant que vous voudrez de plébéiens, vous ne détruirez pas les vanités plébéiennes.

Dans aucun cas, vous ne détruirez les souvenirs.

Sous Bonaparte, le haut commerce, la haute science, la haute littérature, la haute finance, s'attachaient très-bien à sa monarchie : ils étaient les grands de l'état. Depuis son renversement n'est-ce pas une désolation ? La grandeur ne sera plus fugitive comme la ri-

chesse, viagère comme le succès, hasardeuse
comme les entreprises. Qu'est devenue cette
multitude de chances, cette succession de gros
lots qui enflammaient les imaginations! Actuellement qu'il faut des pères, des grands-
pères, des familles, c'est à mourir. Peu importe qu'une partie de la France fût mise en
pièces, l'Europe offerte comme une proie.
Nous étions du festin. Aujourd'hui rien : on
ne peut plus être pair de France avec un magasin de toiles; on ne peut plus être prince
pour un acte de courage : chaque jour les
chances diminuent ; et dans celles qui restent,
c'est encore pour être après les autres, et par
cela même au-dessous.

Ces plaintes sortent des souvenirs de l'ancien régime de Bonaparte, ou de ceux de
la révolution. Noterai-je celles qui sortent des
souvenirs de l'ancien régime de Louis XVI?
De tous les côtés, quelle que soit la nouvelle fortune, il faut descendre de quelque
chose : on a beau arriver à un grand éclat,
il faut rencontrer toujours auprès de soi une
autre gloire, un autre éclat, et comme un
autre peuple.

Sur ce champ de bataille où s'agitent tant
de souvenirs, on voit s'agiter de même les

espérances. Ici les anciens possesseurs revendiquent tous les avantages anciens ; ici les possesseurs nouveaux voudraient qu'autour d'eux tout fût nouveau. D'un côté, un mouvement de tradition et de droits cherche à féconder le passé pour étouffer le présent ; d'un autre côté un mouvement de conquête et de possession cherche à féconder le présent, pour étouffer le passé.

A tout ce ferment, suite de la révolution, s'ajoute le ferment des principes mêmes qui l'ont faite. D'un côté l'esprit anti-social d'indépendance, fort de ses victoires contre nos anciennes hiérachies, s'élève contre toute hiérarchie qui voudrait se refaire : il veut qu'il n'y ait plus de lien, et que tout s'isole. D'un autre côté, un mouvement qui tend à tout rendre individuel, se met en hostilité contre un autre mouvement qui voudrait tout donner à la famille.

On ne saurait croire le concert qui règne à cet égard entre l'homme de lettres, le savant, le militaire et le commerçant. Le militaire qui a acquis de la gloire est assez tenté de mépriser le commerçant qui n'a acquis que des richesses ; l'avocat enrichi ne fait pas beaucoup de cas de la science de l'apothicaire. Tous cependant,

13

par cela seul que leurs avantages datent du moment, se réunissent d'instinct contre ceux qu'ils en trouvent saisis par une possession héréditaire. Tout ce qui a acquis en avantages quelconques sociaux une fortune individuelle, est en secrète animosité contre des avantages semblables, appartenant à la famille et au temps.

Dans cette grande armée révolutionnaire, l'esprit d'indépendance a aussi ses bataillons. Tout avait été exagéré à cet égard dans l'antiquité. Chez les Romains, non-seulement l'homme appartenait à l'homme, la femme à son mari, le fils à son père, le débiteur au créancier ; les classes libres, déjà attachées entre elles par diverses hiérarchies, l'étaient encore par des liens de patronage et de clientelle. Aujourd'hui, tout est exagéré dans l'esprit opposé. Plus de dépendance, plus d'hiérarchie, plus de lien. Le disciple, le valet, l'ouvrier, ont peine à reconnaître un maître. Le fils s'impatiente d'appartenir à son père, la femme à son mari. Les liens civils sont attaqués comme les liens domestiques.

C'est ainsi qu'un certain état de la France a fait d'abord la révolution ; c'est ainsi que la révolution a fait ensuite la France. On ne peut s'imaginer à quel point la ruse entre dans ces divers conflits. N'avons-nous pas vu des apôtres bien ardens de la révolution demander à grands cris la liberté, l'égalité, la fraternité, ou la mort? Attendez quelques momens, et vous allez les voir princes, ducs, comtes, barons, chevaliers. Quand ces hommes nous parlaient autrefois de liberté, ils mentaient : aujourd'hui ils nous parlent d'égalité; ils mentent encore. Ce n'est pas l'égalité, c'est franchement la supériorité qu'il leur faut. Un jeune homme qui a remporté plusieurs prix à l'Académie, qui a fait quelques comédies, ou quelques opéras, qui par là même a une supériorité acquise, s'impatiente contre d'autres supériorités qui viennent balancer la sienne.

Au côté opposé, on emploie les mêmes finesses. Ceux qui, pendant des temps infinis, avaient fait entendre leurs déclamations contre les constitutions et contre les chartes, sont vus tout à coup brûlant d'enthousiasme pour elles! Ce phénomène est facile à expliquer. Tout ce qui a besoin de mouvement se jette dans la liberté; et comme tout ce qui veut arriver à un but a besoin de mouvement, la liberté pourra se trouver célébrée par ceux

qui ont le plus déclamé contre elle. Les révolutionnaires parlèrent ainsi de liberté ; c'é-
tait pour abattre. On veut la liberté tant qu'on
est en marche, on veut la liberté pour aller
à la puissance. On n'en veut plus dès qu'on
est arrivé.

CHAPITRE XVII.

De l'influence de cet état de choses sur la composition
de la Charte.

D<small>ANS</small> les circonstances où s'est trouvée la
France, une Charte, pour être complète, aurait dû présenter, ce me semble, les objets
suivans : Le premier, une transaction entre
des intérêts animés et depuis long-temps en
litige, à l'effet de fixer à jamais leurs limites
et leurs prétentions. Le second, un ordre
établi entre les grands pouvoirs, à l'effet de
régler leurs attributions, leurs fonctions,
leur mouvement. Le troisième, les rapports
de ces pouvoirs avec ceux de l'ordre civil,
à l'effet de donner de l'ordre à leur action. Le
quatrième, les rapports de ceux-ci avec le
pouvoir de la cité et l'ordre domestique, à
l'effet de régler les grands intérêts de la famille et de la maison.

Relativement au premier point (la transaction entre les divers intérêts), on conviendra qu'à l'exception des biens nationaux il n'y a rien dans la Charte d'établi et de fixé. Sur cet objet même qui avait tant d'importance, la décision qui est prononcée présente un caractère particulier. Elle n'a subi aucun examen ; elle n'a été l'objet d'aucun débat. On peut dire que jamais jugement n'a été plus positivement rendu par défaut ; car les parties n'ont été ni consultées ni appelées.

Comme règlement d'ordre entre les grands pouvoirs, je n'ai rien à retrancher sur ce point de ce que j'ai dit ailleurs.

Pour ce qui concerne les rapports des grands pouvoirs avec les pouvoirs civils, et les rapports de ceux-ci avec la maison et la cité, on peut se dispenser de chercher quelque chose dans la Charte : il n'y a rien.

La forme présente le même sujet d'observation que le fond. Une Charte royale est certainement le plus important de tous les actes du gouvernement. Dès lors un acte de ce caractère doit avoir été revêtu au plus haut degré des formalités, ainsi que des précautions nécessaires à toutes les lois et à tous les actes : il doit au moins avoir été rendu dans un conseil de féaux : *In concilio fidelium nostrorum.*

Les circonstances ne m'apprennent que trop pourquoi cette clause manque. Il a fallu repousser précipitamment par le don du Roi légitime le don d'un sénat révolutionnaire. Je m'en applaudis. Mais sur ce point même mon esprit se propose de grandes difficultés.

Selon nos lois les plus anciennes, les plus sacrées, et qui par cela même ont été appelées fondamentales, le Roi en France ne peut aliéner ni concéder un arpent de terre. Que sera-ce donc, s'il s'agit de concéder ou d'aliéner une partie de la puissance souveraine? Les prérogatives de la couronne sont-elles moins inaliénables que ses domaines? Je puis être hardi dans ce jugement : il a été prononcé par nos Rois eux-mêmes, qui se sont déclarés *dans l'heureuse impuissance de toucher aux lois fondamentales.*

Une observation me paraît d'autant plus indispensable sur ce point, qu'il a donné lieu à des plaintes de la part d'un des membres les plus distingués de la derniere assemblée. Sa participation, comme député, à la confection des lois, lui a fait croire qu'il était investi d'une portion de la puissance royale. Je ne pourrais que gémir, comme lui, de la participation qu'il déplore, si c'était en effet, comme il le pense, un démembrement de la souveraineté et une concession nouvelle du souverain. Je me trouve à cet égard parfaitement rassuré. Cette participation est aussi ancienne que la monarchie française. Elle en compose le caractère particulier. La contribution de sagesse, qui depuis notre première origine est entrée dans le conseil de nos Rois, appartient au même principe que les contributions d'argent qui entrent dans leurs coffres, ainsi que les contributions d'hommes qui entrent dans leurs armées. Saisi une fois de toute la force, de toute la richesse, de toute la sagesse de son pays, le prince qui, sans cela, n'aurait que le caractère de prince, acquiert aussitôt le caractère de roi.

Regarder la participation de député à la confection des lois, comme une concession nouvelle du monarque, est une erreur; c'est, de plus, une erreur pernicieuse. Au moyen de cette doctrine, les droits stipulés dans la Charte pourraient n'être considérés que comme engagés. La France serait simple *engagiste* de sa constitution. Une telle supposition ne peut être admise.

On voit comment la révolution, qui vou-

lait avoir l'air de faire un présent au peuple
français, a engagé la conduite du monarque.

Ce n'est pas en ce seul point.

Dès que le monarque a reparu sur notre
terre, il a entendu demander de toutes parts
la liberté individuelle et la liberté de la presse.
Ce cri était franchement unanime. La liberté
individuelle, en soi, est un grand avantage.
La liberté de la presse peut être de même une
source de biens; mais dans la situation de la
France, ce n'était pas sous ce rapport qu'on
invoquait cette liberté : c'était un concert
entre des passions diverses pour faire prévaloir leur mouvement. Chaque faction avait
ses raisons d'invoquer la liberté individuelle :
elle voulait éloigner les obstacles; elle avait
ses raisons aussi pour demander la liberté de
la presse. Elle voulait augmenter ses moyens.

Après les cris de liberté, comme la France
se partageait ensuite entre deux votes auxquels les deux partis mettaient une grande
importance, savoir, d'un côté l'égalité révolutionnaire, d'un autre côté le rétablissement
de la noblesse, on a commencé par faire la
part de la révolution. *Les Français sont égaux
devant la loi..... Ils contribuent indistinctement..... Leur liberté individuelle est égale-*

ment garantie..... Chacun professe sa religion avec une *égale* liberté. Est venu ensuite le tour de la France ancienne. « *La noblesse an-* « *cienne reprend ses titres*, la noblesse nou- « velle conserve les siens..... Le Roi crée des « nobles à volonté. »

A l'examiner rigoureusement, il est possible sûrement de trouver des défectuosités dans la Charte; mais ce qui me paraît positif, c'est qu'elles ont été commandées par nos vices. Ce n'est pas au monarque qu'il faut les imputer; c'est à notre situation.

CHAPITRE XVIII.

De l'influence de notre situation sur l'exécution de la Constitution, et sur sa marche. *

———

A COMMENCER par la liberté de la presse, ce point a été parfaitement traité par le ministre qui a le département de la police générale. Il a dit : « La sagesse du Roi a réduit les partis au silence. Mais elle n'a pu encore ni en détruire complétement le principe, ni faire disparaître toutes les traces de leurs déplorables combats. C'est de leur inaction seule que nous pouvons espérer leur impuissance définitive. Si une arène était ouverte tous les jours, je ne dis pas à leurs luttes, mais seulement à leurs plaintes, à leurs récriminations, à leurs souvenirs, à leurs espérances, ils y puiseraient une force nouvelle ; et leurs intérêts touchent de si près à tous les intérêts de la France, que le spectacle seul de leurs prétentions et de

* Il ne faut pas oublier que c'est au mois de juin 1817 que ceci a été écrit et livré à l'impression.

leurs inimitiés libres d'éclater, ébranlerait
peut-être la sécurité publique jusque dans ses
fondemens. Il faut que ces prétentions et ces
inimitiés s'usent dans l'obscurité. Réduites à
ne pouvoir se montrer, elles n'imprimeront
aucune crainte; et bientôt, oubliées de tous,
elles consentiront enfin à s'oublier elles-
mêmes. »

Voilà assurément notre situation bien dé-
crite; mais avec une telle situation, on sent que
la liberté individuelle ne peut pas plus tenir
que la liberté de la presse. D'autres parties de
la constitution ne sont pas plus exécutables.

L'article 71 porte : « *Le Roi fait des nobles*
à volonté ; il leur accorde des rangs et des
honneurs. Quelqu'un pourrait-il me dire le
rang et les honneurs qui sont accordés aux
nobles en général, et surtout aux nobles créés
par le Roi? D'un côté on a voulu faire une
concession à la France ancienne ; d'un autre
côté, on a craint d'irriter les jalousies plébéiennes, et de les attacher par là à la révolution. Je n'ai point à attaquer ce ménagement. Je n'ai qu'à l'exposer, en ajoutant que
de cette manière on n'aura aucun des avantages qu'on s'est promis par le rétablissement
de la noblesse.

J'ai peur par la même raison qu'on n'ait pas une bonne Chambre des Pairs.

Quand on parle d'une représentation nationale, il semble qu'il ne faille entendre qu'une Chambre des Députés. C'est, selon moi, la partie la moins importante de cette représentation. Comme dans une société il y a toujours deux peuples : un peuple du moment, tout entier au besoin, aux souffrances et aux espérances du moment ; et un peuple du temps, tout entier aux choses du temps, principalement attaché aux mœurs, aux lois, aux institutions antiques, il y a par là même deux représentations qui correspondent à ces deux peuples : la première, qui est composée pour les besoins du moment, est prise principalement dans l'esprit individuel ; l'autre, composée dans l'intérêt des âges, est prise principalement dans la grandeur des institutions et dans l'esprit de famille ; l'instinct de l'une, qui tend au perfectionnement, est de mettre tout en mouvement par les lois ; l'instinct de l'autre, qui tend à la stabilité, est de tout contenir par les mœurs. Dans la situation actuelle de la France, avec les doctrines toutes viagères et toutes individuelles qui en sont sorties, comment formeriez-vous une représentation des âges? Il vous est facile de composer une représentation pour le changement; comment en composerez - vous une pour la durée !

Ce n'est pas une chose indifférente à remarquer, que les fluctuations de l'opinion publique sur ce point. Pendant la révolution dont le principal caractère a été d'abolir tous les rangs, et surtout les rangs héréditaires, il n'y a pas d'autre institution que *la liberté*, *l'égalité*, *la fraternité ou la mort*. Dès que la monarchie de Bonaparte est instituée, on a aussitôt une institution de noblesse. Avec l'ancien monarque, en même temps que l'ancienne noblesse revient, la nécessité d'un sénat héréditaire s'établit. Bonaparte reparaît de nouveau : comme il est obligé de ressusciter la révolution, l'opinion relativement à l'hérédité d'un sénat disparaît. On ne sait plus où prendre les élémens d'une bonne Chambre haute.

Quelques hommes célèbres de ce temps ont bien voulu accorder leur sanction à l'institution d'une Chambre des Pairs : cette Chambre, ont-ils dit, a pour objet de tempérer. Satisfaits ensuite de cette cause finale, ils ont voulu que cette Chambre fût seulement élective. Decette manière, elle ne pourrait remplir son objet.

Lorsque la Providence, à l'exemple de ces messieurs, crée des causes finales, elle s'y prend différemment. Par exemple, en me donnant des bras et des mains pour saisir les objets, elle a soin de les attacher à mon corps, de les faire participer à son mouvement et à sa vie ; elle ne les laisse pas en dehors de mon organisation. Ces messieurs, au contraire, avec une Chambre des Pairs à laquelle ils donnent la mission de tempérer, pensent qu'il lui suffira de cette mission. Ils ne s'embarrassent en aucune manière que la disposition tempérante lui soit imposée par sa nature.

Dans le fait, ce n'est que dans une nation où est déjà consacré l'esprit d'aristocratie et de famille que peuvent se trouver les véritables élémens d'une Chambre haute. Un pays où on met en principe que la famille est une chimère, la transmission héréditaire une monstruosité ; un pays où on ne reconnaît aucune autre succession que celle des meubles et des champs, ne peut avoir une véritable Chambre haute.

J'ai une dernière considération à ajouter. J'ai dit que le véritable objet d'une Chambre haute était de conserver ; dans la situation où se trouve la France, je demanderai ce que nous avons à conserver ? Il me semble que tout est à créer. Je trouve dans la Charte un titre intitulé : *Articles transitoires.* Je puis me tromper ; mais dans notre position, j'aurais désiré une Charte tout entière en ce sens. Il nous fallait une Charte provisoire pour notre état provisoire.

CHAPITRE XIX.

De l'influence de notre situation sur l'opinion publique
et sur le Gouvernement.

———

L'OPINION publique est toujours comme la
chose publique. Si vous voulez considérer la
France, vous verrez tout de suite ce que c'est
que l'opinion. Si vous considérez l'opinion,
vous verrez de même ce que c'est que la
France. L'opinion ne peut véritablement exister que dans un pays qui existe; elle soutient
à merveille un état qui se soutient : quand il
croule, elle l'aide à crouler. Je ne veux pas
dire pour cela que l'opinion soit une chose
nulle. Si l'Etat n'a qu'une blessure, comme
lumière elle indiquera le mal; comme science,
le remède. Mais si un état est mis en pièces,
on peut être sûr que l'opinion sera mise en
pièces avec lui.

Il y a peut-être des moyens de faire l'opinion. Dans ce cas, elle ne peut être recom-

14

posée indépendamment de l'Etat; elle ne peut être non plus recomposée partiellement, mais dans tous les points à la fois.

On connaît l'esprit de l'armée révolutionnaire. On cherche actuellement à composer une armée nouvelle; j'espère qu'on parviendra à lui donner un meilleur esprit. Cependant on doit s'attendre qu'une armée, en général, n'a d'autre esprit que celui des citoyens; elle marche toujours avec l'Etat et comme l'Etat. La composition particulière des officiers n'aurait pas, à cet égard, tout l'effet qu'on s'en promet. Si des dissensions d'une certaine espèce s'élevaient, l'armée pourrait échapper à ses officiers, comme elle l'a déjà fait en d'autres temps.

Dans une certaine situation politique, il ne faut compter qu'avec prudence sur la force publique : ce serait encore plus s'abuser que de compter sur les écrits.

On croit généralement que les écrits dirigent l'opinion. Retournez cette phrase, et dites : L'opinion dirige les écrits. Tout entiers à leurs petits profits ou à leurs petits succès, les écrivains ne regardent l'opinion en général que comme une mine qu'ils ont à exploiter. Dans cette mine, ceux-ci s'attachent de préférence à tel filon, ceux-là à tel autre; mais c'est toujours avec le même but et pour le même effet.

Je lis avec attention tous les ouvrages du temps; ils me confirment dans cette pensée. Il y en a qui ont eu un grand succès. Que leurs auteurs ne s'y trompent pas : ce n'est pas dans ce qu'ils avaient de bon, mais seulement dans ce qu'ils avaient de défectueux. Qui que vous soyez, avant de parler, faites attention à votre auditoire. Si c'est un auditoire composé de passions et de folies, attendez-vous à n'être écouté qu'autant que vous parlerez dans le sens de ces passions et de ces folies.

Telles sont les ressources qu'offre aujourd'hui l'opinion. Vous cherchez à la diriger, c'est elle-même qui veut vous diriger. Vous prétendez l'employer comme instrument; l'instrument est à faire.

Cela seul peut nous donner une idée de l'embarras et des difficultés du Gouvernement. De quelque partie de l'opinion qu'il veuille s'aider, comme elle est dépravée, elle déprave sa marche; s'il veut l'amender et l'épurer, elle se tourne tout entière contre lui.

Un gouvernement présente toujours à la pensée l'apparence d'une grande force. Il ne faut pas s'abuser ; cette force ne fait pas toujours les choses. Souvent, il faut qu'elle se fasse comme elles ; elle est obligée de se mettre de leur mesure et de marcher dans leur mouvement.

Nous en avons eu, dans ces derniers temps, un grand exemple. La France présentait divers partis ; elle présentait par là même une grande confusion. Le ministère a été entraîné à se former de manière à présenter quelque chose de ces partis et de cette confusion.

J'ai dit : l'opinion publique est comme la chose publique : on en peut dire autant du Gouvernement.

Je ne prétends pas affirmer que le Gouvernement soit tout-à-fait impuissant sur les choses. Dans quelques cas, il peut agir sur elles ; il faut au moins qu'elles lui en laissent le temps. Quelques personnes voudraient que le Gouvernement s'occupât d'établir la France : c'est beaucoup qu'il s'établisse lui-même. L'état de la France présente ce caractère particulier, que rien n'y étant établi, il faut commencer par s'y placer, seulement pour savoir comment on s'établira.

Dans le principe, le Gouvernement actuel n'a pu avoir d'autre pensée ; en ce moment, il

serait raisonnable qu'il n'en eût pas d'autre.
Pendant la paix, un général peut avoir le
temps de composer son armée ; au moment du
combat, il faut qu'il s'en serve telle qu'elle
est. Le Gouvernement est en combat continuel
contre des difficultés continuelles : dans cette
situation, il n'a pas le temps de composer les
choses ; il faut qu'il les fasse aller telles qu'elles
sont. On se demande chaque jour comment
on vivra le jour suivant. Des ministres ne
sont point, par leur office, des hommes spé-
culatifs ; ils sont obligés d'être tout pratiques :
ce devoir leur est plus particulièrement imposé en France. Envahis par la pensée du
moment, ils n'ont pas une minute pour une
vue lointaine : c'est bien assez pour eux
que notre état provisoire ; ils n'iront pas se
jeter dans un définitif lointain, pour lequel
ils sont sans boussole, comme sans expérience.

Ce n'est pas tout : ce définitif lui-même est
une chose contestée. Des hommes de beaucoup d'esprit en sont arrivés à ce point de
doute, s'il y a un définitif. On se demande
si la vie d'un Etat n'est pas tout entière dans
un provisoire prolongé. Ce système, s'il n'est

pas très-savant, est au moins très-commode :
le ministre qui ne pense rien est sûr de n'offenser aucun parti ; il ne fait positivement
aucune faute.

CHAPITRE XX.

De l'Influence de cette situation sur les Assemblées
délibérantes.

———

C'est le propre d'un ensemble de mouvemens
opposés de produire, selon les chances, des
résultats opposés. C'est le propre de la situation de la France qu'elle ne puisse aller sans
une assemblée. D'un autre côté, on peut établir, d'après cette situation même, qu'elle ne
pourra aller avec une assemblée.

Le Roi pourrait sans doute se décider,
comme on le lui a souvent conseillé, à mettre
dans ses mains toute l'autorité. Je craindrais
que, par cela même, il perdît son autorité;
car il en perdrait le principal appui. Il ris-
querait de perdre aussi la faveur publique;
car il contrarierait les habitudes françaises. Il
se mettrait en opposition avec toutes nos anciennes traditions; il éprouverait des obstacles
de la part de notre nouvel esprit public, imbu
depuis long-temps des avantages du gouver-

nement représentatif; il éprouverait un repoussement général en France, en Angleterre,
en Europe.

Pour achever de décréditer ce parti, il ne
manque plus que de connaître le caractère de ses
adhérens. Leur objet annoncé n'est rien, tant
qu'on peut le traiter de rêverie; il ouvrirait un
volcan dès qu'il paraîtrait sérieux. Ce qui nous
fait aller un peu dans ce moment, c'est que la
Charte, qui est la garantie de la revolution,
est garantie elle-même par la présence d'une
assemblée. On sent assez qu'une de ces garanties est nécessaire à l'autre. Aussitôt que le régime des assemblées aurait été aboli, la Charte,
emportée en ce point, croulerait dans tous. Le
Roi, avec ses armées, ses ministres, sa cour,
n'aurait plus assez d'autorité pour plier les passions diverses. Dans tout ce mouvement de
choses passées confondues avec les choses présentes, les unes et les autres si difficiles à
bien entendre, impossibles quelquefois à démêler, des bévues, peut-être même des injustices, seraient fréquentes; le bruit de ces
injustices et de ces bévues couvrirait la France
d'accusations, de tyrannie. Aucun ministre
ne pourrait tenir en place, aucune ligne ne
pourrait être suivie, aucun service ne pourrait

se faire, aucun département ne pourrait aller.

Une assemblée est donc nécessaire en France; mais ce n'est pas, comme on le croit, pour le peuple qui ne s'en occupe point, c'est pour le Roi. Le régime de Louis XIV était bon pour la France de Louis XIV; il est devenu impraticable depuis que tout ce qui existait à cette époque a disparu. Après tout, il vaut autant être gouverné par des assemblées que par des salons, des coteries, des *œils de bœuf*.

Toutefois ce n'est là qu'un côté de la question. La situation bizarre de la France, qui la force à implorer les secours d'une assemblée, la force à en subir les dangers. Ils sont graves. Comme une assemblée envoyée par la France ne peut s'isoler de la France, elle ne peut se composer que selon ses formes, ses nuances, ses couleurs. Si la France est réellement en confusion, une assemblée formée au milieu de cette confusion en offrira l'image : et alors ses agitations ajouteront à toutes les agitations; elles en augmenteront l'intensité, leur donneront un esprit, une direction, des drapeaux. Qu'était l'assemblée de 1815 ? Une représentation dans le sens des intérêts anciens. Qu'est l'assemblée actuelle ? Une représentation in-

clinée dans le sens des intérêts nouveaux. Dans
l'esprit de l'une, les intérêts anciens étaient
spécialement en honneur, les intérêts nouveaux seulement tolérés. Dans l'esprit de l'autre, les intérêts nouveaux paraissent plus particulièrement en honneur, les intérêts anciens
seulement supportés. Que le Gouvernement
fasse comme il voudra : l'assemblée répondra
toujours à une de ces deux nuances, et alors
elle en prendra la couleur. On voudrait qu'elle
n'appartînt à aucun parti : on craint qu'elle en
acquière la force. Avec la prépondérance des
intérêts contre-révolutionnaires, on craint que
la contre-révolution ne se fasse ; avec celle des
intérêts révolutionnaires, on craint que la révolution ne se rétablisse. Pour peu qu'on mette
en avant les intérêts anciens, les intérêts nouveaux s'élèvent : on craint de provoquer des
haines à l'autorité légitime. En mettant en
scène les intérêts nouveaux, on craint de donner trop d'avantage à des dynasties usurpatrices.

Je ne vois dans notre état présent aucun
moyen d'échapper à ces craintes : toute assemblée qui aura un caractère sera dangereuse. En
rapport continu avec le grand corps dont elle

émane, il est inévitable qu'elle n'en répète les sons, qu'elle n'en reproduise les formes. Il est inévitable que toutes les parties de l'Etat ne lui communiquent leur impulsion.

CHAPITRE XXI.

Insuffisance des tentatives faites jusqu'ici pour vaincre
cette situation.

J'AI pu établir, avec plus de détail qu'on n'a
fait jusqu'à présent, les vices de notre situation et ses dangers : du reste, j'ai été souvent dans le cas de reconnaître qu'ils étaient
aperçus.

Deux partis également exagérés, mais rai-
sonnant très-juste l'un et l'autre sur les inconvéniens du parti opposé, peuvent être appelés
successivement. Aveugles sur eux-mêmes, il
n'est pas possible d'être plus éclairés qu'ils ne
le sont sur ce qui concerne leurs adversaires.
Peu importe à celui-ci que les choses soient
désordonnées par leur nature, il s'imagine
qu'avec la puissance il va tout de suite y mettre l'ordre. Celui-là reconnaît très-bien ces
choses désordonnées; il voudrait la puissance
pour leur donner un mouvement qui les ra-

mènerait aux temps d'autrefois. La manie des uns est de ne croire qu'aux temps passés ; les derniers vingt-cinq ans de la France ne sont rien pour eux. La colonne de la place Vendôme a beau être là avec ses inscriptions, ils s'impatientent contre elle, et voudraient la renverser. La manie des autres est de ne voir que le temps présent ; l'état violent d'aujourd'hui leur paraît une chose simple. Ils ne s'occupent point à faire cesser le chaos ; ils voudraient le régulariser. On ne peut imaginer, pour les nécessités du moment, une suite de meilleurs expédiens : c'est un reste de l'école politique de Bonaparte, qui ne croyait ni à la raison, ni au temps, mais qui du reste était fort habile.

Selon l'occasion, les deux partis peuvent parler de liberté, de constitution, de gouvernement représentatif. Dans le fait, ce qu'ils désireraient de préférence l'un et l'autre, c'est un Roi absolu : celui-ci, pour ramener toutes les choses anciennes ; celui-là, pour conserver toutes les choses présentes. Il n'est pas rare que ces deux partis soient en présence l'un de l'autre ; ils cherchent alors, non pas à se concerter, mais seulement à s'embarrasser. Si le

Gouvernement est jamais composé d'un seul de ces partis, il ira vite, et Dieu sait où il ira ; quand il sera mélangé des deux, rien n'ira.

Dans cette situation , on a essayé des assemblées , et on a reconnu qu'il y avait peu à en espérer. On a essayé de même de la liberté, et on a trouvé des écueils. Au premier abord , il semble qu'un peuple qui a subi un bouleversement complet ne puisse revenir à une véritable constitution sociale, si on ne lui laisse pas un peu de mouvement : ce mouvement paraît nécessaire pour que chacun recherche convenablement sa place et la reprenne. Après les grandes tempêtes, lorsque la mer a été élevée hors de ses fondemens, que penserait-on de celui qui voudrait la fixer précisément dans cet état ? Il en est de même d'un peuple, à la suite d'une révolution qui l'a disloqué dans tous ses membres. Lui dire dans cet état : Restez comme vous êtes, paraît insensé.

Et cependant, d'après les premiers essais qui ont été faits en ce genre, on a pu reconnaître qu'il y a quelque danger à ce qu'un grand État qui a été bouleversé soit remis de nouveau au milieu d'une mer de dissentimens. L'imagination ne conçoit, dans ce cas, d'autre résultat de la liberté, que l'aggravation ou la continuité du bouleversement.

L'habile ministre qui est à la tête du département de la police a très-bien senti cet inconvénient. Sa conduite, en général, est douce et condescendante ; elle ne peut être que ça. Qu'il me soit permis de rappeler ses paroles.

Il note d'abord des partis ; il mentionne leurs déplorables combats. On n'a pu, ajoute-t-il, ni en détruire complétement le principe, ni en faire disparaître toutes les traces. Il espère arriver à ce but par leur *inaction ;* il espère que les inimitiés *s'useront* dans l'obscurité. Si elles ne s'usaient pas ainsi, la sécurité publique, suivant lui, pourrait être ébranlée jusque dans ses fondemens.

Voilà et les dangers et les moyens. Les dangers me paraissent graves, les moyens insuffisans. Je demanderai d'abord si, sous le règne de Bonaparte, où la compression a été portée à l'extrême, et où l'inaction et le silence ont été absolus, on est arrivé à user les inimitiés et les prétentions. Je demanderai si, pour arriver à ce but, nous sommes aujourd'hui dans un temps aussi favorable ; si on a les mêmes moyens de répression, ainsi que les mêmes moyens de distraction et de compensation. Je demanderai si, avec une Charte, le système actuel des assemblées et toute l'agitation qui ressort d'un gouvernement représentatif, on se croit à même d'obtenir l'oubli, le calme et l'inaction qu'on se promet. Je demanderai enfin si, par la nature de toutes nos circonstances, soit intérieures, soit extérieures, il n'est pas inévitable qu'il ne se produise à la longue de grands événemens, et avec ces événemens, des fermentations et des crises, et avec ces événemens et ces crises, un essor et un débordement nouveau de nos passions. Si, comme je dois le prévoir, on me fait quelques concessions sur ces points, ne serais-je pas autorisé à conclure que les mesures temporaires qu'on propose, encore qu'à mon avis elles soient indispensables, se trouvent insuffisantes? Qu'on tâche de prévenir parmi nous de nouvelles irritations, de nouvelles convulsions, c'est bien. Mais qu'on nous traite comme si nous avions une existence sociale établie qu'on craint de déranger, c'est une méprise. Nous avons besoin de répression, sans doute; mais nous avons besoin aussi de création.

FIN DE LA SECONDE PARTIE.

TROISIÈME PARTIE.

De la nécessité de changer la situation de la France, et comment il faut la changer.

OBJET DE CETTE TROISIÈME PARTIE.

Un état provisoire tout de circonstance, extrêmement difficile à régler, et un état définitif, dont on s'occupe depuis long-temps, et auquel on ne peut jamais arriver : ces deux états, s'embarrassant dans leurs mouvemens, et se faisant continuellement obstacle ; un mélange d'ordre et d'anarchie qui en provient, et qui fait que la France offre, sous divers rapports, l'apparence de la confusion, et celle d'un gouvernement établi ; une lutte continuelle entre un esprit éminemment social qui a besoin de tout lier et de tout attacher, et un

15

esprit d'indépendance effréné qui a horreur
de toute hiérarchie et de tout lien; une lutte
semblable entre un esprit ardent de famille
qui voudrait tout transmettre, tout perpétuer,
tout conserver, et un esprit ardent individuel
qui a horreur de toute hérédité et qui voudrait
tout rendre viager; une autre lutte entre des
intérets anciens que la révolution a froissés,
auxquels les événemens récens ont donné l'éveil
et qui voudraient se relever, et les intérets
nouveaux que la révolution a formés, que les
nouveaux événemens ont affaiblis, et qui cependant voudraient se conserver; enfin une
révolution qu'on a dit tant de fois finie, une
multitude de souvenirs qu'on a dit tant de fois
effacés, une multitude d'espérances ressortant
chaque jour de ce chaos, et réclamant une révolution nouvelle en faveur d'une génération
nouvelle : c'est de cet ensemble que se forme
la situation de la France. Contre ces dangers,
si les ressources que tout le monde cherche
dans la Charte, dans le régime des assemblées,
dans l'opinion publique, dans les lois de répression, dans le Gouvernement, se trouvent
insuffisantes, il sera évident que le mal est
dans notre situation même, et qu'il faut changer cette situation.

S'occuper de notre état définitif, et cependant ne troubler en rien notre état provisoire; faire que ce provisoire s'approche par nuances de notre état définitif pour s'y fondre ensuite tout-à-fait, est la première condition de tout plan de restauration.

Entrer dans les démêlés des intérêts anciens qui veulent tout reprendre, et des intérêts nouveaux qui veulent tout garder, de l'esprit social qui veut tout lier, et de l'esprit d'indépendance qui veut tout dissoudre; de l'esprit ardent de famille qui tend à tout perpétuer, et de l'esprit ardent individuel qui veut tout rendre viager; entrer dans l'esprit de la révolution qui semble ne vouloir que perpétuer ses avantages; mais qui, avec ses principes et ses doctrines, tend à créer pour chaque génération nouvelle une révolution nouvelle; en un mot, aborder tout, discuter tout, décider tout : telle est la seconde condition essentielle d'un plan de restauration.

Ces premières conditions remplies, les voies ne seront encore que préparées. S'occuper à recomposer la famille, la maison, la cité, l'ordre civil, l'ordre politique; recomposer sur toutes les lignes les diverses sortes d'hiérarchies, depuis le roi jusqu'aux dernières

classes du peuple; faire dans ces diverses re-
compositions la part de tous les droits, de
toutes les demandes, de toutes les prétentions;
c'est ainsi qu'on parviendra à réaliser en
France la paix intérieure et les véritables compartimens d'une organisation sociale.

~~~~~~

CHAPITRE PREMIER.

Des avantages d'une haute commission d'Etat spéciale,
à l'effet de préparer notre état définitif.

On a vu ce que j'entendais par l'état provisoire de la France : c'est cet état qui, à la
différence de la vie durable, compose l'existence du moment ; c'est cet ordre connu de
transition dans lequel tout le monde s'efforce
de triompher d'obstacles passagers, à l'effet
d'arriver plutôt à l'ordre fondé et permanent.

Cette double tendance, si on n'y fait attention, peut développer des effets funestes. En
même temps qu'on porte toutes ses pensées
vers l'état provisoire, si on néglige l'état définitif, on risque de marcher toujours de provisoire en provisoire, de crise en crise, et
de n'avoir jamais de stabilité. D'un autre côté,
en portant toute sa pensée vers l'état définitif,
si on néglige, ou si l'on contrarie les moyens
de faire aller l'état provisoire, la vie sociale

cesse au moment même. C'est comme un malade qui meurt pendant qu'on délibère des moyens de le sauver.

Ces deux états, par leur nature, me semblent requérir des moyens différens. Pour l'état définitif, il faut prendre des bases larges, avoir une vue étendue, se faire une vaste perspective; c'est alors moins de *savoir faire* qu'il faut, que de *savoir penser*. Pour l'état provisoire, où il ne faut que des expédiens, de bonnes vues du moment, c'est moins de *savoir penser* qu'il faut, que de *savoir faire*. C'est là, selon moi, qu'il faut faire usage de cette habileté tant prônée de Bonaparte, et employer les bons instrumens formés à son école.

Cette distinction une fois établie, Sa Majesté aurait à considérer s'il lui conviendrait de confier au même ministère le soin de deux états aussi différens. Sans compter que le genre de talent qui est propre à l'un, n'est nullement propre à l'autre; que l'un et l'autre de ces deux états requièrent des principes, des vues, un tour d'esprit différent, la cumulation de deux fonctions aussi immenses ne paraît en proportion avec les forces de qui que ce soit. Les difficultés de notre état provisoire

dans l'armée, dans les finances, dans nos relations au dehors, dans toute l'administration, sont telles, qu'elles peuvent absorber
tout ce qu'un ministère a de puissance. D'après
ces considérations, mon esprit serait porté à
penser que le ministère et une haute commission d'état instituée à cet effet devraient former
des offices distincts ; cependant il est dans le
point de vue opposé d'autres considérations
que je ne veux point dissimuler.

Les rapports que la commission et le ministère, quel qu'il soit, auront continuellement ensemble, la multitude de leurs points
de contact, les petites jalousies, les petites
rivalités qui pourraient en dériver, les embarras et les difficultés nouvelles que ces rivalités feraient naître, exigent dans ces deux
offices une grande harmonie dans les vues,
dans les intentions, dans tout le système ;
et alors la commission et le ministère de-
vront être tellement unis, que ce ne sera
presque plus la peine d'en faire des offices
distincts. En effet, le provisoire ne devant
jamais rien établir qui puisse compromettre
le définitif; d'un autre côté, le provisoire
lui-même, à son déclin, devant être ménagé de manière à se fondre peu à peu dans

le définitif, ces deux parties, quoique dis-
tinctes, ne peuvent jamais demeurer étrangères; il est indispensable que dans leurs rapprochemens habituels, les instrumens destinés
à les manier soient unis, ou au moins disposés
entre eux à de la flexibilité et à de la condescendance.

Dans toute espèce de parti, ce dont il faut
s'assurer avant tout, c'est que la marche actuelle du Gouvernement, celle du ministère,
des assemblées, et l'exécution de la Charte,
ne reçoivent aucune interruption. D'autres
précautions me paraissent également nécessaires : 1° de ne rien faire pour l'état provisoire
qui porte trop d'obstacle à l'état prévu ou
présumé définitif; 2° de préparer pendant
quelque temps en silence ce qui concerne ce
définitif; 3° d'effectuer par des mesures transitoires le passage d'un état à un autre état, de
manière qu'il n'en résulte ni convulsion ni
brusquerie.

CHAPITRE II.

D'une première difficulté relativement aux personnes.

———

Le but une fois marqué, le gouvernement ne manquera pas de difficulté pour y arriver : il importe de signaler ces difficultés, et d'en offrir, s'il est possible, la solution.

A commencer par le personnel, il est, soit dans l'ancien régime, soit dans le nouveau, un ordre de personnes qui me paraissent tout-à-fait intraitables. Je ne parlerai point de quelques intrigans qui, se jetant partout où ils sentent des vices, se nourrissent, comme les insectes, de cette corruption qui leur est sympathique, et qu'ils contribuent à aggraver : dans tous les partis, cette espèce d'hommes a le même instinct; il suffit de la désigner au mépris. Il n'en est pas de même de deux classes plus sincères, plus franches, plus ardentes, et dont le fanatisme offre plus de dangers.

Et d'abord j'en connais une considérable, toute nourrie dans les anciens temps, qui n'entend rien à ce qui s'est passé dans la révolution, non plus qu'au mouvement nouveau qui en est provenu. Persistant dans leurs anciennes affections, dans leurs anciens préjugés, dans leurs anciennes habitudes, les hommes de cette classe sont restés roides à leur place, semblables à ces pyramides des Alpes, restes des anciens cataclysmes de la terre, dont la trempe dure s'est conservée, tandis que tout était emporté autour d'elles. Une pareille attitude, lorsque d'ailleurs elle n'a rien d'offensif, est non seulement excusable, elle peut paraître digne d'honneur. Dans leurs troubles publics, les Romains surent très-bien apprécier cette fidélité inflexible de leurs grands personnages. Tout céda, dit un poète, *excepté l'âme dure de Caton*. Cette âme dure a eu les respects du monde.

Toutefois, dans cette attitude honorable et tout-à-fait inoffensive, lorsqu'elle n'a que de l'immobilité, si celui qui l'a adoptée veut se prévaloir du respect qu'elle obtient, pour l'offrir comme modèle; en dépit des institutions nouvelles et des habitudes nouvelles, si ces hommes veulent nous ramener de violence à ce qu'ils sont et où ils sont, il faut prendre l'alarme, et, quelque respect qu'on ait pour eux, leur résister. Dans le cours de ma carrière, je n'ai que trop rencontré de ces esprits sauvages, dont l'inflexibilité anti-révolutionnaire me faisait frémir presqu'autant que la révolution. Leur doctrine ne m'a pas paru seulement repoussante, leur langage m'a souvent révolté. La révolution n'était jamais dans leurs discours comme elle aurait dû être, un tableau de misères, mais seulement un texte pour faire ressortir leur perfection. Regardez-nous, semblaient-ils dire : seuls entre les Français, nous sommes loyaux, nous sommes fidèles, nous sommes purs.

Dans l'ordre de la religion, cette arrogance est un scandale; ses annales nous offrent des traits d'indulgence pour toute espèce de faute, excepté pour l'orgueil. Certes, l'homme de Dieu qui appelle les fidèles à la pénitence, ne fait pas entendre ces paroles superbes : *Je suis pur.* Il dit : «Je suis un pauvre pécheur comme « vous, à qui Dieu a fait la grâce de reconnaître « ses iniquités. » Le paganisme avait placé la deur humaine dans l'orgueil : le christianisme l'a mise dans l'humilité ; les mœurs françaises dans la modestie.

Je suis pur : ce langage n'est pas seulement irréligieux, il n'est pas seulement de mauvais ton, il est encore au plus haut degré impolitique. Un philosophe a pu dire : *Humani à me nihil alienum puto.* Un bon Français serait tenté d'en dire autant de tout ce qui est Français. Un père de l'Eglise s'étonnait que l'Eglise entière eût été un moment arienne : on peut s'étonner de même que la France ait été un moment révolutionnaire. Dans ce grand événement, après que tout eut été mis en pièces, chacun s'attachant, suivant son instinct, à ce qui avait une figure de patrie, en saisit comme il put des lambeaux. Ceux-ci plus aventureux, portant avec eux leurs anciennes traditions et leurs anciennes lois, allèrent dans les terres étrangères sonner le tocsin contre l'incendie; ceux-là, plus casaniers, se saisirent du sol, résolus de tout souffrir plutôt que de s'en séparer. Insensés ! c'est ceux-ci que vous voulez maudire ?

Que vois-je autour de moi ? Qu'est ce que ces maisons magnifiques! ces palais superbes! ces temples majestueux ? Qu'est-ce que ces cités populeuses pleines d'activité et d'industrie ? Hommes purs! est-ce vous qui nous avez conservé tout cela ? Hélas! ni le noble rassem-

blement de Coblentz, ni la brave armée de
Condé, ni l'héroïque Vendée, ni les généreux
insurgés de Lyon, n'ont pu donner de fécondité à leur courage. Il était dans les décrets de
la Providence que la lance de la révolution
guérît les blessures qu'elle aurait faites. Il ne
suffit pas de compter ce que, dans nos troubles,
certains hommes nous ont fait perdre, il faut
compter aussi ce que d'autres hommes nous
ont conservé. Ce qui nous reste de parens,
d'enfans, d'amis, de maisons, de possessions,
à qui les devons-nous ? La révolution une fois
effectuée, si tout ce qui est resté au-dedans
avait été misérable, sans patriotisme, sans
énergie, que nous demeurerait-il aujourd'hui
de notre patrie ? Dans ces derniers momens
mêmes, pourquoi l'étranger l'a-t-il respectée ?
Est-ce en considération de nos hommes purs ?
Soyons de bonne foi : un sentiment de respect et de bienveillance pour Louis XVIII a
sans doute retenu la main de l'étranger ; ne
peut-on pas croire aussi que nous en avons
quelque obligation aux débris de la vieille
armée française, au souvenir de son ancienne
énergie et de ses anciennes victoires.

Ce n'est pas seulement ici l'armée que je

dois rappeler : dans toutes les parties de l'administration et du conseil, dans toutes les parties
de la science, de la magistrature, de la diplo-
matie, combien de personnages illustres!
Combien je pourrais citer ici de ces noms
éminemment monarchiques qui, dans les plus
mauvais temps de la patrie, ont échappé à ses
souillures, et sont parvenus encore à lui donner du lustre! Que ces hommes aient été re-
marqués par l'usurpateur, et qu'ils aient été
appelés à ses conseils, qu'est-ce que cela signifie? Comme si c'était la première fois sur la
terre que le vice eût rendu hommage à la
vertu; comme si on n'avait jamais vu des
Agricola sous des *Domitien*, et des *Burrhus*
sous des *Néron*! Grâces soient rendues à jamais
à ces hommes qui, pendant nos misères, ont
daigné couvrir nos hontes, ont su nous conserver de l'honneur au dedans, tandis que d'autres nous conservaient de l'honneur au dehors.

De ce côté, les hommes absolus me paraissent d'autant plus dangereux, qu'en général
ils ont eu une conduite honorable; que, sous
plusieurs rapports, ils se trouvent rapprochés
du monarque; et que, par cela même, leur
doctrine peut être soupçonnée de quelque

affinité avec la sienne. A l'extrémité opposée,
c'est-à-dire dans les rangs de la révolution, les
hommes absolus offrent des dangers encore
plus graves; et d'abord il en est qui méritent
une surveillance d'autant plus active, que, se
trouvant plus rapprochés de la multitude par
leurs rapports journaliers, ils sont plus à
même d'en soulever les passions. Il est facile
de donner le signalement de cette espèce
d'hommes : on les reconnaîtra à leur admiration pour le dogme de la souveraineté du peuple, pour celui de la majorité d'une nation et
l'égalité absolue des citoyens. C'est là surtout
qu'on professe la haine de nos temps passés,
et qu'on s'obstine à ne reconnaître de patrie
que depuis la révolution, tout au plus depuis
Louis XIV.

Cette espèce, d'autant plus puissante qu'elle
se trouve en connexion en France avec la
masse de la population, et dans toute l'Europe avec les parties correspondantes de cette
même population, a le mérite d'avoir une
allure franche avec les mêmes couleurs. Il
est une autre espèce plus dangereuse : pour
celle-ci, les résultats en intérêts positifs sont
tout : la doctrine, les affections rien. Conser-

ver les avantages de la révolution, c'est en apparence tout ce qu'ils demandent ; mais, ce point accordé, si vous croyez la paix faite, vous vous trompez. Par leurs avantages acquis, comme ils entendent surtout les avantages que vous avez perdus, il ne leur suffit pas des places qu'ils vous ont ôtées, de la fortune dont ils vous ont dépouillés : il leur faudrait encore le reste de considération que vous avez conservé et que vous ne voudriez pas perdre. Sans s'embarrasser de ce qui peut survenir, sans s'embarrasser des événemens et des temps, quels qu'ils puissent être, ils regardent comme une injustice la plus petite brèche à ce qu'ils ont pu avoir anciennement de supériorité.

On peut remarquer, à l'avantage des hommes de l'ancien régime, une grande différence avec ceux-ci. Les premiers, nés dans les plus hauts rangs et dans les honneurs qui y sont attachés, condamnés tout à coup aux habitudes de l'indigence, ont pu supporter avec sérénité cette récompense si amère, décernée à leur fidélité. Les autres n'ont été qu'un moment abandonnés par la faveur : aussitôt ils ont donné le spectacle de l'irritation. On a vu des hommes, conservant et leur grande fortune et leurs titres magnifiques, et leurs palais superbes, sécher d'amertume de leur seul éloignement des affaires.

Si le Gouvernement veut prendre des ins-trumens parmi ces hommes, il en trouvera de très-habiles : il y trouvera aussi beaucoup de dévouement. Sans pensée, sans affection, sans patrie, peu leur importe tel ou tel souverain, telle ou telle forme de constitution : ils serviront indifféremment la république ou le directoire, Louis XVIII ou Bonaparte. Toutefois gare que la révolution n'ait quelque retour. En renversant l'autel de Baal, vous avez voulu persuader au prêtre qu'il en conserverait les fruits : il fait semblant de le croire ; mais, s'il a jamais la puissance, soyez sûr que le premier usage qu'il en fera sera de rétablir son idole.

Un gouvernement sage ne prendra qu'avec précaution ses instrumens dans ces diverses classes. Il faut honorer les hommes de la pre-mière, les récompenser, si cela est nécessaire, et ne pas les employer. Il faut excuser les hommes de la seconde : emportés comme ils le sont par les vanités plébéiennes, et par toutes les mauvaises doctrines des temps pas-sés ; en même temps il faut les craindre et les surveiller. La troisième n'a d'autre inconvé-

16

nient que de ne pas offrir, dans un temps disposé au trouble, des garanties que cette situation rend nécessaires.

Avant tout, ce qu'il importe au gouvernement, c'est d'aller au-devant des méfiances. Tous les partis auront des pertes à subir : nul doute ; mais il faut qu'aucun parti ne puisse craindre que sa portion soit excédée. Que le gouvernement connaisse bien sa voie, ensuite qu'il la marque nettement par sa doctrine, par ses actes, par ses instrumens, par ses entours.

CHAPITRE III.

Nécessité d'une Déclaration d'Etat relativement à la Révolution.

UNE déclaration d'état me paraît nécessaire en premier lieu, relativement à une partie des procédés de la révolution envers la France ancienne. Par exemple, il est impossible à un émigré de supporter aujourd'hui l'acte d'amnistie qu'il a été forcé de subir sous Napoléon, et qui demeure consigné dans les registres d'état. Il faut que cet acte, et tous les actes du même genre, soient rapportés, et disparaissent; il faut de même exhumer de la tombe d'ignominie, collectivement ou séparément, toutes les victimes de la révolution, réhabiliter leur mémoire, biffer les jugemens qui les ont flétries. On me dira que l'opinion en a déjà fait justice : cela ne suffit pas. Il faut prononcer cette justice, la prononcer avec éclat. Il importe de ne pas laisser divaguer plus long-

temps cette dette flottante : il faut l'acquitter.
Il faut tourner en héritage de gloire, pour les
fils, l'ignominie qu'on a voulu infliger aux
pères.

D'un autre côté, il importe de s'expliquer
avec la même franchise sur le véritable caractère de la révolution. Elle a développé sûrement beaucoup d'excès qu'il ne faut pas oublier ; elle a développé aussi un grand éclat
qu'il ne faut pas méconnaître : il faut mettre
en lumière, d'une manière positive, ses honorables exceptions. Un grand acte est indispensable pour fixer à cet égard l'opinion : il faut
qu'elle ne se méprenne plus sur le bien, à
cause d'un mélange de mal ; ni sur le mal, à
cause d'un mélange de bien. Il importe que la
haine, dont la révolution est légitimement l'objet, ne paraisse jamais atteindre ces hommes
justement illustres qui ont trouvé pour eux
et pour leur patrie le moyen d'y puiser de la
gloire. Il importe que ni eux, ni leur posté-
rité ne se voient enveloppés dans des jugemens sévères, et ne soient tentés de défendre
ce qu'il y a eu de souillure dans nos événemens passés, à cause de ce qu'ils y ont mis
d'éclat. La malveillance a tant d'avantages à
jeter du soupçon sur les dispositions de princes

arrivés récemment d'une terre étrangère ; il
lui est si facile de proclamer qu'ils n'ont admis que de condescendance un lustre que des
temps plus heureux leur donnerait le moyen
d'effacer. Il faut absolument lui ôter cet avantage ; et dès-lors il convient que le Roi consacre, par un acte, sa reconnaissance et la reconnaissance de la France envers tous nos
hommes illustres qui, depuis la tourmente révolutionnaire jusqu'à son règne, ont contribué
à conserver, dans quelque ligne que ce soit,
l'honneur de leur pays : cet acte doit être fait
avec une grande solennité et un grand éclat.

CHAPITRE IV.

Du Principe de la Légitimité considéré dans ses rapports avec l'état général de la France. De l'harmonie sociale.

Lorsque l'école de Platon, tout imbue des harmonies de Pythagore, institua sa doctrine du péché, elle dénonça par là à l'animadversion des consciences une infraction plus ou moins notable à l'harmonie générale. Jeté sur la terre comme un dieu particulier doué de la puissance du mal, l'homme eut, par cette puissance même, une action sur cette harmonie. Avant tout furent placées les infractions contre l'ordre de la nature. Celui qui donna à l'homme, sur les animaux, le droit de meurtre, lui défendit de lier la bouche du bœuf dans son travail, de tremper le chevreau dans le lait de sa mère; et, dans leur propagation, de détourner les espèces des espèces. On remarque, chez tous les peuples qui ont des

mœurs, que les crimes contre la nature exci-
tent plus d'horreur que les crimes contre la
société : ceux-ci sont des attentats contre la
législation de l'homme ; les autres paraissent
une révolte contre Dieu même.

Rangée dans son ordre avec les autres for-
mations de l'univers, la vie particulière sociale se compose principalement par l'harmonie. Il n'est pas impossible que le fondement
d'un état se place sur un principe d'illégitimité ; mais alors il faut que l'édifice entier s'y
lie, et en prenne en quelque sorte la couleur.
Sous un gouvernement usurpateur, il sera bon
que tout dérive du principe de l'usurpation ;
il sera bon que toutes les lois, toutes les institutions, tous les rangs, tous les honneurs, s'il
est possible même la masse des propriétés, en
dérive. Sous un gouvernement de fait, il convient que tout soit de fait : c'est ce que nous
avons vu établi au plus haut degré sous le
gouvernement de Bonaparte. Il en est résulté,
dans le cadre de ce gouvernement, une énergie telle qu'il a fallu à deux reprises toutes les
forces de l'Europe pour le briser. Au contraire, le gouvernement de Louis XVIII, posé
sur le principe de la légitimité, mais mal accordé en ce point dans toutes ses parties, est

tombé dans un clin d'œil devant une poignée d'hommes. Si à l'avenir notre Gouvernement veut acquérir une grande énergie, il faut qu'il se coordonne dans toutes ses parties sur le principe de la légitimité, de la même manière que celui de Bonaparte s'était coordonné sur le principe contraire. Le Roi a à cet égard un avantage immense, car les autres ne peuvent établir que le fait; lui établit le droit; les autres sont obligés d'abolir la justice; le Roi légitime marche sans cesse avec elle.

Dans des conférences particulières, lorsque j'ai voulu proposer ces vues, qui me paraissent fondamentales, je me suis aperçu que pour tous les partis elles avaient de la défaveur; les fâcheux résultats qui ont accompagné jusqu'à présent les diverses tentatives politiques, ont porté chez tous les hommes d'état une sorte de pusillanimité qui s'effraie de tout changement et de tout mouvement. Après une grande révolution, le principe de la légitimité a été consacré pour la couronne. Cela suffit. On ne voudrait sûrement pas d'un gouvernement de fait: on veut un gourvernement de droit; on ne s'embarrasse plus ensuite qu'il y ait sous ce gouvernement de droit, une multitude d'honneurs, de dignités, d'institutions, de possessions de fait. Le soleil se lève depuis une couple d'années pour éclairer cet amalgame dissonnant; on croit qu'il continuera à l'éclairer de même. On regarde comme durable une situation que la Providence peut conserver sans doute par sa force, et surtout par la bonté particulière qu'elle porte à nos Rois, mais qui peut crouler d'un moment à l'autre, si elle l'abandonne à l'action des événemens.

CHAPITRE V.

Sous quel point de vue il faut considérer l'événement
de la Révolution.

J'ai parlé dans le chapitre précédent de la
nécessité de l'harmonie sociale. J'ai accordé
que, dans quelques cas, elle pouvait se former
dans le principe de l'illégitimité. J'ai ajouté
qu'alors même elle pouvait avoir de l'é-
nergie, si d'ailleurs elle se trouvait bien coor-
donnée dans toutes ses parties. Il est incontes-
table qu'on a vu se former sur la terre, des sociétés de brigands. Toutefois il est manifeste
que sans la justice entre eux, une société même
de brigands ne pourrait subsister. La justice :
voilà le grand élément de l'harmonie sociale.
Il est des choses simples où cette harmonie se
montre avec évidence ; et alors tous les tons,
tous les mouvemens, tous les actes se mettent
facilement à son unisson. Mais dans les choses
obscures, parce qu'elles sont complexes, ou

parce qu'elles sont vues avec nos passions, l'ignorance ou le désir de faire prédominer notre harmonie propre venant à établir des conflits, donneront lieu dans des cas particuliers à des décisions connues sous le nom de jugemens ; dans des cas généraux à des décisions connues sous le nom de loi. La loi peut n'être pas toujours la justice ; elle en est au moins une présomption. Tout ce qui étant avoué par la justice, est ensuite consacré par la loi, compose le domaine de la légitimité.

Actuellement comment cette légitimité pourra-t-elle éprouver des atteintes ?

La loi est toujours l'expression des rapports d'un peuple. Avec les événemens et les temps, lorsque les rapports changeront, que deviendra la loi ? Les peuples simples ont une manière très-commode de créer les lois qui leur sont nécessaires : c'est là coutume. Ils ont une manière également commode de se défaire des lois qui leur sont inutiles : c'est la désuétude. Mais lorsque les lois anciennes, demeurées seulement utiles à quelques-uns, seront devenues douloureuses à un grand nombre, il s'élevera probablement un conflit entre ceux qui voudront conserver la loi comme leur étant profitable, et ceux qui voudront l'effacer comme leur étant nuisible: il y aura un commencement de crise. Si alors par un état particulier de ce peuple, il n'y a aucun organe habituel pour faire entendre les plaintes; d'un autre côté, si, par une politique particulière du souverain, une classe considérable est instruite à regarder comme illégitime dans le principe ce qui lui paraît injuste dans les résultats, il ne faudra pas s'étonner de ce que des élémens violens, soigneusement amassés pendant des siècles, éclatent à la première occasion.

Telle est l'histoire de la révolution. Les Rois, les parlemens qui avaient provoqué depuis des siècles contre une classe particulière la haine publique, ayant laissé couver cette haine, ont pu en prévoir l'explosion; aussitôt qu'elle a éclaté, je sais qu'ils en ont été effrayés. Sous M. Turgot, le parlement de Paris s'est efforcé de repousser des maximes de bouleversement qu'il avait fait consacrer quelques années auparavant. Il valait mieux ne pas mettre le feu à la maison, que de se donner ensuite si tard des soins pour l'éteindre. Je ne cesserai de le répéter, on ne doit imputer la révolution ni au peuple français de 1789, ni à quelques trames particulières; ses véritables auteurs sont ceux qui, excitant depuis des siècles, la haine d'une classe contre une autre classe, n'ont laissé à ceux qui étaient l'objet de cette haine aucun moyen régulier de défense; ce sont encore plus ceux qui, ayant eu par les deux mesures du doublement du tiers et de la délibération par tête la maladresse de venir au secours du plus fort contre le plus faible, ont précipité et aggravé ainsi un dénouement que leurs devanciers avoient préparé.

Je viens de nommer M. Turgot; prononcer son nom, c'est rappeler la probité même. Eh bien! en beaucoup de points cette probité était entièrement révolutionnaire; tant il est vrai qu'un délire universel agitait alors les esprits. Avoir partagé ce délire me paraît inévitable. Je ne puis comprendre que quelqu'un y ait échappé. Peut-être entre-t-il dans cette impression de ma part quelque chose de personnel. Si la révolution de 1789 eût éclaté dix ans plutôt, comme je sais qu'avec mon éducation, mes études, et mes principes de ce temps, j'y eusse participé, tout en remerciant la Providence de la faveur qu'elle m'a faite, je ne puis au moins accuser les autres, et me prévaloir des circonstances plus heureuses où elle a permis que je fusse placé.

CHAPITRE VI.

De quelle manière il faut considérer les injustices commises par la Révolution. Principe général.

———

Lᴀ première chose à considérer dans cette question, c'est la vie actuelle du peuple français. Cette vie s'est formée presque en entier des mouvemens, des évnéemens; et, si l'on veut, des rapines des derniers vingt-cinq ans. La vie de l'état s'est formée de même. A la suite de la république et du directoire, Bonaparte a été obligé de prendre le sol tel qu'il était, et de faire marcher son char sur une partie des routes qu'il a trouvées faites. A la suite de Bonaparte, Louis XVIII a été obligé de prendre de même le sol de la France, et de faire marcher son autorité légitime au milieu de quelques routes qui ne l'étaient pas. Aujourd'hui, ce n'est qu'avec beaucoup de prudence, un peu de temps et une grande circonspection, qu'on peut revenir à de meilleurs principes en changeant de voie.

Dans cette grande accumulation d'injustices, commençons par distinguer celles qui peuvent se réparer et celles qui, par leur nature, sont irréparables. Il faut distinguer celles qui, appartenant à un mouvement général ont fait des torts sans faire des offenses, et celles qui ont fait à la fois l'un et l'autre; distinguons celles qui ont été purement aveugles, en quelque sorte l'effet de la fatalité, de celles qui, étant mues par des haines particulières, ont eu ainsi une fâcheuse moralité. De plus, il faut distinguer celles dont la réparation importe seulement comme justice à la morale publique, de celles dont la réparation importe immédiatement à la sûreté de l'état et à la conservation du trône.

Ces distinctions une fois établies, partout où la justice est possible, il faut qu'elle soit faite; partout où elle est impossible, il faut pour la morale qu'elle soit reconnue. Partout où l'injustice a fait en même temps un tort et une offense, si le tort se trouve irréparable, il faut au moins que l'offense soit réparée. Tout ce qu'il n'est pas possible de réparer en nature, il faut le réparer en compensation. Partout où les injustices ont eu le caractère d'un mouvement aveugle, elles doivent être traitées comme

on traite le ravage des ouragans et des incen-
dies. Partout où les injustices auront eu un
caractère de moralité, partout où elles auront
laissé une empreinte spéciale de haine contre
certains individus ou contre certaines classes,
il faut que cette moralité et cette empreinte
soient effacées ; et toujours que la solennité de
la réparation soit égale à la solennité de l'ou-
trage.

CHAPITRE VII.

De la manière de procéder d'après ces principes envers les acquéreurs des biens nationaux.

Il faut commencer par écarter de cette question les biens appartenant anciennement au domaine royal, et ceux qui appartenaient aux divers établissemens ecclésiastiques supprimés. La vente de ces biens peut avoir été un malheur ; elle n'est point aujourd'hui une difficulté.

J'en écarterai de même ce qui concerne l'envahissement des dîmes, des cens, des droits seigneuriaux. Lorsque, pendant un siècle entier, tout un peuple aura été enseigné à regarder ces droits comme des usurpations ; lorsque toutes les lumières d'un pays, se concertant pour créer les ténèbres, les savans pour créer l'ignorance, les juges pour consacrer l'injustice, auront réussi à diffamer un ordre de l'état, en même temps que tous ses droits et toutes ses possessions, comment un peuple résistera-t-il à cette action

17

continue, à ce concert unanime? Comment
ne se croira-t-il pas dans la ligne de l'équité, en
reprenant un jour par la force, des avantages
qu'on lui a enseigné avoir été envahis par la
force ?

Que la piété ne s'inquiète pas ici de la justice de Dieu. Celui qui est patient parce qu'il
est éternel, celui qui recherche les fautes des
pères jusqu'à la quatrième génération, saura
retrouver quelque jour et ces parlemens si ja-
loux, et ces rois si imprudens ; ils seront frap-
pés par le glaive même de la révolution qu'ils
auront préparée... Mon attention s'attache ici
aux biens confisqués sur les condamnés. Les
condamnations ayant été nulles, les effets de
ces condamations ne sont-ils pas nuls de droit?
Telle est la question que j'ai à examiner dans
ce chapitre.

Au lieu d'éluder sans cesse cette question,
comme on a fait, au lieu de la couvrir de la
raison d'état, et de mettre vaguement sous l'é-
gide de Louis XVIII des choses qui ont pu
être convenablement sous l'égide de Bonaparte, parce que, sorti de la révolution, il
était le protecteur naturel des choses révolutionnaires ; au lieu d'invoquer sans cesse les
lois politiques, pour faire juger des intérêts

civils qui sont du ressort des lois civiles ; (car la souveraineté est instituée seulement en protection des droits civils ; le magistrat ne fait pas la justice, il la prononce ; il la fait encore moins pour lui selon son droit et son intérêt propre ; il la prononce selon le droit des parties ;) enfin au lieu d'être sans cesse en petites ruses, en petites mesures auprès d'une question qu'il faut, pour l'intérêt de tous, juger selon l'équité de tous, mon avis est de l'aborder franchement sous toutes ses faces.

Et d'abord il faut distinguer dans les acquisitions des biens nationaux les acquéreurs des acquisitions. Je ne balance pas à regarder les acquisitions comme illégitimes. Les acquéreurs me paraissent mériter une grande faveur.

Qu'on ne me conteste point cette expression. Je ne veux pas disconvenir qu'à côté de voleurs du temps passé, il n'y ait eu un grand nombre de recéleurs ; mais comme le dol ne se présume pas, et que, dans les actes publics, tout doit être interprété *in favorem*, l'équité commande de juger les événemens selon leur nature propre, et non sur de simples présomptions. D'après cette règle, l'homme simple ; à qui on a appris dans sa jeunesse que les empires sont sous la main de Dieu ; qui, en voyant changer la face de l'Etat, a vu en même temps changer les pouvoirs; l'homme qui, portant naturellement ses respects comme ses tributs à la puissance établie, a acheté un coin de terre sur la foi de la puissance qu'il a vu établie : cet homme aura pu faire un acte qui, dans le droit, sera illégitime; selon sa conscience il n'aura pas fait un acte injuste.

Même à l'égard du droit, les principes sur le caractère de la propriété ne sont pas aussi précis qu'il serait à désirer.—On croit assez généralement en France que la propriété dérive de la loi. Or, quand la révolution a donné le nom de loi à ses actes, quand la puissance de fait qui est survenue les a consacrés, quand la puissance légitime, qui lui a succédé (Louis XVIII), les a consacrés de même, quand ces actes sont entrés, depuis plus de vingt ans, dans toutes les transactions, dans toutes les relations civiles, connaît-on, pour briser tout cela, des moyens qui ne brisent pas la société elle-même?

Ainsi donc, selon l'équité et selon les lumières naturelles de la conscience, les acquéreurs peuvent être coupables, lorsque éclairés sur la nature des spoliations et sur leur objet, ils se sont rendus complices d'un acte dont ils ont reconnu le principe criminel. C'est à eux aujourd'hui, selon la piété et selon l'honneur, à offrir les réparations qu'ils croiront convenables. Je les crois, à cet égard, justiciables devant Dieu : il scrute les cœurs et les reins. J'ai peine à les trouver justiciables devant la loi.

Nos lois sur les successions offrent des points de comparaison dont il faut se méfier. Un homme croit qu'un champ lui appartient; il le transmet à un autre par contrat de vente. Il se trouve ensuite que ce champ fait partie d'une succession. Sans s'embarrasser de la vente, les héritiers s'en emparent et le partagent. On me dira : les propriétaires n'ont-ils pas droit d'agir ainsi envers les acquéreurs de leurs biens? Je demande ici une grande attention.

On sait que, selon nos lois de succession, lorsqu'il y a lieu à éviction, le vendeur est appelé en cause, à l'effet de soutenir et de garantir sa vente. En cas d'éviction de la part d'un condamné qui voudrait rentrer dans ses biens, comme c'est dans le temps le gouvernement de fait qui a vendu, nul doute que le gouvernement légitime, qui lui a succédé, et qui, à cet égard, le représente, ne doive être appelé au procès.

La question se place, comme on voit, dans d'autres termes; et alors deux questions nouvelles en ressortent et sont à décider.

D'abord il y aurait évidemment une fin de non recevoir contre l'Etat, pour des recherches qui seraient ordonnées par l'Etat. Dans l'hypothèse de recherches particulières, la question change-t-elle de face? C'est-à-dire y a-t-il de même contre des recherches particulières une fin de non recevoir à proposer devant la loi pour des actes garantis par la loi?

Si cette question incidente est décidée à la négative, les acquéreurs doivent être évincés; nul doute; l'état doit être condamné alors envers eux, comme garant, à tous dépens, dommages et intérêts. La question principale ne me paraît pas pour cela résolue. Il faut examiner d'un côté la quotité de restitution, d'un autre côté la quotité de moyens qui sont à la disposition de l'Etat, à l'effet d'opérer la restitution. Si, comme cela me paraît probable, surtout dans nos circonstances, la masse de restitution est hors de proportion avec les moyens, il s'ensuivra qu'elle est devenue impossible; il s'ensuivra que les condamnés, en poursuivant leur demande, poursuivent l'anéantissement, ou du moins la désorganisation de l'Etat; il s'ensuivra que ceux qui veulent recouvrer absolument tout ce qu'ils ont perdu, visent à perdre ce qui leur reste.

Ces paroles peuvent paraître raisonnables : elles n'ont pourtant point par cela seul le caractère d'autorité qui, dans une affaire aussi grave, me paraît indispensable. Dans le plus simple procès de ce genre, des recherches seraient faites avec le plus grand éclat pour établir la solvabilité ou la non solvabilité. De même le premier soin doit être ici d'établir clairement la non solvabilité de l'Etat; le second, de la déclarer; le troisième, de faire appel aux créanciers, et de solliciter leur don.

On le voit avec évidence; on s'est trompé sur la question des biens nationaux. Ce que les ministres du roi lui ont conseillé, dans le temps, n'était point convenable. Par cela même ces actes n'ont pas eu le crédit qu'ils devaient avoir. Ce que ferait une assemblée ne mériterait pas une grande confiance. Une assemblée n'a pas en ce genre plus d'autorité que le Roi. Elle n'a que faire de s'occuper des

ventes nationales, si elles sont légitimes. Si
elles ne le sont pas, elle n'a aucune puissance
pour créer la légitimité, là où elle n'est pas.

Il est temps de revenir à la véritable règle.
Comme on l'a très-bien dit d'après les lois
romaines, « ce qui est à nous ne peut être
transporté à un autre sans nous. » *Id quod nos-
trum est, sine facto nostro ad alium transferri
non potest.*

En suivant cette ligne, deux ordres de considérations se présentent à ma pensée. Toutes
les confiscations qui ont frappé des individus
demeurés plébéiens me paraissent devoir être
annullées au moment même. Je ne vois d'exception que pour un seul cas : celui où voulant
participer à cet honneur de sacrifice, qui est
plus particulièrement le privilége de la noblesse française, l'homme des classes plébéiennes, qui a été associé à nos malheurs, voudrait immédiatement être associé à notre condition.

Les pertes qu'a subies la noblesse me paraissent, comme elle, dans une catégorie particulière. Des devoirs autres que ceux des simples
citoyens lui étant commandés, une autre conduite et d'autres procédés lui sont commandés
de même. Comme injure, comme punition, la

spoliation dont elle a été l'objet peut lui être insupportable : elle ne l'acceptera pas. Comme privation, elle ne fera qu'une seule question : QUE FAUT-IL AU ROI ET A LA PATRIE ?

On me dira : Il est inutile d'agiter aujourd'hui ces matières : elles sont décidées irrévocablement par l'article 9 de la Charte : « Tou- « tes les propriétés sont inviolables, sans au- « cune exception de celles qu'on appelle na- « tionales ; la loi ne mettant aucune différence « entre elles. »

Voilà sûrement un point décidé : seulement il n'est pas défendu, à ce que j'espère, de chercher à donner encore plus d'évidence à cette décision, si, à quelques égards, elle manque de clarté ; ni plus de force si, à quelques autres égards, elle me paraît manquer de solidité.

Remarquons d'abord que ce n'est pas d'aujourd'hui que les propriétés sont *inviolables* en France : elles ont eu ce caractère en tout temps. La révolution, qui a violé tant de choses *inviolables*, serait-elle, par privilége, la seule chose qu'on ne pût violer ?

On me répondra : C'est la Charte qui est inviolable ici, et non pas la révolution. Cette réponse est parfaite : seulement je prierai

qu'on lise dans la Charte l'article qui suit immédiatement celui que j'ai cité.

« L'Etat peut exiger le sacrifice d'une pro-
« priété pour cause d'intérêt public légale-
« ment constaté, mais avec une indemnité
« préalable. »

Si, après avoir pris le conseil constitutionnel de ses *jéaux*, et fait constater par eux
l'intérêt public, Louis XVIII jugeait à propos
d'exiger de la part des acquéreurs le sacrifice
de leurs propriétés acquises, il le pourrait
avec une indemnité préalable. D'après cet article, il n'y a nul doute. D'un autre côté, s'il
lui convient d'appeler de préférence les anciens propriétaires, et de leur demander la
sanction des dispositions qu'il a faites, ou
qu'il pourra faire, il en a de même, d'après
cet article, la faculté et le droit.

CHAPITRE VIII.

Sur quel principe il faut se décider relativement au retour ou à l'abandon de nos anciennes institutions.

D'après la discussion établie dans le chapitre précédent, le rétablissement de la noblesse en France se montre déjà en perspective comme un moyen de réparation publique. Quelque favorable que paraisse en soi une telle considération, mon intention est de l'écarter tout-à-fait dans l'examen que je vais entreprendre. Et d'abord, je ne fais nulle difficulté de déclarer que, si on rétablit quelque chose des anciennes institutions, il faut que ce soit par le principe qui servirait à les établir, si elles n'avaient jamais existé. De même, si on les abandonne, il faut que ce soit par le même principe qu'on alléguerait pour les abolir, si elles existaient.

Un exemple fera mieux connaître ma pensée.

Je suppose que l'Académie des Sciences fasse aujourd'hui partie de nos anciennes institutions supprimées. Encore que nous portions un grand respect à des hommes tels que M. de Laplace, M. de Humboldt, M. Ramond, quand il s'agira de rétablir l'Académie, ce ne sera nullement du mérite de ces messieurs ou de quelque intérêt particulier qu'il faudra s'occuper, mais seulement du point d'utilité publique. Ce n'est point dans ce cas pour les membres actuels de l'Académie qu'on rétablirait l'Académie, mais pour ceux qui ne le sont pas. C'est comme perspective de récompense, comme moyen d'émulation et d'excitation pour le travail, pour l'application, pour le talent. A cet égard même il est un point dont il faut se méfier.

Il ne faut pas toujours, sur leur propre intérêt, s'en rapporter au témoignage de ceux que cet intérêt concerne. Les passions peuvent, dans ce cas, altérer étrangement la raison. Il est bien certain que l'institution des prix, à la fin de l'année, est avantageuse au progrès des études. Eh bien ! si, sur ce point, vous veniez à consulter les élèves par assis et par levé, vous n'auriez peut-être pas la majorité. Il en pourrait être de même de l'éta-

blissement de l'Académie. C'est ce qui est arrivé dans la révolution, lorsque toutes les
têtes emportées par un désir effréné d'égalité,
ont jugé à propos de niveler les supériorités
de l'esprit, en même temps qu'ils nivelaient
les autres supériorités.

CHAPITRE IX.

Applications particulières de cette règle ; et d'abord
des institutions propres aux classes inférieures.

————

Avant de nous occuper des hautes classes, il
convient de porter un coup d'œil sur les classes
inférieures. Dans l'antiquité on avait très-bien
compris la nécessité de les tenir dans un état de
règle et de discipline. Mais tout avait été exagéré en ce genre. On ne s'était pas contenté
de répartir une partie de la population en
classes, en castes , en tribus ; on ne s'était
pas contenté d'instituer des liens de patronage et de clientelle : la dépendance s'était
encoré aggravée pour une grande partie de la
population ; elle avait été portée jusqu'à la
servitude. Ceux qui, sous le nom de Francs,
sont réputés nos ancêtres, ayant donné, les
premiers, l'exemple au monde de l'abolition de
l'esclavage, une suite de mouvemens que j'ai
décrits ailleurs porta les classes inférieures à

relâcher successivement les liens, et finalement à les rompre tous. Cette crise, dont le complément a été la révolution française, a montré sur la terre un état social sans lien, sans tissu, sans organisation. Disons mieux, un état social sans exemple.

Le vice de cette situation n'a pas tout-à-fait échappé aux dominateurs de la France. Bonaparte y remédia d'un côté, par une police âpre. Il y remédia encore mieux par la conscription. Cette mesure n'a pas été un aussi grand fléau qu'on pourrait le croire. Elle a délivré les parens de fils insolens, les maîtres d'ouvriers, de compagnons, d'apprentis insubordonnés. Tout cela a été du moins apprendre dans les camps à obéir et à regretter la douceur des liens domestiques.

Au moment présent, on a aussi cru devoir s'occuper de cette insubordination générale. Si je ne me trompe, c'est le principe qui fait mettre aujourd'hui en mouvement sous tant de formes diverses la religion et les prêtres. Je ne puis que déplorer une semblable politique. La religion doit entrer dans tous les actes de la vie; elle est un appui nécessaire à la morale. Mais si un pays en était venu au point que les pères ne voulussent plus nourrir leur fils, les mères allaiter leurs enfans, c'est se tromper étrangement que de croire que tout reviendrait par la religion : les choses doivent être gouvernées avant tout par des principes de leur nature. C'est compromettre tout-à-fait la religion, que de la montrer comme un instrument de police. Que les prêtres se confinent dans les temples ; c'est là qu'est leur importance et leur puissance. Ils perdront leur autorité religieuse à mesure qu'on les fera entrer dans la hiérarchie civile.

Ce n'est pas comme moyen de police qu'il faut montrer la religion : ce n'est pas même sous cette couleur qu'il faut présenter les institutions populaires. Une considération qui n'offrirait aux classes inférieures que des avantages pour le gouvernement, décréditerait au même moment ces institutions, ou en éloignerait les affections. De tous côtés on s'armerait contre des liens toujours plus odieux à mesure qu'ils nous attachent de près. C'est, avant tout, dans le point de vue de leur utilité propre que le rétablissement des anciennes institutions doit être considéré. C'est par des avantages prochains que doit se compenser l'inconvénient de liens prochains.

Les jurandes, les maîtrises, les corporations, les municipalités avec leur conseil et tout leur système, figurent en première ligne dans ces institutions. Je sais très-bien que dans quelques classes on redoute cette réintégration. Si une armée avait été dissoute, et qu'on en fût à la rétablir par le vœu des soldats, aucun ne parlerait d'écarter l'autorité du général. Je doute qu'ils fussent empressés de celle du caporal et du sergent. Toutefois il faudra examiner et peser les motifs. En appliquant la règle que j'ai établie, on verra ce qu'il faut reprendre des formes anciennes, ce qu'il faut conserver des formes nouvelles.

La garde nationale, qui rappelle quelque chose des anciennes milices des villes, a besoin, comme institution, d'être retouchée en beaucoup de points. Les justices de paix, qui dans les campagnes représentent les anciennes justices seigneuriales, me paraissent de même devoir être revues et examinées. On verra s'il ne convient pas de rendre, comme précédemment, leurs fonctions gratuites, en les rattachant par un système nouveau à toutes les grandes propriétés. Les gardes champêtres, les lois rurales, les municipalités des communes, leur milice, tout ce système si important, et qui jusqu'à présent n'a été qu'effleuré, doit, selon moi, être recherché de nouveau, et refait.

Dans le même ordre se trouvent la maison, la famille, la propriété, et avec elles les rapports des époux, ceux des pères et des enfans, ceux de l'ouvrier, du disciple, du valet avec le maître; puis les successions, les donations, les substitutions, l'émancipation, le testament, la tutelle. Sur tous ces points j'ai donné dans le volume précédent les notions que j'avais. Je ne puis que m'y référer, et solliciter à tous ces égards un sérieux et prompt examen.

CHAPITRE X.

De la Bourgeoisie et de la Noblesse. Leurs divers
caractères.

———

Les conditions ne sont point dans la société
une chose arbitraire. Leur démarcation me
paraît aussi fixée que celle des objets naturels
dans les sciences exactes.

Sous un rapport, la noblesse semble être
tout entière dans une certaine indépendance.
L'homme dépendant pour ses premiers besoins,
le pauvre qui n'a au monde que sa liberté, et
qui est obligé d'acheter avec ce seul bien les
choses nécessaires à sa subsistance, représente
le dernier degré des conditions sociales.

Un peu plus haut, l'homme qui a les choses
nécessaires à la vie, mais qui, aspirant à une
plus grande indépendance, se précipite pour
l'acquérir dans les professions lucratives, n'est
encore qu'un candidat pour la vie noble. Il y
a sûrement dans ces professions de la diffé-

rence ; elle n'est pourtant pas aussi grande
qu'on se l'imagine. Tout ce qui est condamné
a se donner une certaine peine, le *gagne-petit*
et le *gagne-gros*, celui qui sue pour gagner du
cuivre; celui qui, du soir au matin, se démène pour gagner de l'or ; celui qui, ayant
déjà beaucoup d'or, continue à se démener
pour en avoir davantage ; celui qui appelle individuellement les passans pour les faire entrer
dans son magasin ; celui qui se contente de les
appeler collectivement dans des affiches ou
dans des écriteaux ; tout cela, avec des nuances
différentes, peut être censé du même ordre et
de la même condition.

Comme la liberté et la pensée sont nos prérogatives les plus nobles, celui qui, ne pouvant vivre en exerçant toute sa liberté, vit en
exerçant toute sa pensée, se trouve par là
même à un degré supérieur. C'est ainsi que
l'avocat qui vit du travail de son esprit, est
au-dessus de l'ouvrier et de l'artiste qui vivent
du travail de leurs mains. D'un autre côté, le
magistrat est au-dessus de l'avocat, parce que
celui qui travaille pour l'État, et qui est soldé
par l'État, est au-dessus de celui qui travaille
pour lui-même, et qui est soldé par son égal,
ou par son inférieur.

Telle est la hiérarchie qui avait été tracée par nos pères. Lucre et lustre ont toujours été en français deux choses inalliables. Tout ce qui est payé par l'Etat est accompagné de lustre ; c'est ce qui fait que l'Etat paie moins.

En se plaçant dans ce point de vue, on commence à voir ressortir deux espèces de notabilité. Les professions lucratives étant pour l'Etat le foyer principal de sa prospérité, il lui importe de former au-dessus des classes inférieures une condition recommandable, vouée particulièrement aux moyens d'industrie. Toutefois l'importance de cette condition ne peut dépasser le cercle où elle est circonscrite. Le bourgeois peut être regardé comme un noble par la cité. Là finit son importance.

La noblesse se place dans un plus vaste horizon. Le noble est citoyen de l'Etat. Sa cité est la France entière.

La noblesse citadine du bourgeois, étant compatible avec les spéculations lucratives, c'est principalement vers ces spéculations qu'elle est tournée. Au contraire, comme la condition du noble est d'en être séparée, c'est principalement vers le lustre qu'elle est dirigée.

Dans les professions lucratives, une indépendance pleine avec action sur les choses de la cité : c'est ainsi que se compose la bourgeoisie. Hors des professions lucratives, une indépendance pleine avec action sur les choses d'État, c'est ainsi que se compose la noblesse. Je dois remarquer que, dans les professions lucratives, et par leur nature même, un peu de dépendance accompagne toujours ce qu'on regarde comme l'indépendance pleine. Dans la noblesse, l'indépendance est absolue. Il n'y a de dépendance que pour le Roi et pour la Patrie.

CHAPITRE XI.

S'il faut rétablir la Bourgeoisie.

Cette question doit se décider par la règle que j'ai posée. Si la bourgeoisie existait, conviendrait-il de l'abolir? N'existant plus, est-il utile aujourd'hui de la rétablir? Cette utilité peut se considérer d'en haut, à raison des rapports du Gouvernement avec la cité. Elle peut se considérer encore mieux par rapport à la cité elle-même, et aux avantages de son régime intérieur.

Remarquons d'abord ce qui se passe dans la nature. Elle ne donne pas du premier abord l'indépendance à l'homme. Elle attend que ses organes soient formés, et que l'expérience lui ait appris à s'en servir. A cet égard la loi se plaît à suivre la nature. Le plus souvent elle ne crée pas : elle déclare. Là où la nature a un mouvement progressif qui se confond en nuances indéfinies, il faudra bien que la loi sépare ce que la nature n'a pas voulu séparer. Elle pose alors, pour se reconnaître, des limites là où il n'y en avait pas. Telles sont, par exemple, les règles pour cette première indépendance de la vie qu'on appelle majorité. La loi est obligée de fixer d'une manière précise à telle année et à tel jour ce que la nature n'a pas voulu préciser. Telles sont encore les règles pour cette autre indépendance qu'on appelle émancipation, et qui dispense de la tutelle du père, comme l'autre dispense de la tutelle de la loi.

Il ne me paraît pas inutile de faire remarquer cette corrélation de la nature et de la loi. Les partisans outrés des idées libérales qui ne cessent de se plaindre des dépendances que la société a établies, en verront la justification dans celles que la nature elle-même a créées. Comment venir à bout autrement de toute cette population d'ouvriers, de compagnons, d'apprentis, ainsi que de cette autre population de clercs, de commis, d'élèves, d'écoliers, d'étudians de tout genre! Ces jeunes candidats pour les professions du travail des mains, et ces autres candidats pour les professions du travail de l'esprit, n'appartiennent manifestement ni aux lois politiques, ni aux lois civiles ordinaires, mais seulement aux lois municipales. Avec quelque restriction, il en sera de même du corps de la bourgeoisie. Que la police générale se décharge désormais d'une surveillance naturellement dévolue aux polices particulières. Ce n'est que par le servage du travail, par une longue épreuve de sagesse et d'obéissance que doit s'obtenir la faveur d'une indépendance pleine. Cette indépendance sans doute est d'un grand prix. C'est pour cela même qu'elle doit être distribuée avec sagesse. Gardez-vous de la prostituer au vice et à l'étourderie. Gardez-vous de l'accorder avant le temps prescrit, c'est-à-dire avant que des épreuves suffisantes vous soient un garant qu'on en jouira avec profit pour la société et pour soi.

CHAPITRE XII.

S'il faut rétablir la Noblesse.

Avant de commencer ce chapitre, je crois devoir revenir sur quelques nuances que j'ai omises dans le chapitre précédent. On y a vu une distinction entre l'homme qui vit du travail de ses mains, et celui qui vit du travail de son esprit. Il m'a paru essentiel de distinguer deux natures de profession qui se joignent sans doute par quelques points, mais qui, en général, demeurent séparées. On sait à quelle distance se trouvent l'un de l'autre, l'homme de peine et l'homme d'art, l'homme d'industrie et l'homme de science. De cette manière, si, par quelques points, la bourgeoisie décline tout-à-fait vers les classes inférieures, par quelques autres elle s'approche de la noblesse. Quelquefois elle s'en rapproche tellement, qu'elle semble s'y confondre tout-à-fait.

Par exemple, les syndics de certaines corporations, les membres de certains conseils mu-
nicipaux, les maires, les magistrats des grandes
villes présentent des degrés d'une telle importance, qu'ils égalent ou surpassent quelquefois l'importance de la noblesse. Selon nos
usages antiques, dès que la noblesse aperçoit
hors d'elle cette importance, elle s'en empare.
Elle lui donne par exception son rang, ses
honneurs, ses couleurs. C'est ainsi que se
forme auprès de la noblesse individuelle une
sorte de noblesse collective. Le droit de cité
qui n'appartient pas au membre d'une corporation, peut appartenir dans quelques cas à la
corporation même. La noblesse peut de même
appartenir à une grande corporation collectivement, encore qu'individuellement ses
membres ne comptent que dans l'ordre de
la bourgeoisie. Dans d'autres cas la même
raison fera qu'auprès de la noblesse héréditaire se trouvera une noblesse purement personnelle.

Me plaçant dans ce dernier point de vue, une
grande question se présente à décider. Si quelque chose comme la noblesse est inévitable
dans un état, convient-il de la restreindre aux

personnes, ou de la rendre franchement héréditaire?

Pour juger cette cause, il suffit de la plaider. Qu'on suppose devant la nation assemblée, deux passions prenant successivement la
parole. L'une dit : ôtez de devant moi ces dis-
jinctions qui m'importunent. Mérités ou non,
je ne puis souffrir dans un autre des avantages
que je ne possède pas. L'autre dit : Voilà l'héritage que mon père m'a transmis : je veux le
transmettre à mon fils. L'une plaide dans le
sens d'un égoïsme viager qui veut tout engloutir en soi ; l'autre plaide dans cet esprit d'im-
mortalité qui saisit en nous jusqu'à notre chair,
et qui nous porte à transmettre notre honneur
comme notre sang. L'une plaide dans cet esprit d'aujourd'hui qui veut tout isoler, tout
morceler, qui veut que rien ne tienne ensemble, et qui ne voit dans un état et dans un
peuple que des individus : l'autre plaide dans
cet esprit qui veut tout perpétuer, qui voit
dans la famille le premier élément du peuple,
dans la maison, le premier élément de l'Etat.

Dans aucun cas, la noblesse ne peut demeurer personnelle. Militaire ou patricienne,
sa charge est un service d'état. De ce ser-

vice même, résulte un lustre qui est recueilli
au prémier abord par la femme et par les
enfans. Il devient dès lors une propriété de
famille. En cela comme en beaucoup d'autres
choses nos anciennes lois n'avaient fait qu'o-
béir au mouvement de la nature. Vous voulez
supprimer tout lustre héréditaire, je vous
ferai une question.

Comment vous conduisiez-vous sous l'ancien régime envers ces magistrats supérieurs
et inférieurs à qui vous donniez si peu, et qui
néanmoins étaient contens ? Comment vous
conduisez-vous aujourd'hui avec ces magistrats supérieurs et inférieurs à qui vous donnez
davantage, et qui néamoins ne sont pas satisfaits? Ah ! c'est que sous l'ancien régime on
payait fort bien en honneur ceux qu'on payait
si mal en argent. Aujourd'hui vous avez beau
payer en argent, il vous manque une monnaie d'honneur que rien ne peut remplacer.
Ce n'est pas seulement pour ceux qui sont
déjà nobles qu'il faut rétablir la noblesse ; c'est
encore plus pour ceux qui ne le sont pas. La
noblesse me paraît devoir être rétablie comme
possession, en cela seul qu'elle est nécessaire
comme espérance. Un État paie beaucoup
moins en argent, quand il peut payer en hon-

neur, et il paie moins en honneur au présent,
quand cet honneur devient héréditaire. De
cette manière, l'avenir économise le présent.
On parle en fait d'argent d'un grand-livre de
la dette publique. Qu'est-ce qu'un registre de
la noblesse, si ce n'est aussi un grand-livre de
la dette publique ?

CHAPITRE XIII.

Si la Révolution est un motif pour repousser toutes nos anciennes institutions.

———

Si la révolution s'est effectuée malgré la résistance de toutes nos anciennes institutions, c'est que ces anciennes institutions en décadence ne remplissaient pas, ou remplissaient mal leur objet. Il ne s'ensuit pas de là qu'il faille maudire ces institutions, mais seulement, que ce n'est point dans leur état de décadence qu'il faut les replacer ; ce sont leurs avantages et non leurs vices qu'il faut nous rendre. Sous un point de vue, c'est parce que la révolution a détruit tous les élémens de la société, qu'elle rend plus nécessaire le rétablissement des élémens sociaux. Sous un autre point de vue, c'est parce qu'elle a fait beaucoup de spoliations, qu'elle rend plus nécessaires les moyens de restitution et de réparation.

CHAPITRE XIV.

Du rétablissement de la Noblesse, considéré comme
point de justice publique.

TOUTE dépouillée qu'elle est, on remarque
que la noblesse tient moins à la restitution de
ses biens qu'à celle de ses honneurs. Ce serait
se tromper, que d'attribuer cette persistance à
un simple sentiment d'orgueil. Elle a ses racines dans un sentiment plus profond que je
dois développer.

Nous avons vu ce que c'est qu'un noble.
C'est celui qui renonce aux avantages des professions lucratives pour se vouer exclusivement aux professions de service public. Cette
vocation étant déterminée, elle devient profitable à l'État de deux manières : 1° en ce que
le noble laisse à d'autres au-dessous de lui des
carrières dont l'avantage leur demeure en entier; 2° en ce qu'il exerce aux moindres frais

possible, on pourrait dire presque gratuite-
ment, des fonctions utiles à ses concitoyens.

Un exemple pris dans la révolution rendra
cette situation plus sensible. On se rappellera
facilement le nom de cet avocat fameux qui a
si malheureusement figuré dans le procès de
Louis XVI après avoir débuté avec éclat dans
l'assemblée constituante. M. T... bourgeois,
avec le seul secours de ses études et de son talent, était parvenu dans sa profession d'avocat
à une grande célébrité et à une fortune considérable. M. de C..., au contraire, noble, qui
a développé dans la même assemblée un talent
supérieur, n'avait acquis avant la révolution ni
célébrité ni fortune. Telle est, prise dans la
sphère du moment présent, la différence d'a-
vantages entre le noble et le bourgeois. Tour-
nons-nous actuellement vers le passé.

Comme le père, le grand-père, le bisaïeul
du noble ont été dans la même situation que
lui, c'est-à-dire comme ils se sont séparés de
même des professions lucratives, voilà quatre
générations consécutives en sacrifice héréditaire des moyens de fortune, et par là même
d'une grande partie des avantages de la société.
Il est vrai qu'en compensation de ces sacrifices,
le noble reçoit une considération particulière.

19

Mais de là même il s'ensuit que cette considération lui est acquise; elle fait partie de son
patrimoine. Vous parlez de la lui enlever. Il
vous laissera prendre, si cela est nécessaire,
ses champs, ses jardins, sa maison. Il défendra
sa condition jusqu'à la dernière extrémité,
comme la meilleure partie de son patrimoine.

Cette disposition est commandée, comme on
voit, par les motifs les plus visibles du temps
présent, ainsi que du temps passé. Examinons
actuellement l'avenir.

Qui ne sait combien la fortune est mobile,
la richesse fugitive. Or, voilà une classe toute
entière avec des habitudes élégantes, des
mœurs généreuses, et la nécessité de quelque
représentation, placée hors des chances d'acquérir la richesse. Tant de facilités de dissipa-
tion étant jointe à tant de difficultés de réparation, on peut prévoir ce qui arrivera. Il n'est
sûrement pas nécessaire d'avoir étudié le *Système des Probabilités* de M. de La Place, pour
savoir que toutes les issues étant ouvertes pour
perdre, aucune pour acquérir, le résultat
sera bientôt le néant. Tant que la considération
qui provient des distinctions héréditaires sub-
siste, cette considération, en obtenant les
regards, et par là même les préférences, ar-

rête ou ralentit ce résultat. Par toutes les issues des grands mariages et des grands emplois
se répare ce qui a échappé par d'autres issues.
Les grandes propriétés mobiliaires glissent par
cette pente vers les brèches des grandes propriétés territoriales.

Au contraire, si tout lustre de noblesse et
de considération a disparu, la fortune se dis-
sipant par toutes les voies, ne se réparant par
aucune, une famille avance ainsi rapidement
vers le gouffre de la misère. En attendant, on
pourra se débattre, il est vrai, entre les deux
hontes, d'implorer un travail qui est réputé
vil, et une pitié qui ne l'est pas moins. Je
demande seulement en politique d'Etat, si
une telle situation est à composer. Je demande
si une classe de Français peut dire raisonnablement à une autre classe : « La révolution
« ne vous a que mutilés : laissez-nous vous
« anéantir. »

J'ai cru essentiel d'exposer, avec quelques
détails, un intérêt qui n'a pas encore été bien
aperçu. Les nobles eux-mêmes ne s'en ren-
dent pas toujours compte. Mais comme je l'ai
souvent remarqué, ils l'aperçoivent dans le
vague. Ils ne sont pas habiles certainement, ils
ne sont pas éclairés ; ils ne sont pas même tou-

jours justes; mais ils sont ardens et persistans. Il
a fallu cette persistance pour conserver encore
aujourd'hui entière une cause tant de fois perdue par leur maladresse, toujours conservée
par leur obstination et par la nécessité des
choses.

CHAPITRE XV.

De la Noblesse considérée par rapport au Roi légitime.

———

Montesquieu a dit : *Point de noblesse, point de monarque, mais un despote.* Une première vérité qui découle de cet axiome, c'est que sans noblesse, on ne peut avoir de monarchie en France : une autre vérité, c'est que sans la noblesse ancienne, vous ne pouvez avoir de roi ancien. Il faut y prendre garde. L'échafaud de Louis XVI nous est une preuve qu'un Roi ancien se place mal au milieu d'une multitude de choses nouvelles. L'événement du 20 mars nous est une autre preuve des dangers d'une légitimité ancienne au milieu de beaucoup d'illégitimités. Il faut renoncer à toute sécurité si on n'écarte ce double écueil.

Bonaparte ne s'entendait pas très-bien, selon moi, à fonder un trône sur la base d'un état social; il s'entendait très-bien à le fonder, comme forteresse, au milieu d'une armée. Roi nouveau, on ne l'a jamais vu faire entrer dans sa citadelle une trop grande quantité de soldats anciens : son illégitimité ne s'entourait de légitimités anciennes que dans une proportion déterminée. C'était comme un ferment qu'il jetait dans la masse pour l'animer et mieux l'attacher à lui.

Dans un sens inverse, c'est précisément la méthode qu'il faut employer aujourd'hui. La France ancienne et la France nouvelle n'étant point dans les mêmes proportions, l'une emportant presque tout le présent, et étant par cela même supérieure en nombre ; l'autre emportant tout le passé, et étant par là même supérieure en opinion ; la première, avec le nombre, s'efforce d'envahir l'opinion : elle est appuyée, à cet égard, par les clameurs de la jeunesse et de toutes les classes inférieures en Europe ; la seconde, avec l'opinion, s'efforce d'obtenir le nombre : elle est appuyée par tout ce qui reste de préjugés, de mœurs et d'institutions anciennes. Cette crise, si on la laisse faire, aura des dénouemens qu'il est facile de prévoir. La France n'est point certainement aujourd'hui ce qu'elle était aux pre-

miers jours de la seconde restauration (comme
tout était abattu alors, consterné, humilié!)
Elle ne demeurera pas ce qu'elle est aujour-
d'hui. A mesure que les événemens s'éloi-
gnent, nous pouvons voir comment une certaine partie de la nation se relève, et la révolution avec elle. Si ce mouvement est abandonné à lui-même, elle se relèvera de plus en
plus, jusqu'à ce qu'elle se soit replacée au niveau de 1793.

Le mouvement que je signale ici n'est pas
seulement propre à la France, c'est celui de
toute l'Europe. Selon la conduite du Gouvernement, la France préservera l'Europe de cet
abîme, ou bien elle l'y entraînera. Il ne faut
jamais oublier que, comme héréditaire, l'intérêt de Louis XVIII est signalé comme appartenant à l'esprit de famille, et que, comme
intérêt ancien, il est signalé de même comme
étant à la tête de tous les intérêts anciens. Sans
doute cet intérêt de famille et cet intérêt ancien sont modifiés par la Charte; ils semblent
avoir pris là une couleur suffisante d'esprit
individuel et d'intérêt nouveau.

Si je répondais que Louis XVI, avec sa
Constitution de 1791, avait voulu entrer aussi
dans la révolution et dans les intérêts nou-

veaux, on me dirait que la Constitution de 1791 n'avait été qu'acceptée, et que la Charte d'aujourd'hui a été octroyée. Pour entrer convenablement dans cette discussion, il faudrait que je misse ici en balance la situation d'un prince qui avait sa couronne à conserver, et celle d'un autre qui avait son trône à recouvrer. Le public n'est que trop disposé à ces sortes de comparaisons. J'aime mieux abandonner tout-à-fait cette discussion.

Je conjure les puissans, d'aujourd'hui de ne pas laisser le trône dans cette position. Si nous avions un roi nouveau, il serait convenable de reprendre beaucoup de choses de la France ancienne. Avec un roi ancien c'est indispensable. Il y a des difficultés : sachez les attaquer de front. Saisissez l'esprit d'indépendance, et faites-le entrer de force dans les compartimens du cadre social. Saisissez de même l'esprit individuel, et obligez-le à entrer dans l'esprit de famille. Saisissez les intérêts nouveaux, et faites-les entrer dans les intérêts anciens. Qu'est-ce que tout ce ramage de constitution, de représentation et d'idées libérales? Faites entrer tout cela dans nos anciennes libertés françaises, couvrez du lustre de la France ancienne tout ce qui en est

susceptible ; légitimez tout ce qui est susceptible d'être légitimé ; joignez, à cet égard,
l'énergie à la candeur : rien aujourd'hui n'est
inabordable ; éclairez tout ce qui est obscur ;
débattez tout ce qui est douteux ; décidez tout
ce qui est indécis ; assurez tout ce qui est in-
certain : de cette manière vous finirez la révolution qui a été faite, vous préviendrez toutes
celles qui se préparent, vous consoliderez partout la liberté et les trônes.

Le rétablissement de la noblesse vous sera,
à cet égard, un grand moyen : c'est une mine
d'or avec laquelle vous effacerez toutes les injustices et tous les ravages. Seulement, gardez-vous de la recomposer comme autrefois,
de manière qu'étant pour ceux-ci un objet de
dédain, pour ceux-là un objet d'envie, elle
soit écartée de tout, repoussée de tout, en
même temps qu'on l'accusera de prétendre à
tout et de posséder tout. Sur cette ligne, vous
ne serviriez ni le Roi, ni la Nation. Gardez-
vous d'associer le trône au sort d'une noblesse
faible et enviée ; gardez-vous de montrer à la
jalousie un lustre qui, en ne s'associant pas au
mérite d'une utilité publique, aurait l'air d'a-
voir été institué pour la vanité et non pour

l'Etat, et paraîtrait ainsi à tous les amours-propres un fardeau sans objet.

J'ai cité, plus haut, l'exemple de l'Académie. Ce n'est pas pour les académiciens seulement qu'elle a été instituée; c'est principalement pour ceux qui ne le sont pas; c'est pour tout ce peuple de jeunes étudians, de jeunes savans qui, dans une carrière de fatigues et de peines, aperçoivent de loin une récompense, et sont soutenus par elle. Le rétablissement de la noblesse doit être opéré dans le même esprit; ce n'est pas l'intérêt de quelques individus, mais celui de l'Etat que vous avez à considérer. La révolution l'a détruite. C'est à cause de la révolution même qu'il est nécessaire de la relever; c'est comme amalgame nécessaire des intérêts anciens et des intérêts nouveaux, de la gloire ancienne et de la gloire nouvelle, comme premier principe de fusion et d'accord entre tous les intérêts, toutes les positions. et tous les partis; c'est surtout comme l'espérance et en quelque sorte le patrimoine de tout ce qu'il y a d'honorable dans les classes inférieures.

Sous ce rapport, il ne faut lui rien laisser de vague : il faut lui donner une existence so-

ciale positive. Vous voulez composer l'appui :
pour cela il vous faut composer la force. Il
vous faut dès - lors une masse qui se lie avec
toutes les autres masses ; il faut que, dans toutes ses parties, son existence soit connexe ;
qu'elle tienne d'un côté à cette grande corporation qui constitue la Chambre des Pairs ;
d'un autre côté à cette noblesse toute munici-
pale qui constitue la bourgeoisie. Comme elle
aura une manière particulière d'exister, il faut
qu'elle ait une manière particulière d'être re-
présentée, et aussi une manière particulière
d'être protégée. En un mot il faut que la noblesse attache tout, et soit attachée à tout.

CHAPITRE XVI.

De la Représentation nationale.

L<small>A</small> noblesse entre comme premier élément dans le corps commun des citoyens; elle n'en est toutefois qu'un élément. Ce corps se compose de tout ce qui a dans l'Etat une certaine importance. D'un côté, les places civiles, administratives et militaires, selon le mode qui aura été fixé; d'un autre côté, la propriété, la science, les arts, les manufactures, le commerce, selon ce qui aura été réglé, sont de nouveaux élémens du grand corps des citoyens. Il n'y a point à cet égard de principes à créer; il n'y a que des règles à appliquer. Il n'est pas impossible, d'après une certaine jalousie de l'autorité, qu'on écarte du corps électoral, ou de la représentation, des places même illustres, lorsqu'elles sont essentiellement dépendantes. Cette jalousie me paraît raisonnable : elle ne peut porter sur un chef

de famille noble. L'éloigner du collége électoral, sous prétexte qu'il ne paie pas telle ou
telle somme de contribution, me paraît ridicule ; je dirai plus, un scandale. Tout citoyen
n'est sûrement pas gentilhomme ; mais tout
gentilhomme me paraît nécessairement citoyen ; et, comme tel, membre né de son
collége électoral. Sur ce point, les dispositions de la dernière loi me paraissent devoir
être réformées. Le vice de cette loi qui, dans
notre situation provisoire, ne devait être que
provisoire, provient d'avoir considéré partiellement un état de choses qui devait être traité
dans tout son ensemble. Qu'on se rappelle ou
qu'on relise, dans les journaux, la discussion
qui s'est élevée à cet égard : on verra comment,
des deux côtés, on a été obligé, malgré soi,
de remuer l'organisation entière de la France.

Dans le fait, la représentation d'un État ne
peut s'envisager d'une manière isolée : elle se
lie à une multitude de représentations inférieures qui lui appartiennent comme des rameaux
subordonnés. Par la raison qu'un État est composé de plusieurs petits États, qu'un peuple
renferme en lui plusieurs peuples, autant
de représentations diverses appartiennent à ces
États et à ces peuples divers. La représentation

descend par degrés jusqu'à la plus petite chaumière ; elle va même jusqu'à celui qui n'a aucune espèce de domicile ; car le père de famille, quel qu'il soit, est le représentant de sa
famille. Il y a, comme on voit, un premier
ordre de représentations créé par la nature.
La loi doit suivre exactement sa marche, et
se composer, dans la grande hiérachie, de la
même manière que la nature s'est composée
dans les hiérachies subordonnées.

Cet ensemble d'hiérachies, toutes subordonnées les unes aux autres, ne paraîtra pas, j'espère, une conception arbitraire de ma part.
C'est le tableau du genre humain ; c'est l'histoire des temps anciens comme des temps modernes. Rome, cette grande cité qui, pendant
quelque temps, a commandé à l'univers, avait
sous elle une multitude de petites cités qu'elle
avait composées sur son modèle. L'univers, gouverné par Rome, était rempli de petites Ro-
mes. Chacune de ces miniatures de la grande
métropole du monde avait son sénat ; elle avait
ensuite, dans un rang inférieur, sous le nom
de *curia curiales*, le corps commun de ses
propres citoyens.

Il en a été ainsi dans notre bonne vieille
France. La grande cité française, c'est-à-

dire la monarchie, avait cru devoir se créer
des états - généraux. Les grandes parties de
cette monarchie, c'est-à-dire les provinces,
s'étaient aussitôt donné de petits états - généraux. La Bretagne, la Bourgogne, la Provence,
s'étaient composées sur ce mode. Nulle part le
régime de l'État n'était isolé. Le régime des
provinces, celui des cités particulières, celui
de la maison, celui même de la chaumière,
tout affectait de marcher sur le même principe et dans le même ordre. La bourgeoisie de
Paris avait son roi dans le prévôt des marchands : elle avait aussi son sénat dans les
échevins. Ces échevins eux-mêmes, ainsi que
le nom l'indique, étaient les successeurs des
anciens *scabins*, comme les pairs étaient les
successeurs des anciens grands vassaux.

Dans un pays qui a tout emprunté de la
France, et pour lequel la France peut être regardée comme une sorte de mère-patrie, on
trouve la même marche. De même que l'Angleterre a son roi, sa chambre haute, sa chambre des communes; la cité de Londres a également son roi dans son lord-maire; elle a son
sénat dans ses *aldermen*, ce qui veut dire vieillards; elle a ses communes dans le conseil-

commun, sous le nom de bourgeois, ou hommes libres : *liverimen.*

C'est ainsi qu'aux différens Etats qui se trouvent dans l'Etat, correspondent diverses classes de citoyens. Chacun de ces états et chacune de ces classes correspondent l'un à l'autre. C'est ce qui forme la composition intérieure d'un peuple ; c'est par là qu'il vit. Vous avez beau me dessiner habilement, sous le nom de Charte, des bras, des mains, des jambes, toute votre science sera sans effet, si vous ne parvenez à composer en même temps et le corps et la vie.

Avec ces vues, vous croyez peut-être que je veux abaisser, affaiblir, asservir : je veux au contraire tout animer, tout ennoblir. Je veux donner, selon notre civilisation actuelle, l'essor à tous les moyens, à toutes les industries : pour cela, il faut commencer par les laisser dans l'instinct que la nature leur a fait. Je vous en conjure, laissez à l'aigle le domaine de l'air, et au cheval celui des combats ; laissez les conditions dans le domaine qui appartient à ces conditions. N'appelez pas à la qualité de citoyen de l'Etat, celui qui ne doit être que citoyen de la cité ; et à la qualité de ci-

toyen de la cité, celui qui ne doit être que citoyen de la maison. Ce bon menuisier qui est
là dans mon voisinage; qui a autour de lui sa
femme et de nombreux enfans, immédiatement après ceux-ci, ses compagnons, ses apprentis, ses ouvriers : tout cela me présente
une sorte de petit état dans lequel, ainsi que
dans les grands états, se trouvent divers ordres
et diverses hiérarchies. Ne dérangez pas, je
vous prie, ce petit état; ne le portez pas hors
de sa sphère; laissez dans sa maison ce respectable chef de maison. Si la fortune sou-
rit à son industrie, si sa pensée, long-temps
asservie par le besoin, commence à acquérir de la liberté et du loisir; si, dans les assemblées de sa corporation, sa sagacité a
attiré quelquefois l'attention; si, recommandé
en outre par son honnêteté et sa probité, il a
été désigné comme syndic; si, recommandé
ensuite de plus en plus, il mérite d'atteindre
à de plus hautes places, et d'arriver, par
exemple, au sénat de sa cité, que cette voie
lui soit ouverte, que les obstacles soient
aplanis. Mais, ô mon Dieu! ne faites pas
comme les philosophes de la révolution, qui
ont tout interverti et tout confondu. Ne faites
pas comme Bonaparte lui-même, qui, à cet

20

égard, n'a guère été plus habile que les philosophes de la révolution. Effacez, relativement aux rapports des époux, des pères et des enfans, des maîtres et des serviteurs, les dispositions insensées de son Code civil. En d'autres termes, rendez les enfans à leur père, les femmes à leurs maris, les serviteurs à leurs maîtres. J'ai pu dire, dans cet ouvrage, que la France avait été décomposée, comme peuple : je n'ai pas dit que la nature entière fût dissoute. Comment! vous ordonnez à un père de nourrir et d'élever ses enfans! Vous êtes bien bon! Rassurez-moi aussi à l'égard des mères : il y a peut-être aussi parmi elles quelques mauvaises nourrices. Rassurez-moi en tout point : j'ai peur que le soleil cesse demain de m'éclairer : donnez-lui, je vous prie, vos lois ; indiquez-lui sa marche.

La politique du temps présent a ce double caractère remarquable : de généraliser et de confondre une multitude de choses qui devraient se considérer isolées; d'en isoler une multitude d'autres qu'elle devrait au contraire généraliser. La représentation politique est dans ce dernier cas. On n'a pas fait attention que le gouvernement ne se compose lui-même que par une représentation descen-

dante, laquelle, partant du sommet du trône,
suit de tels degrés, que, dans certains cas, le
plus mince fonctionnaire public peut être
censé le représentant du Roi, tandis que, par
une échelle parallèle ascendante, la Chambre
des Pairs et la Chambre des Députés se composent au pied du trône, pour lui porter,
comme Représentans du peuple, l'expression
de ses besoins et les subsides de la propriété.

~~~~~~

CHAPITRE XVII.

De plusieurs difficultés. Leur solution.

LA première difficulté alléguée dans cette question, est de donner à la noblesse une force avec laquelle elle veuille se rétablir dans ses anciens avantages. Sa faiblesse, sa misère, son insignifiance, sont regardées, par quelques personnes, comme une garantie précieuse.

La seconde difficulté consiste dans le danger d'alarmer les intérêts révolutionnaires, en revenant à des institutions que la révolution a proscrites : retour qui en ferait craindre beaucoup d'autres.

La troisième difficulté consiste dans le danger, en donnant de l'élan à une classe, de comprimer l'élan des autres; de créer, à l'égard des classes inférieures, non seulement des objets de jalousie, mais encore des obstacles, et de les armer dès-lors contre ces obstacles. Je vais examiner ces trois difficultés.

Et d'abord que veut-on aujourd'hui de la noblesse ? C'est sans doute une cession franche, une renonciation pleine : la justice me paraît, à cet égard, un moyen plus sûr que l'oppression. Dans un système de justice, il est impossible de ne pas tenir compte des sacrifices de la noblesse. L'ordre public veut qu'on ne lui restitue pas en nature : n'est-il pas heureux qu'on puisse lui restituer en compensation ? La compensation une fois acceptée, selon le droit, la dette est effacée. Le meilleur moyen d'affermir l'ordre actuel, est de réparer les infractions faites à l'ordre passé. Vous ne détruirez pas (et surtout avec une monarchie ancienne) aussi facilement que vous croyez la noblesse ancienne : ce que vous ferez inutilement et outrageusement pour consommer sa destruction, sera ce qui l'animera de plus en plus à sa conservation. En la relevant aujourd'hui pour vous, vous êtes sûr qu'un jour elle ne se relèvera pas pour elle. En la relevant par votre force, vous préviendrez les suites d'un triomphe qui s'opérerait par la sienne. La perte de ses anciens avantages, consacrée par ses avantages nouveaux, ces avantages nouveaux engagés avec tous les autres intérêts dans le système de

l'Etat, soutenus et entourés de tous côtés par
ce système : voilà une constitution de fait un
peu plus robuste que des déclarations vagues
écrites sur le papier.

Pour ce qui est de donner l'alarme aux intérêts révolutionnaires, par un retour à quelque chose des anciennes institutions, voici,
suivant moi, ce qui est véritablement un
objet d'alarme. C'est, sous une monarchie
ancienne, une affectation d'éloignement pour
toutes les choses anciennes, en même temps
qu'une affectation de consacrer ou de bénir
toutes les choses nouvelles. Cette affectation ne pourrait jamais paraître sincère. On
est généralement convaincu que la révolution a développé des choses grandes et écla-
tantes : on est encore plus convaincu qu'elle a
commis des atrocités et des injustices. La Patrie ne veut pas perdre ce qu'il y a eu d'éclat
dans la révolution ; elle ne veut pas non plus,
dans un temps de calme, se rendre complice
de ce qui a été fait dans des temps de fureur.
Je citerai, sur cette ligne, un autre point plus
général de méfiance : ce serait un retour dis-
simulé, et néanmoins progressif, vers les choses anciennes, de manière que l'ensemble de
la nation ne pût savoir avec précision ni où

on va, ni où on s'arrêtera. Une marche franche qui marque et l'intention et le but n'inspirera aucune alarme : au contraire, elle les
dissipera.

Je viens à la troisième difficulté : le danger
allégué de comprimer l'élan des autres classes.
Je sais que, dans le système de quelques personnes, on peut continuer à conserver la démarcation des champs et des prés ; mais que,
pour les honneurs, les rangs, et tout ce qui
tient à la considération, il faut absolument
que tout soit en commun ; elles trouveraient
beau, comme sous Bonaparte, que le général
d'armée et le marchand de toiles fussent ensemble admis à la Chambre des Pairs.

Bien loin de croire que cette sorte d'élan
mérite protection, je pense au contraire qu'il
doit être réprimé. Les classes inférieures
sont faites pour le travail et pour l'économie :
c'est de là qu'elles doivent prendre leur élan.
Une certaine élégance, une certaine délicatesse, une certaine susceptibilité, et surtout
une certaine ambition, me paraissent chez
elle un indice de corruption, et non pas de
perfection. L'honneur, le respect, la haute
considération appartiennent spécialement à
tout ce qui est voué au service public. C'est

dans les professions de l'honneur que se place le domaine de la gloire. Au lieu de favoriser, comprimons de toutes nos forces ce mouvement d'ambition désordonnée, ce besoin d'enivrement perpétuel qui, surtout dans les classes inférieures, fait disparaître le bonheur des habitudes casanières, et la simplicité des mœurs douces; qui fait que, blasé sur tout, obligé de se raviver sans cesse, et de se ranimer sur tout, on culbute avec énergie devant soi tous les rangs, bientôt la société entière.

On cite l'Angleterre; on allègue le mouvement de civilisation qui, chez elle, ainsi que dans toute l'Europe, multiplie les chances rapides de la fortune.

J'ai déjà parlé de l'Angleterre et du caractère de sa situation. Ce que je dois ajouter ici, c'est que, bouleversée à moitié par l'effet de ses anciennes révolutions, défendue aussi à moitié par l'effet de la conservation de ses anciennes mœurs, l'Angleterre doit son mouvement expansif au dehors, et ses troubles au dedans, à ce demi-bouleversement que les précédentes révolutions lui ont causé; tandis qu'elle doit sa conservation à ce que ces révolutions lui ont laissé de ses anciennes institutions, et à la protection journalière qu'elle en reçoit. De cette double situation sort le double résultat qui frappe tous les étrangers : celui d'une dissolution de rangs telle qu'elle ne se voit dans aucun autre pays, et celui d'une démarcation de rangs telle qu'aucun autre pays ne pourrait la supporter. Je n'ai point à examiner comment l'Angleterre marchera au milieu de cette double situation : il me semble seulement qu'elle n'est pas digne d'envie. Fasse le Ciel qu'elle ne soit pas pour les nations un exemple. Qu'on ne la cite pas au moins comme modèle !

Que dirai-je à l'égard de ce mouvement de civilisation qui est allégué comme multipliant partout les chances rapides de la fortune? Considéré comme moyen d'accroissement pour la richesse publique, c'est sans doute un mouvement qu'il faut protéger; comme moyen de confusion des rangs et des mœurs, c'est un mouvement qui demande, selon moi, une grande attention. Qu'un tailleur ait trente mille livres de rente ; qu'un restaurateur gagne deux mille francs par jour; qu'un histrion ait un carrosse et une maison superbe; qu'un commis à quinze cents francs de traitement, il y a deux ans, ait aujourd'hui plusieurs millions : ce sont des exemples que, sous divers rapports,

il faut admirer et déplorer. En même temps
que les lois encourageront ce mouvement,
comme principe de prospérité pour l'Etat,
l'opinion s'empressera de le châtier, comme
principe de dépravation pour les mœurs ; elle
repoussera constamment des rangs supérieurs
ces colosses d'or formés récemment dans la
boue. Conservatrice des rangs et des mœurs,
elle refusera tout lustre d'Etat à ce lustre bourgeois ; elle lui interdira tous les postes d'honneur, jusqu'à ce que, se filtrant peu à peu, et
dépouillant son impureté originaire, il ait mé-
rité d'entrer dans les rangs élevés, et de renforcer de son éclat subalterne leur éclat.

On dit : Si des projets semblables viennent à
avoir de la faveur, ils exciteront partout des
murmures. On ne dit pas assez ; ils feront jeter
les hauts cris. L'établissement de la Légion
d'honneur offre à cet égard un grand exemple. Bonaparte n'eut pas plutôt annoncé cet
établissement que toute la France fut en rumeur. La veille encore, c'était à qui parviendrait à le renverser ; le lendemain c'était à qui
parviendrait à s'y placer. Si le Roi veut s'occuper du rétablissement de la noblesse, il en
sera de même : la veille, tout le monde voudra anéantir les nobles ; le lendemain, tout le
monde voudra l'être.

~~~~~~

CHAPITRE XVIII.

De la Constitution de l'Etat. Principes généraux.

———

Il me semble que j'avance dans ma carrière. Je pense que j'en ai écarté les principales difficultés. Après avoir laissé loin derrière moi une multitude d'obstacles provenant de la lutte soit de notre état provisoire avec notre état définitif, soit de l'esprit social avec l'esprit d'indépendance, soit de l'esprit individuel avec l'esprit de famille, soit enfin des intérêts nouveaux avec les intérêts anciens; après avoir élagué tous ces restes de la révolution passée, et donné l'éveil sur les révolutions qui nous menacent, j'ai dû commencer à porter mes regards sur les premiers élémens de notre constitution, comme peuple; j'ai parlé des institutions secondaires et primaires; j'ai montré comment se dessinaient à la base les rangs et les formes d'un peuple; il me reste à examiner comment ces formes se dessinent au sommet. C'est ce qu'il est convenu d'appeler la constitution de l'Etat. En ce point, comme en tout, il faut bien entendre ce qu'on dit.

Remarquons d'abord que ce ne sont pas les formes qui font un Etat : on pourrait dire plutôt que c'est l'Etat qui fait ses formes. Dans le vrai, l'Etat et ses formes se créent ensemble. En général, parler de donner une constitution à un Etat, implique quelque chose d'absurde : c'est parler de donner des *formes* à un corps déjà *formé*. Du moment qu'il y a un Etat, il y a nécessairement une constitution. Il est extravagant de prétendre donner *à priori* des formes à un Etat, lequel ne pourrait pas exister s'il n'avait déjà des formes.

Par la même raison, il est extravagant de prétendre donner à un Etat les formes d'un autre Etat. Citer, ainsi que je l'entends continuellement, la constitution anglaise, comme quelque chose d'applicable à la France, c'est se méprendre. Chaque peuple a sa nature. L'Angleterre, qui a d'autres membres, a par cela même d'autres mouvemens. Vouloir imposer les mouvemens de l'Angleterre aux membres de la France, c'est comme si on commandait à un poisson des mouvemens d'après l'anatomie d'un oiseau. Les événemens de l'Angleterre, qui ont déterminé une suite de mouvemens relatifs à ces événemens, l'ont amené à une attitude, et lui ont donné une physionomie qu'il est fâcheux de vouloir imiter, avec une suite de circonstances et de mouvemens différens.

Plus je réfléchis à ces principes, plus je suis effrayé, pour l'Europe, de tout le mouvement de constitutions nouvelles qu'on y prépare. Ce n'est pas que dans toute cette vieille Europe, comme autrefois dans notre vieille France, il n'y ait de la discordance entre des restes de vieilles formes faites pour d'autres choses et pour d'autres temps, et une multitude de choses nouvelles qui, ayant introduit de nouveaux intérêts, ont créé de nouveaux rapports, et appellent par là même de nouvelles formes. Mais en Europe, comme autrefois en France, si quelque innovation est devenue nécessaire, il faut bien prendre garde de repousser ces innovations, ou de les exécuter avec maladresse; car alors on suivrait notre exemple; on se précipiterait, comme nous, dans une révolution.

Malheureusement l'Europe d'aujourd'hui ne me paraît pas plus sage que la France de 1789: on y rêve partout, non de légères innovations, mais des créations; sans s'apercevoir que par là même on veut des destructions; car toute création est nécessairement précédée du néant ou du chaos. Vous voulez absolument créer : voici comment vous devez vous y prendre : composez d'abord la force; composez ensuite la raison : mettez tout cela en présence du besoin, et laissez faire. En effet, tout homme qui a une fois de bons muscles bien sains et bien forts, sait se mouvoir quand il veut : on peut s'en rapporter à lui. Un gouvernement qui existe n'a pas plus besoin de cette science théorique, que j'ai besoin, moi, de la science anatomique pour marcher ou me mouvoir.

Je dis un gouvernement qui existe. Comme il n'y a eu en France, depuis la révolution, qu'un Etat provisoire, il n'y a eu, sous diverses formes, que des constitutions provisoires. S'occuper aujourd'hui de la constitution de l'Etat, c'est s'occuper de changer en définitive la portion de provisoire qui nous régit. Ce provisoire n'est pas seulement au sommet de l'Etat, il est partout. La vie de l'Etat, qui lui arrive de toutes les extrémités, et qui est renvoyée à son tour à ces extrémités, suppose toutes les parties mues par le même principe. La constitution de l'Etat se lie ainsi à toutes les constitutions particulières. Les lois politiques, les lois civiles, les lois municipales, les lois domestiques : tout cela dérive du même mouvement, et se coordonne à la même harmonie.

———

CHAPITRE XIX.

De la disposition d'esprit nécessaire pour s'occuper
convenablement de la Constitution de l'Etat.

J'ENTENDS parler souvent de divers partis de
royalistes, d'aristocrates et de démocrates;
j'entends dire que les hommes de ces divers
partis sont tellement enivrés de leur système,
que, s'ils avaient la puissance, ils façonne-
raient tout l'Etat selon leurs vues. Je ne puis
comprendre une telle folie! Que dirait-on d'un
médecin tellement entiché de l'importance de
la tête, qu'il ne verrait jamais de mal que là,
et de remède à appliquer que là? Si en même
temps d'autres médecins se déclaraient de la
même manière, ceux-ci pour la poitrine,
ceux-là pour les entrailles, il faut convenir
que la médecine serait une belle ressource et
une belle science.

Vous qui me lisez, vous vous dites, l'un
royaliste, l'autre aristocrate, l'autre démocrate. Qu'est-ce que cela signifie?

Dans un pays où l'aristocratie avait été sapée depuis long-temps par la royauté *, et où ensuite, comme de raison, la royauté et l'aristocratie ont été effacées ensemble par la démocratie **, dans un pays où la démocratie, attaquée par la tyrannie qu'elle a fait naître, a été effacée elle-même; dans un tel pays où tout a été dissous, et où par conséquent tout est à refaire, est-il sensé de se dire d'un parti, et de s'obstiner à n'être que d'un parti?

Ah! sans doute, lorsque le Roi et la royauté ont été en danger, il a bien fallu aller se ranger dans le parti qu'on appelait royaliste : de même lorsque l'aristocratie a été persécutée, il a été beau de se ranger dans les bataillons de l'aristocratie. De tout cela que s'ensuit-il? C'est que si quelque jour c'est le peuple qui est opprimé, le devoir sera d'aller se ranger vers le peuple; car comme la monarchie française se compose, depuis quatorze siècles, d'un ensemble de royalisme, d'aristocratie et de démocratie, toutes ces parties, qui méritent également nos affections, réclament également nos services; il n'en est aucune qui ne

---

* Avis à l'Europe.

** Avis encore à l'Europe.

doive nous paraître respectable, à moins que, faussant leur propre nature, elles ne sortent de la sphère que la Providence leur a assignée. Si la monarchie devenait jamais tyrannie et despotisme; si l'aristocratie parvenait à prendre une dimension exagérée; si la démocratie, comme un torrent, sortait de ses limites, le devoir serait de les rejeter également, et de les repousser. Qu'est-ce que cette multitude déguenillée, qui prétend me commander le respect, et qui se proclame le peuple souverain? Vous, souverain! CANAILLE! Au contraire, si le pauvre vient à moi avec sérénité dans ses douleurs, et humilité dans ses misères, mon devoir est d'aller au-devant de lui : il m'est commandé non-seulement de lui donner mes secours, mais encore de lui porter du respect, comme à quelque chose de Dieu même. *Quia in paupere est Christus, sicut et ipse aït.*

Vous vous dites royaliste! N'y a-t-il eu en France que la royauté d'abattue? Vous vous dites aristocrate! N'y a-t-il eu que la noblesse de renversée? Vous vous dites démocrate! Sous Roberspierre, sous le Directoire, sous Bonaparte, qu'est devenue votre démocratie?

Une première conséquence qui ressort de cette situation, c'est que comme tout a été également dissous en France, tout y est également à refaire. Une seconde conséquence, c'est que comme tout a été détruit à la fois, tout doit être refait à la fois. Au contraire, la politique actuelle s'applique à refaire pièce à pièce. Nous avons vu l'Assemblée, dans sa loi d'élection, tout occupée à recomposer une démocratie vigoureuse. Quelque autre jour, apparemment, on s'occupera de l'aristocratie : comme si, en présence d'une démocratie vigoureuse, il était possible d'avoir une aristocratie au berceau.

Si, après quelque grande destruction des espèces vivantes, la Providence confiait à nos savans le soin de refaire des organisations animales, voici comment ils s'y prendraient : ils feraient d'abord une tête, puis un cœur, puis des poumons, puis des entrailles. La Providence, jusqu'à présent, s'y est prise autrement : elle conçoit un vaste ensemble, et le compose tout à la fois. C'est ainsi, et par les mêmes règles, que se forment le corps humain et le corps social ; c'est ainsi que la France doit être refaite, non successivement et pièce à pièce, mais dans toutes ses parties à la fois.

CHAPITRE XX.

Comment se compose la Constitution d'un Etat. Ce que c'est que les pouvoirs.

JE demande pardon à mes lecteurs, si, en raison de la disposition des matières que j'ai à traiter, je reviens sur quelques points qu'il pourra croire avoir été suffisamment éclaircis dans mes volumes précédens : ces points me paraissent de la plus grande importance ; et, puisque malgré mes observations précédentes, tous les hommes d'Etat en sont encore aux erreurs que j'ai tant de fois signalées, il me paraît indispensable de les signaler de nouveau, en suivant le conseil de l'Apôtre : *Argue, increpa, obsecra in omni patientia.*

Un Roi, une Chambre des Pairs, une Chambre des Propriétaires forment ce qui est réputé aujourd'hui dans un grand Etat sa constitution politique. C'est ce qu'on appelle communément les trois pouvoirs. Cette forme est devenue en quelque sorte classique. Il n'est pas un peuple en Europe qui osât s'en écarter. En ce point, comme en d'autres, on ne manque pas de citer l'Angleterre, et de la regarder comme un modèle. C'est sur ce modèle que chaque pays envoie prendre la mesure de sa constitution à venir.

Avec un peu de réflexion, on aurait pu voir que cette forme prétendue anglaise est tout-à-fait propre à la France qu'elle a régie pendant près de dix siècles, c'est-à-dire pendant plus de temps que la république romaine n'a subsisté. Avec un peu de réflexion, on aurait pu voir que pendant une multitude d'autres siècles qu'on ne peut déterminer, tout un grand peuple (les Germains) a été régi avec ces mêmes formes, et qu'au moins en ce point nous n'avons nulle obligation à l'accroissement supposé des lumières ou aux progrès de la civilisation. Enfin, avec un peu de réflexion, on aurait pu voir que ces formes sont déterminées par la nature des choses. Partout où il y a un grand mouvement social à ordonner, on voit se former de soi-même, ici une assemblée de vieillards, *senes*, *senatus*; là des assemblées de grands, *magnates*, *optimates*. On voit ensuite concourir à ces délibérations une partie plus ou moins considérable du peuple.

Ce ne sont là encore que de petites erreurs. J'en ai de plus graves à noter.

Et d'abord que signifie cette locution : *Les trois pouvoirs ?* Entendons-nous par là trois pouvoirs indépendans et souverains ? il faudrait entendre par là même trois états distincts. Je dois remarquer à ce sujet combien de locutions fausses se sont établies dans le langage. Tous les jours on parle de la nature au lieu de la Providence : tous les jours on emploie le mot peuple, en faisant abstraction du Roi et des grands : tous les jours on parle du monde ; et on n'entend pas par là le globe terrestre, mais seulement quelques salons et quelques coteries. On parle de même de plusieurs pouvoirs dans un État, encore que dans la réalité, et par la nature même d'un État, il ne puisse jamais y avoir qu'un seul pouvoir.

Je ne prétends point réformer de simples défectuosités de langage, lorsque ces défectuosités ne s'attachent à aucune grande erreur. Ici, au contraire, le vice de locution dérive d'un vice particulier de doctrine. Une prétendue habileté a fait imaginer que la séparation des pouvoirs était un élément essentiel de

toute bonne constitution. Des politiques ont
cru qu'un Etat, pour être parfaitement heureux, devait être mis en pièces. Une méprise
constante fait confondre les pouvoirs avec les
fonctions, et la distinction avec la séparation.
Dans l'organisation humaine, la tête est sûrement distincte du corps; lorsqu'elle en est
séparée, on sait ce qui arrive. Il y a vingt-
cinq ans que je m'élève, et toujours sans succès, contre cette erreur.

Une autre erreur non moins accréditée est
celle qui fait croire que les pouvoirs s'établis-
sent par des chartes. Je ne cesserai de le répéter: une Charte ne fait pas des pouvoirs; elle
les énonce. Ayez un Roi qui n'ait de pouvoir
que par la Charte, un Sénat qui n'ait de pouvoir que par la Charte, un Corps de Propriétaires qui n'ait de pouvoir que par la Charte;
vous n'aurez rien. La véritable constitution se
trouvera alors hors de la Charte dans les corps
quels qu'ils soient qui auront la puissance. Si
le Sénat romain exerçait la puissance législative, qu'on soit sûr que ce n'était pas en vertu
de telle ou de telle loi écrite. C'était, d'un
côté, comme juge souverain; d'un autre côté,
comme chef d'une hiérarchie de clientelle et
de patronage depuis long-temps instituée. Le

Parlement de Paris n'eut pas besoin de Charle pour participer à la puissance législative; il n'eut besoin que du pouvoir judiciaire.

Il est à cet égard une règle générale que j'ai énoncée précédemment, et que je dois encore rappeler : c'est qu'il faut être déjà puissance civile avant de pouvoir se présenter comme candidat pour la puissance politique. La génération de la puissance politique est forcément dans la puissance civile. C'est ce que nous voyons uniformément dans l'histoire des peuples; c'est ce que nous voyons positivement à la décadence de notre première race, lorsque le maire du palais eut été investi de la nomination aux emplois et du commandement des armées; c'est ce que nous voyons de même à la fin de la seconde race, lorsque, par d'autres causes, la puissance carlovingienne s'étant affaiblie, la puissance réelle vint à se trouver dans le duc de France. Il en a été de même au commencement de la révolution, lorsque Louis XVI, saisi d'un bon droit de *veto* par un morceau de papier qui s'appelait *constitution*, fut dépouillé effectivement de toute puissance pour protéger ce *veto*.

Des circonstances particulières, et surtout

le respect qu'on porte généralement à la personne de Louis XVIII, empêchent pour le
moment une application rigoureuse de ces
principes. Toutefois, à ne considérer les choses
que selon leur nature et dans la durée des âges,
je demande si des raisons semblables ne font
pas prévoir, dans le lointain, des dangers semblables. Je vois bien, par un article 13 de la
Charte actuelle, qu'*au Roi seul appartient la
puissance exécutive.* Dans le délabrement général de la France, lorsque rien ne tient ensemble, lorsqu'il n'y a, dans l'Etat, aucun
grand corps, je demande, si un tel Etat durait,
ce que deviendrait cet article ? L'article 14 de
la même Charte porte ces paroles : *La Chambre des Pairs fait partie essentielle de la puissance législative.* Sans corps de noblesse établi, sans aucune action hiérarchique sur les
grands corps judiciaires, je laisse à présumer
ce que pourra devenir la puissance législative
de la Chambre des Pairs.

L'article 47 porte : *Il y a une Chambre de
Députés qui reçoit toutes les propositions d'impôt.* Sans corps de noblesse établi, sans connexion intime avec la Chambre des Pairs,
sans un ordre judiciaire affermi, et un peu
d'ensemble dans les autres parties de l'Etat, je

laisse à penser ce que peut être une Chambre
d'individus isolés, appelés propriétaires.

J'en conclus qu'il n'y a aujourd'hui en
France aucun grand pouvoir politique ; car il
n'y a, suivant moi, aucune espèce de grand
pouvoir civil. Ce qui fait qu'il n'y a aucun grand pouvoir civil, c'est qu'il n'y a
aucune espèce de grande hiérachie. On a écrit
des pouvoirs : faites-les. Une Charte ne peut
être jamais qu'énonciative. Il en est de même
au surplus de toute loi. Ce n'est pas en vertu
de la loi que je suis majeur ou mineur : c'est
en vertu du développement supposé de mon
organisation morale ou physique. La fixation
de l'âge, par la loi, est un réglement d'ordre.
Il en est ainsi de la Charte : elle ne fait pas les
pouvoirs ; elle met de l'ordre dans l'action des
pouvoirs, dont le principe existe déjà.

CHAPITRE XXI.

De la Monarchie en France sous le Gouvernement représentatif.

———

A proprement parler, il n'y a, dans un Etat, qu'un seul grand pouvoir dont les autres découlent. Cette règle est aussi invariable pour les peuples libres, que pour les peuples esclaves; pour les monarchies tempérées, que pour les états despotiques; pour les aristocraties, que pour les républiques. A Constantinople, il n'y a pas plus de lois à faire que de religion à établir. Tout est réglé d'un côté par les mœurs, d'un autre côté par l'Alcoran. Le despote n'est jamais législateur; il n'est que juge. Il n'a aucun conseil à demander : rien n'est douteux. Il n'a non plus aucun impôt à demander : tout lui appartient. En France, où le Roi a des lois à faire et des contributions à demander, il faut, d'un côté, qu'il s'aide de la sagesse d'un conseil, pour la confection des lois, et du con-

sentement des propriétaires, pour la levée de
l'impôt, en même temps qu'il s'aide des magistrats pour porter les jugemens, et de la force
militaire pour les faire exécuter. Sous ce rapport, le Roi est en France l'origine de tout et
le principe de tout. Seul il fait les lois, seul il
porte les jugemens, seul il passe les actes, seul
il combat les attaques du dehors et les résistances du dedans. Pour remplir ces fonctions,
le Roi devient la tête de tous les grands corps,
ou plutôt de toutes les grandes hiérarchies de
l'Etat. La grande hiérarchie militaire, depuis
le maréchal de France jusqu'au simple soldat;
la grande hiérarchie judiciaire, depuis le chancelier jusqu'au simple huissier ; la grande hiérarchie des rangs, depuis le prince héréditaire
jusqu'au simple ouvrier ; la grande hiérarchie
de la science, depuis le chef de l'Université
jusqu'au simple étudiant : toutes ces hiérarchies ont le Roi pour premier moteur. Dans
toutes, il est le *mens* qui agite la masse, et
qui lui donne l'impulsion, en se mêlant à elle.
L'hiérarchie religieuse elle-même n'est point
exempte de son influence : tous les décrets
des conciles, des synodes, des évêques, n'ont
d'existence qu'avec lui et par lui.

Cependant pour recevoir et l'aide de la sa-

gesse nationale pour les lois, et l'aide des propriétaires pour l'impôt, comme le Roi ne
peut être en communication directe avec l'u-
niversalité des hommes sages, ni avec l'universalité des propriétaires, deux modes particuliers de représentation se forment et s'éta-
blissent ; l'un dans l'esprit de famille tendant
plus particulièrement à la conservation et à la
stabilité ; l'autre dans l'esprit individuel tendant plus particulièrement au changement et
au perfectionnement. Une Chambre des Députés est ainsi une représentation des intérêts
du moment ; une Chambre des Pairs, la représentation des âges.

Pour exercer chacune de ces fonctions, ou,
si l'on veut, leur pouvoir de représentation,
il ne suffit nullement que leur caractère soit
spécifié dans une charte, il faut qu'il ressorte
de la nature même des choses. Ainsi celle des
deux chambres qui est plus spécialement la
représentation des intérêts du moment, doit
être mobile comme le moment. Cette mobilité
est réglée par une bonne loi sur les élections.
Celle des deux chambres qui est plus spécialement la représentation des âges, doit être immuable comme les âges : elle est héréditaire.
Eminemment propriétaire, la force de la pre-

mière doit se tirer de sa connexion avec tout
le corps des propriétaires. Eminemment illustre, la force de la seconde est dans sa connexion
avec tout ce qui est illustre; sa puissance se tire
de tout ce qui a de la puissance. Tous les grands
officiers de l'Etat, par leur caractère d'officiers
de l'Etat, sont membres de la Chambre des Pairs.
Comme gardienne particulière de la stabilité,
le dépôt de la jurisprudence lui est particulièrement confié; elle forme, par sa nature, une
haute cour de révision , et remplit, à cet
égard, les fonctions actuelles de la Cour de
Cassation.

Quand ces deux Chambres, dont l'une est
une sorte de démocratie, et de plus la représentation de tout ce qu'il y a d'élémens démocratiques, et dont l'autre est une sorte d'aristocratie, et de plus la représentation de tout
ce qu'il y a dans l'état d'élémens aristocrati-
ques, sont ainsi formées, le Roi a dans ses
mains deux instrumens avec lesquels il peut
puiser dans le corps de la nation tout ce
qui lui est nécessaire en force et en sagesse. La
nation a à son tour deux remparts qui proté-
gent à jamais sa prospérité et sa liberté.

Ce n'est que pour me conformer au langage établi que je parle ici quelquefois comme

tout le monde, de trois grands pouvoirs. Ce
n'est de même que pour suivre l'ordre communément établi, que je les ai placés en première ligne. Comme ces pouvoirs n'ont d'existence que par leurs connexions avec les grandes masses de l'Etat; c'est d'abord vers ces
masses qu'il faut se tourner; c'est de leur organisation qu'il faut avant tout s'occuper.
Avant de planter l'arbre, il faut d'abord avoir
le sol, et ne compter sur des branches qu'autant qu'on aura obtenu des racines.

Ce n'est pas tout, comme ces masses auront
elles-mêmes des connexions avec d'autres
masses plus élémentaires, c'est, en dernière
analyse, vers ces élémens qu'il faut porter sa
première attention. Nous revenons, par cette
route, à la maison et à la cité; nous revenons
à la famille et à la propriété; nous revenons
à la bourgeoisie et à la noblesse; au rang des
personnes et à celui des possessions. Nous fai-
sons, comme autrefois, une manière particulière de posséder, pour ceux qui ont une
manière particulière d'exister. Nous revenons
aux substitutions, aux primogénitures, à re-
viser toutes nos lois de succession.

Sous ce rapport, il est permis de regarder
seulement comme provisoire ce fameux Code

de Napoléon, la plus misérable de ses institutions et de ses conceptions. On rendra, en nous en délivrant, un grand service à la chose publique : on fera aussi quelque chose pour la légitimité. Ce serait sûrement une puérilité de changer les lois napoléoniennes, si elles étaient bien entendues et bien ordonnées; mais, si elles sont mauvaises, n'est-ce pas un double profit pour la chose publique, d'avoir à effacer de mauvaises dispositions, et à démonétiser tout ce qui porte cette effigie. S'il est avantageux pour nos relations privées, pour la force et la stabilité des choses, que tout l'État entier soit dessiné sur le même plan, et marche dans le même mouvement, qu'attendons-nous? Comme les grands pouvoirs ont leur racine dans les pouvoirs inférieurs, ceux-ci dans le sol même de la famille et de la maison, en dernière analise, c'est à la constitution même de la famille que se rattache la grande constitution.

CHAPITRE XXII.

De la Religion et du Clergé.

———

Parmi les questions d'état qui sont aujourd'hui débattues, il n'en est aucune où la raison humaine me paraisse plus complétement égarée. La politique dirigeante me paraît s'appuyer des adages suivans : Point de société sans morale, point de morale sans religion, point de religion sans prêtres. De ces adages se développe la doctrine suivante :

« Lorsqu'une société est dissoute, c'est, « avant tout, le ministère du prêtre qu'il faut « réinstituer. Plus la société a été dissoute, « plus il faut donner au prêtre d'action et « d'exercice. De cette manière, on est sûr « d'avoir dans peu une religion, une morale, « une société parfaites. Or, pour réinstituer « le ministère du prêtre, et le mettre à même « d'avoir une grande action dans l'Etat, il « faut lui donner une grande consistance ci-

« vile, lui assurer une grande indépendance,
« lui rendre ses biens, ses honneurs, ses pri-
« viléges ; lui faire diriger l'instruction publi-
« que, et le mettre au premier rang, pour l'in-
« fluence dans tous les actes administratifs ci-
« vils et politiques ! »

Ce qui caractérise ce raisonnement, c'est
une perfection de sophisme par laquelle la vérité et l'erreur sont tellement fondues ensemble, qu'elles deviennent extrêmement difficiles à démêler. *Point de société sans morale*:
qui contestera ce principe ? Point de morale
sans religion : qui contestera cet autre principe ? Et ensuite point de religion sans prêtres:
ce principe n'est-il pas évident ? Si ces
principes sont tous évidens, il s'ensuit que
l'état social roule tout entier sur le ministère du prêtre, et que c'est à fortifier le ministère du prêtre que le gouvernement doit
s'occuper aujourd'ui.

Cet ensemble de doctrine une fois produit,
les prêtres, et avec eux tous les hommes religieux se sont efforcés de l'accréditer et de l'é-
tablir. Ils ont ébranlé l'opinion, et, avec elle,
une partie de la nation. J'ai mis une grande
attention à observer comment les adver-

saires de cette doctrine la combattaient : ils
ne s'en sont pas donné la peine. On a laissé
passer toutes les majeures : on ne s'est attaché
qu'à repousser les conséquences. Quelque
jalousie de la part de l'autorité, et surtout de
ses dépositaires inférieurs ; une inquiétude
générale dans le corps des citoyens, qui ne
s'embarrassant point des principes, ont été
effrayés de la supériorité d'une classe, et de
l'exagération de quelques prétentions individuelles ; un repoussement général pour
des habitudes antiques et pour le retour d'une
ancienne domination depuis long-temps
effacée ; les connexions de ces prétentions,
avec les prétentions de la noblesse et la crainte
d'une confédération entre elles : c'est ainsi
que la doctrine du clergé, qui n'a été d'ailleurs ni franchement combattue, ni franchement avouée, a été pleinement repoussée.
Essayons de l'examiner et de la discuter.

Remarquons d'abord que, selon la série
des adages énoncés plus haut, il semble que
ce soient les prêtres qui vont refaire la religion, qui ensuite referont la morale, et qui
enfin, au moyen de la religion et de la morale, referont la société. Le point de vérité
de ce sophisme, c'est qu'en effet la morale est

nécessaire à la société; que la religion est nécessaire à la morale, et que la religion et la morale se servent très-utilement du ministère du prêtre. Le point de fausseté est que le prêtre fasse la religion : c'est au contraire la religion qui fait le prêtre. Le point de fausseté est que la religion crée la morale : la morale existe indépendamment des lois religieuses, comme elle existe indépendamment des lois civiles; mais elle a besoin et des lois civiles et des lois religieuses, pour prospérer et se maintenir. On dit quelquefois que le magistrat rend la justice : on n'a jamais dit qu'il la faisait. De même ce n'est pas le médecin qui crée la médecine : c'est la médecine qui crée le médecin.

Cette distinction a plus d'importance qu'on ne pourrait le croire. Si une nation est entièrement religieuse, donnez-lui des prêtres, et à ces prêtres autant d'avantages que vous voudrez; elle se complaira à vos dons; elle aimera ses prêtres à cause de sa religion. Mais si une nation n'est point religieuse, et que vous lui donniez des prêtres, et à ces prêtres une existence et une autorité exagérée, elle s'impatientera; elle se révoltera.

Dans les temps anciens où, d'un côté, l'au-

torité était excessive, d'un autre côté la dépendance extrême, la dépendance religieuse
se présentant en adoucissement de l'une et de
l'autre, fut souvent accueillie. Le peuple se
complut à un joug sous lequel il vit en même
temps le Roi et les grands. Aujourd'hui ce
sont au contraire les grands qui semblent invoquer ce joug pour le peuple. J'entends de
toutes parts le souverain invoquer la religion
pour l'obéissance de ses sujets; le magistrat, pour
l'obéissance de ses subordonnés; le propriétaire, pour l'obéissance de ses ouvriers; l'é-
poux, pour l'obéissance de sa femme; le père,
pour l'obéissance de ses enfans : c'est-à-dire
de partout on veut créer une dépendance,
non pas pour soi, mais pour les autres; de
partout on parle de créer une dépendance
nouvelle pour un peuple qui les a repoussées
toutes.

La piété est sûrement nécessaire à la société;
mais, comme toutes les choses d'un certain
ordre, elle doit ressortir de son ordre propre.
Ici, au contraire, on prétend la créer par une
sorte d'industrie. Nous avons des machines
pour filer la soie, le coton, pour toutes sortes de métiers. On semble regarder le prêtre
comme une machine religieuse. La piété en

soi n'entre pour rien dans ce plan : on compte
rendre le fils pieux par l'autorité du père ; le
père, par l'autorité du magistrat ; le magistrat,
par l'autorité du Roi. Dans ce plan, tantôt le
prêtre sera instrument de la loi, tantôt la loi
sera instrument du prêtre. Le monde, si réprouvé dans l'Evangile, s'y trouve sanctifié.
Les choses du Ciel et les choses de la terre seront sans cesse mêlées. On enverra l'homme
de Dieu dans nos colléges, faire expliquer à nos
enfans le *malo me Galatea petit* de Virgile. On
verra des évêques et des archevêques en sou-
tane retroussée, dans nos grands chemins,
examinant si les routes sont bien soignées ; le
cailloutage et les autres matériaux bien disposés.

Au nom de Dieu ! détournez-vous : sur cette
ligne vous vous égarez. Les craintes de la vie
présente et celles de la vie à venir sont sans
doute d'une grande importance dans les tempêtes des passions : l'une et l'autre sont surtout nécessaires pour marquer le crime avec
un sceau hideux. Mais la morale, celle qui
s'établit dans les rapports habituels de la vie,
par nos sentimens d'équité et de bonté, a-t-elle
besoin, pour se former en nous, de ces mena-
ces et de ces appareils ? Est - ce en vertu de

quelque précepte, ou du Code, ou du Deuté-
ronome, qu'une mère allaitera sa fille, qu'un
père chérira sa femme et son fils? Est-ce à
cause du précepte *non occides*, que vous et
moi nous ne sommes point meurtriers? Même
en ce point, c'est-à-dire au milieu des plus
douces affections humaines, la religion se pré-
sentera sans doute pour énoblir nos joies,
comme pour nous consoler dans nos maux.
Toujours elle anime, elle entretient, elle pro-
tége; mais son rôle, à cet égard, est assez beau:
faut-il le dénaturer ou le changer?

Dans quelque sphère que ce soit, toutes les
fois que les hommes, leurs mouvemens, leurs
besoins, leurs rapports habituels sont établis,
il est impossible que quelque chose, comme
de la morale, ne s'établisse avec eux. Observez ce qui se passe dans tous les rassemble-
mens nombreux, même dans de simples ate-
liers de manufacture, la police qui s'y établit
de soi est toujours juste, quelquefois sévère.
Recomposez la maison, la famille, la corporation; sur les autres lignes, mettez dans un ordre de mouvement sage les intérêts des pères
de famille et des citoyens, et vous verrez comment la morale saura s'y produire et s'y établir. Vous verrez comment la religion viendra

à son tour, pour appuyer et honorer la morale. Faites alors, pour le ministre de la religion, tout ce qu'il conviendra de faire. Souvenez-vous toutefois que, dans nos choses civiles, un prêtre y sera trop, s'il y entre comme prêtre. S'il perdait une fois sa dignité de prêtre, il ne serait pas assez alors; car il ne serait rien. Observez de plus que, pour faire ressortir la religion de ces vases, il faut auparavant les remplir de religion. Ce n'est pas dans un amas de mondanité et de frivolité que vous puiserez les choses du Ciel. Des prêtres sequestrés de la société et réunis dans des temples en collèges particuliers, seront d'autant plus recherchés, qu'ils ne rechercheront pas; ils auront d'autant plus les respects, qu'ils ne les demanderont pas. Dirai-je tout? On veut qu'ils aient des richesses : ils en auront d'autant plus qu'ils ne les désireront pas.

FIN DE LA TROISIÈME PARTIE.

QUATRIÈME PARTIE.

De la Session actuelle de 1817 à 1818.

AVERTISSEMENT.

Sı cet Ouvrage avait été imprimé au moment où je l'ai livré au libraire, je pourrais actuellement me contenter d'observer avec attention la session présente, et préparer à mon aise, s'il le fallait, un travail qui, soit pour le fonds, soit pour les formes, aurait été mûri par une longue méditation. Emporté par la vivacité d'un intérêt qui s'attache toujours de préférence aux choses du moment; commandé en outre par l'importance des questions qui

ont été traitées, et le danger des doctrines
qu'elles ont donné lieu de manifester, d'un
côté je ne puis éviter d'entrer dans une lice
qui a tant de rapports avec celle que je viens
de parcourir, et qui justifie à un si haut degré
mes premiers pronostics; d'un autre côté, je ne
puis me dissimuler que mon travail pourra
porter l'empreinte d'un peu de précipitation.
Sans vouloir m'absoudre d'une incorrection
toujours défectueuse, j'espère au moins qu'elle
ne se montrera que dans la rédaction, et que
le fonds des vues, leurs connexions, et le tableau entier que j'ai à présenter n'en recevra
aucune atteinte.

Dans ce tableau, si quelque contraste se
fait apercevoir, si les nuances en paraissent
quelquefois non-seulement diverses, mais
opposées, qu'on sache d'avance que c'est la
faute du temps, et non pas la mienne. Au
moment où j'ai commencé, le feu était à la
maison du côté de la France ancienne; depuis
quelque temps, le feu est au pavillon opposé,
c'est-à-dire du côté de la France nouvelle.
Il a fallu dès lors que je fusse des deux
côtés.

Ce n'est pas d'aujourd'hui qu'on peut remarquer cette alternative de flux et reflux qui,

portant les choses tantôt dans un sens, tantôt dans un autre, ne laisse aucune direction stable, aucune fixité possible. L'Assemblée constituante établissant son club de 1789 entre deux partis extrêmes, frappant sur le peuple au Champ-de-Mars et à Nancy, en même temps qu'elle frappait les aristocrates sur d'autres points, donna le premier spectacle de ce mouvement de bascule que la Convention fut obligée de reprendre après la mort de Roberspierre, que le Directoire emprunta ensuite de la Convention, que Bonaparte emprunta lui-même du Directoire, et dans lequel le Gouvernement d'aujourd'hui est accusé de chercher de nouveau son salut, à l'exemple des Gouvernemens précédens.

J'espère montrer bientôt (je ne sais si ce sera avec la force de conviction qui est en moi) comment, faute de base sociale, cette oscillation est devenue inévitable. Elle tient, d'un côté, à cette persistance opiniâtre qui fait qu'on s'obstine à vouloir fixer des mouvemens sur un sol essentiellement fuyant et mobile; elle tient, d'un autre côté, à la position d'un Gouvernement qui, obligé, ne pouvant marcher seul, de s'appuyer sans cesse d'un parti contre les fureurs d'un autre parti,

s'est mis dans la nécessité de les appeler successivement à son secours, pour n'être à la
discrétion d'aucun.

Dans cette position, tant qu'on la conservera, j'ai annoncé qu'il n'y avait de possible
en France ni monarchie, ni république, ni
légitimité, ni illégitimité. J'ai annoncé qu'on
ne pourrait faire, ni exécuter aucune loi. Je
puis appeler en témoignage la session derniere.
On sait de quelle manière a passé la loi sur les
élections, et quelles transes elle a données
ensuite pour son exécution. Ça n'est pas fini.
On a vu la première série; on verra la seconde
et les suivantes.

J'appelle actuellement en témoignage la
session présente. On sait avec quelle peine les
ministres ont pu, dans la loi sur la liberté de
la presse, conserver le champ de bataille à
la Chambre des Députés, et comment ils l'ont
perdu à la Chambre des Pairs. *La loi sur le
recrutement a passé sans doute à la Chambre
des Députés; elle passera probablement à
l'autre Chambre* *. Sans les modifications des
écoles militaires spéciales, qui sont dues à la
sagesse du Roi, je pourrais affirmer que cette

---

* On voit que ceci a été écrit au moment où la loi a
été portée à la Chambre des Pairs.

loi serait inexécutable; avec ces modifications, je ne suis pas sûr qu'elle soit exécutée.

Il y a une bonne raison pour que la France ne puisse avoir de lois; c'est que des lois reposent toujours sur une base quelconque. Ici la base n'existe pas; ou, ce qui est la même chose, elle est contestée par tous les partis. C'est ce qu'a aperçu, avec la supériorité d'esprit et de sagacité qui le caractérise, M. le baron de Barante, lorsqu'il a observé qu'on ne pouvait présenter de lois aujourd'hui en France, sans que *les premiers principes des choses, les théories sociales, se trouvassent livrées aux disputes des hommes.*

Cette situation, avec toutes ses circonstances, la marche à laquelle est entraîné le Gouvernement à raison de cette situation, le contraste de sa tendance actuelle avec sa tendance passée; l'impulsion qui a déterminé cette tendance, l'impulsion qui en déterminera bientôt une nouvelle, la crise funeste que causerait une obstination absolue pour demeurer dans la voie présente, ou même un trop grand retard à l'abandonner, tels sont les points extrêmement importans qui sont dans ma pensée, et que j'ai malheureusement si peu de temps pour tracer.

Par surcroît de malheur, je ne trouve pour me diriger aucune route tracée. J'ai lu attentivement les discours de cette session : ils sont très-beaux de style et d'éloquence ; mais dans celle-ci, comme dans la précédente, les orateurs ne se sont pas occupés un moment à établir les questions. Une audience où les avocats, de part et d'autre, s'entendraient pour ne jamais dire un mot de l'affaire ; telle a été la session actuelle. Jamais la parole n'a été mieux l'art de déguiser la pensée.

Comme j'ai à faire disparaître ce manége, comme j'ai à donner le mot d'une multitude d'énigmes auxquelles les étrangers, qui nous observent, ne comprennent rien, la France elle-même peu de choses ; au milieu de ces ruses et de ces contre-ruses, de ces attaques vraies et de ces attaques feintes, il m'est indispensable de mettre d'abord en lumière les motifs secrets que de part et d'autre on a voulu tenir dans l'ombre. Je tâcherai de placer mon lecteur dans un point convenable de perspective. Il verra alors, et il jugera.

CHAPITRE PREMIER.

De l'impression générale sur la tendance actuelle du Gouvernement.

———

Pour juger de la tendance actuelle du Gouvernement, il faut commencer par la comparer avec sa tendance précédente : j'entends par là la direction qu'il avait prise au début de la seconde Restauration. Qu'on me permette l'hypothèse suivante.

Me trouvant à Sèvres, sur la grande route, j'aperçois un homme à cheval, se dirigeant au grand galop de l'ouest à l'est. Il est possible que cet homme s'arrête, et revienne sur ses pas. Cependant, ma première impression est qu'il va à Paris. Le moment d'après, j'aperçois un autre homme se dirigeant avec la même vitesse de l'est à l'ouest : il est possible de même que cet homme s'arrête en route : toutefois, à sa direction et à son train, je juge qu'il va à Versailles.

Avec sa double marche de 1815 et de
1818 , le Gouvernement a fait en France
la même impression. Lors de la session de
1815, on l'a vu aller au grand galop dans
une certaine direction ; on en a conclu qu'il
allait à la contre-révolution , à l'ancien régime, ou, ce qui exprime aujourd'hui tous
les fléaux réunis, à la *féodalité :* depuis on
l'a vu avec sa loi d'élection et celle du recrutement, tourner bride vers le côté opposé.
Je suis convaincu pour mon compte qu'il s'arrêtera en route ; je crois même que ça ne tardera pas. Je ne dirai donc pas qu'il va à la
révolution ; je dirai seulement qu'il va de ce
côté, et qu'il va vite.

Dans les deux cas, si on s'en tient seulement aux apparences, on est sûr de se tromper. En 1815, lorsque le Gouvernement allait
d'un certain côté, il n'allait ni ne voulait aller
à la contre-révolution : aujourd'hui, en se
dirigeant en apparence vers le côté opposé,
il ne veut pas aller davantage à la révolution.
Voici ce qu'on peut affirmer avec vérité. Si,
en 1815, le Gouvernement avait cédé à l'impulsion violente qui le dirigeait, il aurait été
dans cette direction plus loin qu'il n'aurait
voulu : emporté aujourd'hui dans une direc-

tion contraire, si la nouvelle impulsion venait à le maîtriser, il irait dans cette direction plus loin qu'il ne faudrait.

CHAPITRE II.

Comment le Gouvernement a été porté dans cette direction.

IL faut commencer par observer qu'il y a en France deux lignes principales de Gouvernement ; l'une dans la direction de la France ancienne, l'autre dans la direction de 'la France nouvelle. En suivant la première ligne, si on est sage, la France ancienne aura la prépondérance ; la France nouvelle sera seulement appelée dans ses cadres pour y prendre une place honorable et convenable. En tenant la seconde ligne, la prépondérance se placerait dans la France nouvelle ; la France ancienne serait seulement admise dans ses rangs accessoirement et hospitalièrement. L'inconvénient du premier parti est de faire craindre à la France le retour de l'ancien régime, c'est-à-dire la contre-révolution et le bouleversement de toutes choses. L'inconvénient du second parti est de faire craindre dans divers cas le retour de la révolution ou de quelques dynasties usurpatrices.

On peut regarder comme certain le raisonnement suivant. Si c'est la France ancienne qui devient prédominante, Louis XVIII et nos Princes légitimes forment naturellement la tête de cet ordre de choses : ils en sont en quelque sorte le complément ; si, au contraire, c'est la France nouvelle qui est prédominante, on doit craindre qu'un corps tout entier sorti de la révolution ne finisse par appeler une tête sortie de la révolution.

Cependant si tout est danger dans ce dernier parti, tout n'est pas salut dans le précédent. En marchant dans la ligne de la France ancienne, pour peu que par la faiblesse du Gouvernement, ou par sa maladresse, la contre-révolution se montre en perspective, on doit s'attendre qu'à la première occasion *le mécontentement éclatera : c'est ce qui est arrivé une fois, et ce qui serait arrivé peut-être de nouveau, si on avait suivi plus long-temps la direction de 1815.*

Que la France ancienne ne fasse point à ce sujet de reproche au Gouvernement. Dès les premiers momens de la seconde Restauration,

Louis XVIII s'est placé pleinement et franchement dans la ligne de la France ancienne.
Si les meneurs de l'assemblée de 1815 avaient
voulu le permettre, le Roi tiendrait encore
aujourd'hui cette ligne; mais ces hommes mal-
avisés n'ont pas voulu amener à eux la
France nouvelle; ils n'ont pas voulu, avec
des liens doux et honorables, la captiver et
l'attacher. Ils ont montré l'intention de la ga-
rotter et de la subjuguer. Au lieu de tempérer
le déploiement de la force, ils en ont affecté
l'éclat. Au lieu d'énoncer franchement leur
volonté, ils l'ont dissimulée. Ils ont ainsi ins-
piré la crainte : ils ont effrayé la nation ; ils
ont effrayé le Roi lui-même. La dissolution
de l'assemblée et l'Ordonnance du 5 septembre
sont devenues inévitables.

Échappé aux dangers de la France ancienne,
le Gouvernement a trouvé d'autres dangers
dans la ligne de la France nouvelle. Son premier soin a été de former une démocratie raisonnable, à l'effet de se défendre d'une aristocratie exagérée. Il a médité et développé
dans cette vue sa fameuse loi des élections.
Dès le premier moment il s'est aperçu que la
démocratie qu'il venait d'élever n'était pas plus
raisonnable que l'aristocratie qu'il venait d'a-

baisser. Le mouvement nouveau des élections
a paru menaçant. Avec beaucoup de peine on
est parvenu à s'en rendre le maître.

On n'a vu que le début. Toutes les fois
qu'on se place dans la France nouvelle, on
est sûr d'avoir devant soi deux rages; l'une de
liberté jusqu'à la licence, l'autre d'égalité jusqu'au nivellement. Obsédé par ces deux dé-
mons, le Gouvernement a cru devoir se servir
de l'un pour enchaîner l'autre. Afin de faire
passer sa loi sur la liberté de la presse, il a
montré dans le lointain sa loi sur le recrutement. Les constitutionnels de 1791 avaient
mis de même leur levier dans l'égalité, à l'effet
de dominer la licence.

Il n'est pas indifférent de remarquer comment, dans toutes les grandes occasions, la
noblesse en France se trouve en scène. Ce sont
tantôt ses biens, tantôt ses honneurs. Quand
les temps sont mauvais, ce sont les échafauds;
quand ils se radoucissent, c'est seulement le
pilori. D'une manière ou d'une autre, c'est
toujours elle qu'on apporte comme victime,
et qu'on offre en sacrifice.

C'est toujours sans succès. On croit en avoir
fini envers un certain parti, en l'enivrant d'é-
galité, il porte cet enivrement vers la liberté.

On veut d'abord les honneurs ; on veut en‑
suite le pouvoir. Le Gouvernement se trouve
ainsi placé entre une partie de la France qui
est opprimée et qui est mécontente, et une
autre partie qui est comblée et qui n'est pas
satisfaite. Les uns s'impatientent de ce qu'il ne
peut empêcher ; les autres de ce qu'il ne peut
faire. Tous finissent par le haïr : les uns pour ce
qu'il fait, les autres pour ce qu'il ne fait pas.

CHAPITRE III.

Des maximes politiques que la loi de recrutement
a donné occasion de manifester.

———

Ou je me trompe beaucoup, ou nous sommes
en mer, et nous allons vite. J'ai montré
la direction ; on aperçoit les voiles : je vais
faire connaître le vent.

Discours du Roi. « J'ai fait rédiger, con-
« formément à la Charte, une loi de recrute-
« ment. Je veux qu'aucun privilége ne puisse
« être invoqué, que l'esprit et les dispositions
« de cette Charte, notre véritable boussole,
« qui appelle indistinctement tous les Français
« aux grades et aux emplois, ne soit pas illu-
« soire, et que le soldat n'ait d'autres bornes
« à son honorable carrière, que celle de ses
« talens et de ses services. »

— Il faut prendre garde de ne pas se trom-

per sur ce discours. Renfermé dans son véritable sens, il est ce qu'il doit être. L'établissement des écoles spéciales militaires, et les
avantages qui y sont attachés ne laissent aucun
doute sur les intentions du Roi. En examinant
ensuite les diverses doctrines qui ont cherché
à s'y grouper, on comprendra comment les
commentateurs ont abusé du texte.

Adresse de la Chambre des Pairs. (Cette
adresse est très-remarquable. Elle est en deux
parties). « Ils se rappellent toujours qu'une
« politique magnanime a réuni les souverains
« vos alliés contre ces doctrines pernicieuses
« qui, d'un bout de l'Europe à l'autre, mena-
« çaient les anciennes dynasties et la société
« tout entière. » (Voilà pour la France ancienne.)

« Des circonstances favorables rappellent
« une loi sur le recrutement. Cette loi, qui
« n'admettra d'autre distinction que le talent
« et le service, était vivement désirée par la
« valeur française. C'est surtout dans cette
« carrière que le partage des mêmes dangers
« justifie l'ambition des mêmes honneurs. »

(Voilà pour la France nouvelle.)

Discours du ministre de la guerre. « La milice était autrefois la conscription frappant sur une seule classe de citoyens. C'était la conscription, sauf l'égalité..... quand tous les Français n'avaient ni les mêmes droits, ni les mêmes devoirs..... »

M. le commissaire du Roi. « La loi du recrutement dérive avec évidence et nécessité de l'état actuel de la société, de l'ensemble des habitudes et des intérêts, du point de civilisation où nous nous trouvons. De tout temps il a été reconnu que tous les citoyens ont le devoir de défendre leur patrie, et qu'ils peuvent, à un titre égal, être appelés à remplir ce devoir sacré..... Lorsqu'il a été dit et écrit que tous les Français étaient citoyens, à un titre égal intéressés à l'indépendance et à l'existence du pays, ils ont paru à un titre égal être appelés à le défendre. »

— J'avoue que je n'aime pas la couleur de ces doctrines ; mais je n'aime pas non plus la grêle ; et pourtant j'aime et je respecte Dieu qui l'envoie. Il est dans les vues de la Providence des desseins secrets qui lui font mettre le mal lui-même au service du bien. La France est dans une position difficile au dehors ; au

dedans elle est pleine de corruption. Le cul-
tivateur de nos montagnés sème dans le fu-
mier ; *les Gouvernemens sont obligés, de
même, de semer souvent dans nos vices.* Il
peut être dans leurs vues, comme dans celles
de la Providence, de faire sortir le bien du
mal même.

Je passe aux orateurs de l'assemblée.

M. Jourdan, conseiller d'Etat. « Il était
inévitable que ces dispositions du projet portant une nouvelle et profonde atteinte à tout
le système de *l'antique inégalité*, allant en
quelque sorte le forcer dans ce dernier asile,
où il s'était retranché, et d'où il espérait ressortir peut-être pour reconquérir son empire
perdu ; il ne s'élevât une vive clameur de la
part de préjugés obstinés à défendre un tel
système..... Ceux qui ont servi dans les troupes
de notre ancien régime ne se souviennent-ils
pas de ce qu'ils ont aperçu ?..... Quel esprit
d'égalité fière régnait au sein de la caste privilégiée ? Eh ! bien, messieurs, ce qu'étaient
alors un petit nombre, tous le sont aujour-
d'hui. Ces leçons d'honneur qui se rencontraient au milieu d'eux ont été partout répan-

dues, partout comprises..... Anciens nobles, non, vous n'êtes pas descendus ; mais d'autres Français sont montés jusqu'à vous. Tout militaire s'est reconnu gentilhomme ; tout grenadier a trouvé son titre sur son sabre. Chacun a dit : Et moi aussi, je revendiquerai mon droit ; et le point d'honneur d'une caste est devenu l'honneur de la nation tout entière. »

M. Bignon. « Un indigénat constituait seul autrefois la nationalité des armées. Cette nationalité dépend en outre aujourd'hui de deux autres conditions non moins nécessaires : le concours de tous les citoyens sans exception à la défense de la patrie, l'admissibilité effective de tous à tous les grades, sans autre distinction que celle des talens et des services. Ces conditions sont un des besoins et un des produits du siècle ; ce sont des nécessités créées par la puissance du temps, par le changement de la condition des hommes, par les formes nouvelles du corps social. Aussi le principe en a-t-il été posé dans la Charte ; et les titres 2 et 6 du projet ne font que déterminer le mode de son application. »

M. Royer-Collard. « La Charte déclare les Français égaux devant la loi. En vertu de la

Charte, c'est donc le sort, ministre de l'égalité, qui présidera au recrutement. » (Voyez aussi les discours sur les amendemens.)

M. le comte Beugnot. — Je ne me souviens pas bien du texte de ses paroles ; mais j'en ai très-bien retenu le sens. Surtout je n'oublierai pas : « qu'il ne faut jamais mettre les intérêts d'une nation en balance avec ceux du petit nombre. » Avec une telle doctrine, gare, non-seulement aux nobles de tous les pays, mais encore à tous les riches, à tous les grands, à tous les rois.

M. le comte de Bondi. « On affecte de craindre que l'égale admission des Français à tous les emplois militaires ne fasse parvenir jusqu'aux emplois supérieurs des officiers qu'une éducation perfectionnée n'y aurait pas préparés de longue main ; et si l'on *osait* dire toute sa pensée, on avouerait qu'on ne repousse le mode d'avancement par ancienneté, que pour réserver les honneurs et les avantages du commandement à une classe dont on veut supposer l'éducation plus distinguée. »

M. de Courvoisier. « Que de gloire nous

fut ravie depuis un siècle par ces préjugés ennemis qui comprimèrent le généreux élan de
notre nation ! Un corps nombreux capitule à
Minden ; et *la Jeunesse*, simple caporal du
régiment de Lyonnais, rassemble quinze cents
hommes, se met à leur tête, et se fait jour à
travers les rangs de l'ennemi. *L'Alley*, simple
sergent, forma et disciplina les armées d'Hy-
der-Aly-Khan. Il lui bâtit des forts ; il lui créa
des flottes....... Que de *la Jeunesse*, que de
l'Alley l'uniforme cachait dans nos rangs ! Et
ces trophées, qui depuis vingt ans ont couvert de leur immortel éclat les ruines et les
armes de notre patrie, par quelles mains fu-
rent-ils dressés ? »

Le général Brun de Villeret. « C'est de
cette classe (la bourgeoisie) que sont sortis
les Kléber, les Desaix, les Lannes, les Pichegru, les Moreau ; c'est celle qui est la
plus nombreuse, et qui fournira par conséquent le plus d'hommes de mérite, si on
prend la peine de les y aller chercher. »

— Il serait inutile de multiplier les cita-
tions. Si on ne voit pas la volonté d'un parti
dans toute son étendue, on en voit au moins

la couleur. On voit de quels commentaires a
été suivi le discours du Roi ; comment se
montre et se dérobe en même temps au milieu
de ce fonds de pensée beaucoup d'autres pensées et beaucoup d'autres commentaires.

CHAPITRE IV.

Impression qui résulte au premier abord de l'ensemble de ces doctrines.

I<small>L</small> n'est personne qui n'ait entendu parler d'une certaine thèse présentée en Sorbonne vers le milieu du siècle dernier, par un jeune ecclésiastique. Cette thèse a été assez fameuse : elle a valu à son auteur des persécutions en France ; et, au dehors, la faveur d'un grand souverain. On sait que cette thèse qui, avant d'être imprimée, avait subi les censures ordinaires, était au fond l'irreligion, l'impiété, l'athéisme ; mais comme au temps d'*Arius*, où l'on connaissait déjà l'art d'approcher l'erreur de la vérité, de manière à lui en donner l'apparence, les expressions avaient été tellement ménagées, les apparences tellement soignées, que les censeurs n'y voyant qu'un sujet ordinaire de disputation scolastique, lui avaient donné franchement leur approbation. Cependant un Franciscain plus avisé, démêlant, le fond d'impiété qui était caché dans cette thèse, et craignant de s'engager avec désavantage dans l'arène telle qu'elle était préparée, jugea à propos d'abandonner les formes ordinaires de l'argumentation. Le voilà qui se lève ; et, après avoir fait le signe de la croix, il se met à réciter, depuis le commencement jusqu'à la fin, le symbole de foi consacré dans l'Eglise chrétienne. Il signala ainsi à l'assemblée une œuvre impie qui avait déjà surpris la faveur.

Après avoir produit le corps de doctrine qu'on a vu dans le chapitre précédent, je me trouve dans une situation toute semblable. Remarquons que ce ne sont point ici seulement quelques intérêts de la révolution qui sont en scène ; ce ne sont point quelques résultats acquis et passagers, résultats que j'ai recommandés, en quelques cas de consacrer, en d'autres cas de tolérer. Disons-le franchement, c'est le renversement de toute société parmi les hommes ; *c'est la révolution toute entière à sa proie attachée.* Si on persiste, on peut recommencer à écrire sur nos édifices publics, *liberté, égalité, fraternité,* ....

Je ne puis avoir de doute sur le caractère

ces doctrines : je les repousse de toute ma pensée, comme quelque chose de funeste et de hideux. J'y vois les restes impurs de Péthion et de Robespierre, de Couthon et de Marat; et c'est en cela que j'éprouve au-de-dans de moi un embarras que je ne saurais ex-primer.

Que ces maximes odieuses demeurent éter-nellement associées à des noms odieux : il y a, à cet égard, une sorte d'accord; mais que ces maximes, produites par la révolution, et que je devais croire englouties avec elle, reparaissent aujourd'hui sur la scène, avec l'appui de noms justement respectés; que des hommes qui sont le lustre de la France, par leur noble caractère, autant que par leur beau talent, soient vus se traînant à la suite des anciennes ordures de la Convention, la confusion qui se fait en moi, de mon respect pour les personnes, et de mon horreur pour les choses, me jette dans une sorte d'acca-blement.

C'est ici que je dois encore prémunir le lec-teur contre une double impression qui lui fe-rait ou adoucir son horreur pour les doctrines, à cause de son respect pour les hommes, ou porter aux hommes même la haine qu'inspi-

24

rent les doctrines. Ces deux impressions seraient également fausses; et c'est là une des
plus grandes difficultés de conduite de nos
temps actuels, d'avoir sans cesse à séparer des
hommes qui sont bons, de leurs doctrines qui
sont perverses.

Je n'ai cité que des orateurs de la session
présente : je vais citer un orateur des cent
jours. J'étais dans cette assemblée, au moment
où M. Carnot se leva, et prononça ces paroles : « La grande question est posée; il s'agit
« de savoir si les peuples seront libres, ou es-
« claves d'une poignée de familles privilé-
« giées. » Aussitôt un trépignement universel
de l'assemblée : *C'est cela! c'est cela!* Qu'on
y fasse bien attention : c'est avec cette doctrine qu'on revient du régicide; c'est avec
cette doctrine qu'on y va; avec cette différence toutefois que ceux-ci, avec étourderie
ou atrocité, poursuivent leur chemin jusqu'au
bout; les autres reculent et fuient au moment
où l'échafaud qu'ils ont fait élever se montre à
leurs yeux.

Cependant le lecteur ne se contenterait pas
ici de mes anathèmes. Quelque désavantage
que je puisse avoir avec des athlètes d'une si

grande supériorité, il m'est indispensable de reprendre de nouveau, avec le secours du raisonnement, un examen dont je croyais que les malheurs de la révolution devaient me dispenser.

CHAPITRE V.

Quelques considérations préliminaires.

———

JE viens de signaler un corps de doctrine dé-
testable : trouverez-vous dans le parti opposé
quelque attention à le repousser ? Pas la
moindre. Nous avons de beaux discours de
M. de Bonald et de M. de Villèle : on aperçoit une grande colère dans MM. de Salabery
et de Causans; ailleurs on trouve des détails très-
bien entendus d'administration et de recrutement, pas un mot de cette grande impiété politique qui, en se mettant sur la trace des anciennes lois d'abolition de dettes et de partage
des terres, cherche, au moyen de l'enivrement des classes inférieures, à les porter, aujourd'hui comme autrefois, à tous les excès et
à tous les désastres.

Des détails d'administration et de recrute-
mens! C'est bien de cela qu'un certain parti

est occupé! Toutefois, en lui imputant des desseins contre le Roi et contre le trône, on se tromperait tout-à-fait; il ne s'occupe que d'une seule chose, qui est de conserver la révolution. On n'a pu y parvenir avec Robespierre; on n'a pu y parvenir avec le Directoire; on n'a pu y parvenir avec Bonaparte: on espère être plus heureux avec le Roi légitime. On assure que le bonnet rouge, qui fut mis un moment sur la tête de Louis XVI, est conservé : on désirerait en mettre un petit morceau sur la couronne de Louis XVIII. Voilà franchement ce que veut un certain parti.

Cependant, plus un tel plan se dessine avec évidence, moins il est permis à d'honorables citoyens de le dissimuler et de le négliger. Observons qu'une loi, en soi peut être moins fâcheuse que le bruit de doctrine et une sorte de dénonciation dont elle est accompagnée. Il est absolument nécessaire de les signaler et de les combattre : sans cela l'opinion toute entière peut s'égarer. La doctrine qui a déterminé la loi, ayant toujours l'air d'être décrétée avec la loi, il faut repousser la doctrine, même quand on est sûr qu'on ne pourra pas repousser la loi.

Cela me rappelle l'Assemblée Constituante. Dans ce temps, comme aujourd'hui, on n'abattait pas tous les jours : on se contentait de saper. Des pans de l'ancienne monarchie se mettaient à tomber comme d'eux-mêmes, sans qu'on vît la main qui les renversait. Les Calchas de ce temps, qui se préparaient à nous immoler, nous tenaient soigneusement en réserve ; en attendant, des décrets peu importans en apparence, mais toujours accompagnés des bravos et des insultes de nos ennemis, avaient tellement accoutumé les peuples à nous croire vaincus, que ce fut presque une vaine formalité ensuite de nous attaquer. C'est ainsi que la noblesse, la magistrature, le clergé, et bientôt le Roi lui-même ont disparu.

Mon intention n'est pas encore d'entrer dans le détail des doctrines qui ont déterminé la loi de recrutement; ce que j'y vois seulement au premier abord, c'est un principe d'égalité rigoureuse tiré des articles 1er et 3 de la Charte.

Pour ce qui est de l'art. 1er, il y est dit que *les Français sont égaux devant la loi*, mais seulement devant la loi. Il ne s'agit pas ici d'égalité de titres, ni d'égalité de rangs, puisque le même article ajoute, *quels que*

soient d'ailleurs leurs titres et leurs rangs.
Je vois de plus à l'article 71 de la même
Charte, que le Roi accorde *des rangs et des*
honneurs.

Pour ce qui est de l'article 3, il porte que
tous les Français sont également admissibles
aux emplois civils et militaires. La règle d'a-
vancement qu'on a voulu faire dériver de cet
article porte que des citoyens, dans telle position donnée, seront *forcément* admis. C'est
changer la disposition de la Charte.

Je devine comment le Gouvernement a
pu être amené à caresser certaines vanités.
Je doute que ce soit une politique sage que
de flatter ainsi nos vices. Voilà un premier
grief qu'il ne fallait pas dissimuler. Il y en
avait beaucoup d'autres à présenter.

Et d'abord il fallait examiner si la disposition à laquelle on voulait donner un certain
sens en vertu d'une partie de la Charte qui
prescrit l'égalité, ne se trouvait pas en discordance avec une autre partie de la même
Charte qui consacre des honneurs et des rangs.
Il fallait examiner de plus si ce principe rigou-
reux d'égalité tel qu'on le présentait, se trouvait en concordance avec certains articles 38

et 40, qui, pour des fonctions honorables, telles que celles d'électeurs et de députés, consacrent l'inégalité et l'inadmissibilité d'un grand nombre de Français : il suffisait de reporter l'attention vers la dernière loi des élections. Tous ces rapprochemens faits, on aurait sommé les orateurs opposés de s'expliquer sur l'intention précise de deux lois, l'une partant d'une partie de la Charte consacrant, articles 38 et 40, l'inégalité et l'inadmissibilité d'une partie des citoyens, dans la seule vue d'écarter l'influence de la noblesse; l'autre partant de cette partie de la Charte consacrant, articles 1er et 3, l'égalité et l'admissibilité rigoureuse de tous les Français, et toujours en haine de cette même noblesse. On aurait prié ces orateurs de vouloir bien s'expliquer sur la singularité de deux lois, composées ainsi sur deux échelles différentes, en oppression seulement d'un ordre particulier de Français.

Un autre point des doctrines proclamées à la tribune, et que le parti de M. de Villèle et de M. de Bonald n'a pas même jugé à propos de mentionner, c'est la comparaison qui a été introduite à plusieurs reprises du mérite de la bourgeoisie, et à quelques égards de sa supériorité. Je ne sais d'abord ce qui a pu occa-

sioner ce rapprochement. Je ne vois rien dans
les discours opposés qui l'ait motivé. A tout
prendre, ce que M. Camille Jourdan, M. Brun
de Villeret et M. de Courvoisier ont dit sur
ce point me paraît juste : seulement les conséquences qu'ils ont voulu amener sont fausses.
Il ne s'agit pas en effet de savoir si de la bourgeoisie sont sorties un grand nombre d'actions
d'éclat, mais seulement si c'est une raison de
supprimer l'institution de la noblesse, d'où il
en est sorti aussi.

Pour faire disparaître tout cet échafaudage des
orateurs de la bourgeoisie, il suffisait de faire
paraître à la tribune à la suite de ces messieurs un orateur qui, demandant par amendement la suppression des compagnies de
grenadiers, eût exposé avec une grande éloquence tous les beaux traits des compagnies
de fusiliers, en rappelant en même temps que
Luxembourg était bossu, Alexandre et Bonaparte d'une petite taille. Que sont en France,
aujourd'hui, les gentilshommes français, si
ce n'est des grenadiers ayant quelques lignes
de plus que leurs camarades, avec le privilége
d'un bonnet, et de figurer en première ligne
au feu et à l'assaut. *

* Et dans les temps de révolution, à l'échafaud.

Sur ce point je ne puis m'empêcher de remarquer quelque discordance entre les orateurs de ce parti. Selon M. de Courvoisier et M. Brun de Villeret, c'est tout naturellement et seulement par la force des choses que des actes d'héroïsme se trouvent dans les classes inférieures. M. Camille Jourdan y aperçoit une cause particulière, qui vaut la peine d'être relevée. Après avoir rappelé l'esprit de fierté qui régnait autrefois dans la classe privilégiée, il ajoute : *Eh! bien, messieurs, ce qu'étaient alors un petit nombre, tous le sont aujourd'hui. Ces leçons d'honneur qui se rencontraient au milieu d'eux ont été partout répandues....., et le point d'honneur d'une caste est devenu l'honneur de la nation tout entière.* C'est bien. Je comprends actuellement comment la terre française, cultivée depuis si long-temps, et fécondée vigoureusement, a pu produire des plantes extraordinaires. Que la charrue de la révolution ait fait germer tout-à-coup des Desaix, des Moreau et des Pichegru, je puis le croire : la terre que remuait cette charrue était la cendre des Bayard et des Duguesclin, des Crillon et des Condé. Insensés ! vous cueillez le fruit, et vous voulez couper l'arbre !

CHAPITRE VI.

Du sentiment de colère qu'a fait éprouver dans les classes élevées la loi de recrutement.

———

ON connaît la haine de toute une classe pour l'administration et pour les ministres. Que cette haine soit portée jusqu'à l'excès, qu'elle cache souvent son objet, qu'elle se pare même artificieusement de motifs et de couleurs disparates, c'est ce que je blâme, et ce qui, en beaucoup de points, me paraît injuste. Mon intention seulement ici, pour l'utilité publique, est de faire connaître le principe de cette haine, dont, tout en censurant les injustes directions ou les maladroites réticences, je m'explique d'ailleurs fort bien le caractère et l'obstination.

Remarquons d'abord que dans aucun temps, encore que ses pertes aient été immenses, la France ancienne n'a manifesté autant d'irritation. Elle a été tout-à-fait calomniée relativement à ses priviléges pécuniaires : dès le pre-

mier moment elle en a fait l'abandon, même
dans les assemblées bailliagères. Relativement
à ses autres avantages, tels que les dîmes et
les droits seigneuriaux, on l'a vue encore
d'assez bonne composition : elle a supporté
très-convenablement la nuit du 4 août. A l'é-
gard de ses biens confisqués, encore que dans
quelques parties de la France elle ait montré
de l'humeur, cette humeur n'a été ni aussi générale, ni toujours aussi violente qu'on aurait
pu s'y attendre. Les bandes noires et les acquéreurs de biens nationaux ont fait entre eux,
pour défendre leurs acquisitions, plus de
bruit, de ligues et de trames, que la noblesse
n'en a fait pour les recouvrer. En dernier
lieu, même pour la loi d'élection, si elle a
a montré du mécontentement, ce mécontenten-
tement n'a passé aucune limite raisonnable.
Aujourd'hui, voilà une simple loi de recrutement, et ce mécontentement paraît au dernier terme.

J'entrerai bientôt dans des explications plus
précises. Auparavant, je voudrais rechercher
quelle impression ferait sur le peuple anglais
notre loi de recrutement.

La France et l'Angleterre composent deux
grandes nations, dont l'une, plus continen-

tale que maritime, a développé constamment
une grande force sur terre, et n'a pas été toujours sans puissance sur mer; l'autre, plus
maritime que continentale, a développé constamment une grande force maritime, et a obtenu de grands succès avec ses armées de terre.
Il s'en suit que le point de rapprochement des
deux peuples, pris dans la partie de leur supériorité respective, est pour l'un dans ses armées de terre, pour l'autre dans ses armées
de mer.

Jusqu'à présent ce n'est point le sort, *ministre de l'égalité*, qui a présidé en Angleterre
au recrutement des armées de mer. Mais comme
le hasard est aussi un ministre en ce genre,
lorsqu'il vient à conduire dans les buvettes,
dans les tavernes, et autres lieux semblables,
certains hommes qu'on reconnaît facilement
à leur mise, d'autres hommes commissionnés
à cet effet se jettent sur eux, et les mènent
bien assurés (*secured*) dans un endroit de
dépôt, d'où ils partiront bientôt pour devenir des défenseurs de la patrie, et des héros.
C'est ce qu'on appelle la *presse*.

A côté de cette mesure grossière, plaçons
nos dernières conceptions. L'ancienne milice!
Ne nous en parlez pas. *C'était une véritable*

conscription frappant sur une seule classe de citoyens. Des enrôlemens à prix d'argent ! Fi donc ! « Quand tous les Français n'avaient « ni les mêmes droits, ni les mêmes devoirs, « il a pu être nécessaire d'acheter à prix d'ar- « gent des soldats. Voyez les abus, les vio- « lences, les ruses auxquels ce mode de re- « crutement donnait lieu. Nous n'avons plus « besoin de donner dans tous les villages de « la France le scandale d'un tel spectacle : « nous ne sommes plus obligés, pour remplir « les rangs de l'armée, de séduire la jeunesse, « et de provoquer une heure d'égarement. » Quelle grandeur, quelle perfection de vues ! Aussitôt je me demande comment il ne vient pas à l'esprit de lord Liverpool et de lord Castlereagh de nous imiter.

Les ministres, dans tous les pays, sont des amis de la *féodalité.* J'entends. Cependant nous savons que l'Angleterre a trois partis d'opposition. L'un dirigé par lord Holland et lord Grey ; l'autre par sir Francis Burdett et lord Folkstone ; un autre par M. Hunt et ses adhérens. Nous savons de plus que les luddistes veulent détruire tous les métiers ; que lord Cochrane demande la réforme, et des parle- mens annuels. J'entends dire que parfois la

population de certains comtés s'ébranle tout
entière, à l'effet de se porter sur Londres.
Comment se fait-il qu'au milieu de tant de
réclamations si diverses, je n'y voie jamais
comprise ni la suppression de la milice, cet
ancien reste de la *féodalité*, ni celle de l'enrôlement à prix d'argent, *occasion continuelle
de violence et d'abus*, ni même celle de la
presse des matelots.

Ah ! sans doute, la milice en Angleterre
n'est pas sans inconvéniens, l'enrôlement à
prix d'argent n'est pas sans abus, la presse
des matelots occasione souvent des injustices
et des rigueurs ; avec tout cela, si un ministre,
ou seulement un homme du peuple, osait y
proposer pour la marine un mode de recrutement qui, à raison des droits égaux des Anglais,
de leurs devoirs égaux, de leurs titres égaux,
saisît de la même manière le fils du comte et
celui du goujat ; qui, au lieu de diriger les recherches de la presse dans les buvettes et dans
les tavernes, les portât dans les salons, dans
les châteaux, dans les *rout*, on ne se donnerait pas la peine de répondre à un tel homme :
on l'enverrait à Bedlam, assisté d'un médecin.

Nous commençons à découvrir ici une
grande vérité ; c'est qu'au milieu des viola-

tions et des violences, des maux et des misères qui affligent l'humanité, il en est d'une
nature absolument supportable, et qu'il est
convenable de supporter : il en est d'autres
d'un caractère particulier qu'on ne supporte
jamais. Je soupçonne que c'est quelque chose
qui se rapporte à ce que les Romains appelaient chez eux, *diminutio capitis*, *mutatio
statús*, ou bien un simple déplacement de
grade ; d'où est venu chez nous le mot DÉ-
GRADATION. Voyons ce qui s'est passé dans
les temps anciens.

Sous la première race, l'abbé de Mably
observe que nos rois se permettaient envers
les Francs des violences qui n'avaient aucune
suite. Il ajoute que les Francs n'auraient pas
souffert un traitement avilissant. En effet, un
seigneur français est condamné par le roi à être
fouetté de verges; le lendemain le roi est assassiné. Chilpéric établit sur tout le royaume l'impôt d'une cruche de vin par arpent ; tout le
royaume se soulève. Montesquieu observe que
l'impôt était léger, mais qu'il confondait les
conditions.

Louis XIV put imposer le vingtième à la
noblesse française : avec toute son autorité, il
n'eût pu l'assujétir à un impôt appelé *taille*.

Les philosophes peuvent appeler barbares, ignorans, ou même féodaux, ces seigneurs qui, sous un empire du Nord, refusent d'abandonner leur vieille robe et leur vieille barbe; ils peuvent être choqués de l'indignation de ce même peuple, lorsqu'il voit son souverain se parer de l'habillement militaire d'une nation voisine : ce sont les philosophes qui sont ici les barbares.

Un musulman peut sacrifier sa vie au Grand-Seigneur, lorsqu'il la lui demande : il ne lui sacrifiera jamais sa barbe ou son turban. Alexandre se permit, comme on sait, des violences envers ses compagnons d'armes : ces violences n'occasionèrent aucune révolte. Hermolaüs est condamné à un châtiment affecté aux esclaves : Hermolaüs complote de l'assassiner. Découvert et interrogé, il va dire à Alexandre lui-même ses motifs. « Pour « toi, si tu sais te corriger, tu me dois beau- « coup; car tu as commencé à apprendre de « moi ce que des hommes ingénus ne peuvent « supporter *. »

* Tu quidem si emendari potes, multum mihi debes; ex me enim scire cœpisti quod ingenui homines ferre non possunt. (Quint. Curt.)

J'entends d'ici votre réponse. « Nous ne sommes plus dans ces temps anciens de la France, où il y avait des seigneurs et des vassaux ; nous ne sommes pas davantage dans ces temps anciens des autres peuples, où il y avait des différences de condition. L'esprit du siècle, les progrès de la civilisation, la puissance du temps, ont aboli ces différences : le corps social a pris de nouvelles formes. »

Ces allégations, en les admettant dans toute leur étendue, ne changent rien à l'état de la question. Il y a sûrement aujourd'hui un changement dans la condition des hommes : il consiste dans l'abolition de la servitude personnelle. J'ai montré ailleurs à qui était dû cet avantage. Cependant, s'il n'existe plus aujourd'hui des esclaves, il existe des choses, des services, des professions qui étaient propres à l'ancienne condition des esclaves. Il n'y a plus de serfs de la glèbe ; mais il y a malheureusement encore des serfs du besoin, de la misère : il y a, par là même, des professions analogues à ces deux situations. Tous les Français sont libres : c'est bien ; mais s'il n'y a qu'une manière d'être esclave, il est plusieurs manières d'être libre. (*In servorum conditione nulla est differentia*, nous disent les lois romaines; *in liberis autem multæ.*

Appliquons ces vues à la loi de recrutement.

Vous conviendrez sûrement que, s'il y a quelque résistance de la part d'une certaine classe, à cette loi, ce n'est pas à raison de l'association aux mêmes dangers, aux mêmes travaux, aux mêmes peines; ce n'est pas non plus à raison de la parité de position en présence du canon et du feu de l'ennemi : c'est probablement en raison de l'association à certaines corvées, à certaines habitudes propres aux conditions inférieures, indifférentes à ces conditions, et dégradantes pour les conditions élevées. De cette manière, vous faites descendre aux derniers rangs de la liberté ceux qui se trouvaient aux premiers; vous contraignez les hommes d'une certaine caste, ayant des mœurs, des habitudes, une éducation particulière, à entrer dans les mœurs d'une autre caste : votre loi est dès-lors tout-à-fait caractérisée. Ce n'est pas une loi de recrutement : c'est une loi de mixtion de toutes les mœurs, de toutes les habitudes, de tous les rangs. Disons le vrai mot : c'est une loi de dégradation. En formant les rangs de votre

armée, vous avez l'espérance de détruire les
rangs de l'ordre social; avec une portion de
la Charte qui parle de l'égalité, vous espérez
abattre une autre partie de la Charte qui consacre les honneurs et les rangs. On connaît à
présent le principe d'irritation que cause la
nouvelle loi : il ne part, comme on le voit,
ni d'un sentiment ambitieux de prétention, ni
même d'un sentiment vif d'injustice ou de privation : il part d'un sentiment profond d'avi-
lissement.

J'ai établi, pour les deux partis, le véritable caractère de la loi : je vais entrer actuellement dans les principes.

CHAPITRE VII.

De l'égalité révolutionnaire qu'on veut reproduire.
Comment cette égalité apparente produit une inégalité réelle.

———

Je suis convaincu que, dans la nature, il y a
réellement des genres et des espèces ; mais
comme, en quelques points, les nuances sont
peu faciles à distinguer, quand il m'arrive, à
cet égard de disputer, je me place bien vite
au centre : sans cela les jacobins de l'histoire
naturelle, après m'avoir prouvé d'abord qu'un
cheval est la même chose qu'un âne, m'amè-
neraient à croire qu'un homme est la même
chose qu'une huître. En dépit des jacobins politiques, je suis convaincu qu'il y a de même,
dans la société, une démarcation précise des
classes et des rangs ; et, avec ces classes et ces
rangs, des habitudes, des professions, des
mœurs qui leur sont propres. On a beau mé
parler d'un droit égal, d'un titre égal, de la
suppression de toutes les inégalités ; on a beau

me vanter, comme fondement de toutes ces belles choses, l'esprit du siècle, les progrès de la civilisation, je vois, dans ces doctrines, la subversion du monde, et dans les trompettes qui les publient, les trompettes du jugement dernier.

Toutefois, comme entre les classes élevées et les classes inférieures, il y a une succession de nuances qui ne sont pas toujours faciles à distinguer, il me sera indispensable d'éviter ces nuances voisines. Écrivant ici, non pour l'agrément de mes lecteurs, mais avant tout pour leur conviction, je les préviens qu'à côté de mes points de lumière, je mettrai, tant que je pourrai, de fortes masses d'ombre, et que, s'il m'est indispensable, pour bien signaler la doctrine de mes adversaires, de mettre dans mes paroles tout le mauvais goût qui est dans leur pensée, je ne m'y manquerai pas.

La doctrine que j'anathématise porte, sur l'abolition des rangs héréditaires, la proscription de toute transmission autre que celle des richesses, de toute considération autre que celle des talens; elle établit le triomphe de l'esprit individuel sur l'esprit de famille; elle place la nation française et toutes les nations de l'Europe en viager. Après avoir signalé les traits de cette figure, si on me demande comment elle s'appelle, je répondrai qu'elle s'appelle *la révolution*. C'est 89 sous le masque, ayant pour fils 92 démasqué, pour petit-fils 93 dans toute sa nudité.

Je regrette bien de n'en avoir pas le loisir, je reproduirais ici en parallèle les premiers discours de Robespierre, de Péthion et de M. Barrère de Vieusac : on les trouverait beaucoup moins forts et beaucoup moins précis que ceux d'aujourd'hui. A la fin ces arbres ont produit leur fruit. Encore que j'aie été long-temps éloigné de la France, et qu'à mon retour la frénésie en ce genre commençât à se calmer, j'ai pu savoir par moi-même, à deux reprises, ce que c'était que l'égalité révolutionnaire.

Et d'abord une première fois, je me souviens très-bien qu'ayant eu besoin d'un passe-port, et m'étant présenté pour cela à un bureau, je me trouvai entassé assez long-temps avec des maçons qui retournaient en Limousin, des chaudronniers qui retournaient en Auvergne, ainsi que plusieurs de ces *jeunes enfans qui de Savoie arrivent tous les ans*. Une seconde fois je me souviens d'avoir été arrêté et conduit, avec un respectable prêtre, à la Préfecture de police, dans une salle longue et étroite que je vois d'ici, au milieu d'une centaine de personnages qui, en attendant un interrogatoire qui n'arrivait jamais, étaient entassés, et couchaient à côté les uns des autres, pêle-mêle sur un vaste lit de camp. Je fais grâce des détails.

Dans ces deux circonstances, j'ai pu me convaincre qu'il y a une véritable égalité dans une certaine condition d'hommes. Vous avez aboli l'inégalité; mais vous n'avez pas aboli les saletés. Il y a, aujourd'hui comme autrefois, un peuple sale : or, si un individu d'un peuple différent se trouve jeté dans ce peuple-là, il n'y aura sûrement pas pour lui égalité. Nous trouvons, dans nos vieilles chroniques, que M. le duc de Guise ayant fait prisonnier M. le duc de Bourbon, le soir ils couchèrent ensemble dans le même lit : voilà l'égalité telle que je la conçois. Point du tout, M. le duc de Guise fait prisonnier un décroteur; le soir ils couchent ensemble : voilà l'égalité de 1793 reproduite en 1818.

Ce n'est pas sous ce rapport seul qu'on voit sortir l'inégalité de l'égalité.

La cité a besoin, pour ses affaires, qu'on lui fournisse un travail sur des comptes ou des matières abstraites : comme tous les citoyens

ont un devoir égal, un titre égal, les voilà
tous mis en réquisition pour ce travail. L'avocat et le magistrat rempliront bien leur tâche ;
mais quand on en sera au porte-faix et au fort
de la halle, il est probable qu'ils maudiront
l'égalité.

Retournons la supposition.

La cité a besoin de dégager certaines places
ou certains magasins de matières qui sont incommodes : les fardeaux sont distribués à cet
effet en poids de cent livres chacun ; et, en
raison de l'égalité, chaque citoyen s'avance
pour prendre son lot. Certainement un poids
de cent livres est bien toujours un poids de
cent livres : en dépit de l'égalité, ce poids pe-
sera moins sur les épaules du porte-faix que
sur les miennes.

Votre doctrine de l'égalité, appliquée à l'ordre social, est tellement déraisonnable, qu'elle
rend absurdes la plupart de vos dispositions
pénales. On se souvient de la réponse que fit
autrefois un cocher de fiacre, à l'occasion d'un
arrêt de blâme : un homme des classes élevées
eût-il fait cette réponse ? Un charbonnier
donne un soufflet à sa femme ; un magistrat se
porte à la même violence : vous prononcerez
le même jugement?

Les récompenses sont absolument dans le même cas. Le fils d'un meûnier sauve la vie à un homme qui est sur le point de se noyer ; le ministre envoie en récompense une somme de cent écus, qui fait grand plaisir au meûnier : l'enverra-t-il à M. de Rohan ou à M. de Crillon ?

Avec vos peines égales, dans quelques cas vous ne punirez pas assez ; dans d'autres vous punirez trop. Avec vos récompenses égales, ce sera la même chose : sur quel niveau établirez-vous votre mode de récompense ? Prise au niveau des classes inférieures, quand vous l'appliquerez aux classes élevées, dans quelques cas votre récompense n'aura aucun effet ; dans d'autres elle sera insultante. Au contraire, prise au niveau des classes élevées, quand vous l'appliquerez aux classes inférieures, elle sera excessive.

C'est ce qui vous arrivera toujours pour votre mode d'avancement. Il vous plaît de mettre à côté l'un de l'autre, et sur la même ligne, le fils de M. de Montmorenci et celui du savetier : vous voulez, pour un fait égal, les récompenser d'une manière égale ; mais croyez-vous que ce qui flattera, en ce genre, un des deux, fera la même impression sur l'autre ? Vous donnez pour retraite la croix de

Saint-Louis à un jeune homme qui va la porter dans une maison et chez des parens honorables : sera ce la même chose, quand vous
l'enverrez dans les boutiques de savetier et de
charpentier ?

Par imprudence, ou, si on veut, par inad-
vertance, on a présenté la loi de recrutement
comme un complément de la loi d'élection :
voilà la vérité. Cette pauvre noblesse si rui-
née, si persécutée, si mutilée, est encore sur
le nez de tout le monde ; elle inquiète ceux-
ci, à cause de ce qui lui reste d'influence ; elle
inquiète ceux-là, à cause de ce qui lui reste de
lustre. Avec la loi sur les élections, un parti
espère lui ôter tout ce qu'elle pouvait avoir
d'influence ; avec la loi de recrutement, il
veut lui ôter tout ce qu'elle a conservé de lustre : l'une offre l'espérance de la salir ; l'autre,
de la comprimer.

CHAPITRE VIII.

De la joie d'une certaine classe, à l'occasion de la loi de recrutement.

Je viens de voir un ouvrage extrêmement important qui, avec les plus beaux caractères, le plus beau papier, les planches les mieux soignées, et des gravures délicieuses, nous décrit la gale, la lèpre, les scrophules, les maladies les plus dégoûtantes du corps humain. Si ce bon M. Alibert, poursuivant son ouvrage, devait nous donner avec la même perfection le tableau de nos hideuses maladies morales, je n'aurais point en ce moment à produire, comme je vais le faire, les misères, les saletés, les *sarcoftes* visibles ou microscopiques du cœur humain.

En général, ce qui compose dans la société la différence des rangs, c'est dans les individus quelque chose comme la différence de volume. Remarquons que dans l'échelle so-

ciale, ce n'est jamais un individu isolé qu'on
aperçoit ; l'attention s'arrête toujours sur quelque accompagnement. A la vue d'un vieillard, sa longue vie passée, qui rayonne autour de sa vie présente, nous donne l'idée
d'une grande supériorité d'expérience et de
sagesse : le militaire chargé de blessures, et
dont le cœur s'est agrandi par le courage ; le
commerçant dont la fortune s'est agrandie par
d'honorables spéculations, l'homme de lettres
qui a fait retentir de ses productions les échos
de la Renommée : c'est avec ces variétés de
stature et de volume que se composent les
rangs dans le monde social. Il n'y a jusque-là
qu'un mouvement bien réglé d'ambition et
d'émulation. Ce mouvement ne tarde pas à se
dépraver.

   A mesure que ces classes grandissent en
importance, si on les laisse faire, elles ne se
contentent pas d'occuper leur place ; elles
veulent tenir toute la rue. Leur scandale sur
tout ce qui s'élève hors d'elles et au-dessus
d'elles me rappelle ce qui se passa un jour à
l'armée. Bonaparte voulant récompenser un
de ses officiers, lui ordonne de sortir des rangs,
et le fait baron. Tiens ! dit Rostaing à un valet

en livrée, il fait celui-là baron; que fera-t-il donc pour nous?

Ce serait un spectacle curieux que d'observer les débats de ces diverses supériorités entre elles. Un spectacle encore plus curieux, c'est leur réunion simultanée contre une supériorité d'un autre genre, dès qu'elle se présente. Bonaparte était convaincu qu'il eût été, s'il eût voulu, un grand poëte : un grand poëte est convaincu que, s'il eût tourné son génie du côté des petits détails militaires, il eût été un César. Le peintre est convaincu qu'il aurait pu faire un excellent avocat; un avocat, qu'il eût été, s'il eût voulu, un excellent architecte. On peut pardonner ainsi aux autres une supériorité qu'on n'a pas; on ne pardonne pas la supériorité de la naissance, parce que c'est la seule qui n'est pas en nôtre pouvoir; et alors toutes les autres supériorités se réunissent pour l'effacer.

C'est en vain que les grands s'abaissent quelquefois de toute leur taille; c'est en vain qu'avec un système de douceur et de cajolerie ils semblent demander grâce : ils ne l'obtiennent pas toujours.

Les rois ne sont pas plus heureux à cet

égard que les grands. On sait comment, au
milieu du siècle dernier, il prit en fantaisie à
un citoyen-roi de vivre familièrement et
presque en égalité avec des poëtes, des musi-
ciens, des philosophes. Pendant quelque temps
ce fut admirable; on annonça partout le retour de l'âge d'or. Cependant, comme chacun
des convives avait son coin de supériorité
(Maupertuis, par exemple, savait mieux la
physique; Voltaire connaissait mieux la poé-
sie; peut-être même le musicien jouait mieux
de la flûte), chacun se targuant de sa petite
supériorité privée, tous commencèrent à s'ar-
roger aussi la supériorité politique. Il faut
voir comment ils entendaient gouverner les
États de l'Europe. Si Frédéric eût voulu les
laisser faire, ils eussent fini par gouverner le
sien. Il n'y mit pas de complaisance. Il s'a-
visa, même à plusieurs reprises, de reprendre
sa dignité et son autorité. Et alors voilà nos
philosophes déconcertés, humiliés, qui se
mettent à reprendre en boudant, qui de çà,
qui de là, la route de leurs foyers.

Il en a été de même dans l'Inde. De bons
jacobins français ayant trouvé le moyen de
s'emparer de la confiance de Tipoo-Saïb,
avaient établi à Seringapatam un club où ils

avaient bien voulu admettre le citoyen-sultan.
On assure qu'ils avaient pour lui beaucoup
d'égards. « Laissez parler le citoyen-sultan.
Le citoyen sultan a la parole. » Pendant
quelque temps Tipoo-Saïb les laissa faire. Si
cela avait duré, il est probable que tout ce
monde se fût mal accordé, et que les jacobins
auraient été chassés, ou le sultan détrôné.

En vérité, ceux qui traitent ainsi les grandes
supériorités des rois sont excusables de porter
peu de respect aux petites supériorités de famille. Mais aussi, quel est le barbare qui a
pu inventer de se prévaloir de son père ! Je
voudrais croire que ce travers appartient à
cette féodalité toute souillée de vassalité et de
chevalerie ; je le retrouve dès l'origine du
monde. Homère ne nomme presque jamais
ses héros que par le nom de leurs pères. Dans
Euripide, lorsque Agamemnon parle à Cly-
temnestre d'un époux pour Iphigénie, il ne
lui dit presque rien des exploits d'Achille. En
revanche, il lui raconte avec beaucoup de
détail les actions et la vie de Pélée. La Bible
offre la même singularité. Si elle nomme Isaïe,
c'est le fils d'Amos ; Jérémie le fils d'Helcias :
plusieurs nations modernes ont conservé cet
usage. En Irlande et en Ecosse, on mentionne

dans les mariages les noms de ses grands-pères
et de ses aïeux, tant qu'on en a.

Un gentilhomme, ayant perdu soixante
mille livres de rente au service du Roi, vient
de réclamer les bontés de l'Assemblée, comme
appartenant à une des plus anciennes familles
de France : les Députés du Peuple français se
sont mis à pouffer de rire. César, simple citoyen, étalait sa généalogie à la tribune aux
harangues, et le peuple romain l'écoutait. On
me parle d'une nature des temps ; on me
vante sa puissance : elle changera tout, dit-on,
et détruira tout. D'un autre côté, je vois en
sens contraire une nature des choses, à laquelle on m'a toujours assuré que rien ne
pouvait résister. Quand ces deux vents se dirigeant, l'un de l'est à l'ouest, l'autre de l'ouest
à l'est, viendront à se rencontrer, il y aura,
je crois, une forte tempête.

CHAPITRE IX.

Continuation du même chapitre. Ce que c'est au vrai
que les progrès de la civilisation.

*Accroissement des lumières, esprit du siècle,
puissance du temps, progrès de la civilisation :*
voilà les *grands mots* que répètent une multitude de crieurs qui s'élèvent contre l'esprit de
famille. Véritables fantômes qu'on ne sait
comment saisir, spectres voilés qu'on ne sait
comment signaler, parlez franchement : qui
êtes-vous ?

Le premier qui est interrogé répond : « Je
suis originairement un petit grate-papier à
1500 francs d'appointemens. J'ai trouvé le
moyen de m'attacher à la fourniture d'une
armée. J'ai fait ensuite de bonnes opérations
sur la Banque de Vienne, sur celle de Ham-
bourg. Bref, j'ai gagné plusieurs millions.
Je suis devenu ainsi le centre d'un grand
mouvement ; je suis beaucoup ; je veux être
tout. »

Un second : « Je fondais d'abord de la graisse au coin de la rue Montorgueil. J'ai inventé au Palais-Royal un nouveau plat de morue. Tout Paris accourt chez moi. Je gagne depuis quelque temps trois mille francs par jour. J'ai quarante mille livres de rentes inscrites sur le grand-livre ; une belle maison de campagne à deux lieues de Paris. J'ai encore le bonnet blanc et la serviette, mais mon fils a un joli cabriolet ; il aura bientôt un carrosse. Il a l'air d'un seigneur ; il faut qu'il le soit. »

Un troisième : « Je suis le fils d'un marchand de chandelle demeurant à Montargis, sur la grand'rue. Après avoir appris à lire et à écrire, on m'a envoyé à Paris chez une parente marchande d'herbes, pour perfectionner mon éducation. Là, je me suis mis à faire des vers, et ils ont eu du succès. J'ai essayé ensuite un petit opéra ; il a réussi. J'ai actuellement une pièce en répétition au Vaudeville ; une autre reçue aux Français. On me traite comme un homme important. Attendons. Je suis l'égal de tout ; dans peu je serai supérieur à tout. »

Un quatrième : « Je suis le marchand de poudrette au bas du coteau de Belleville. Ce

que je remue habituellement a une mauvaise
odeur ,..... pas plus après tout que les plaies
que soigne le chirurgien et le foie de soufre
de l'apothicaire. Comme Bonaparte était un
grand homme! Il donnait des titres de baron
aux chirurgiens, et il faisait entrer les marchands de toiles peintes à la Chambre des
Pairs! Peut-on faire moins pour un homme
qui vient de réaliser la fable du Phénix repro-
duit de ses cendres? Depuis quelque temps,
ce ne sont plus seulement des charrettes que
j'expédie : ce sont des navires. Ma marchan-
dise vogue avec mon nom sur les fleuves et
sur les mers. Je féconde les environs de Versailles et ceux de Paris; la Beauce et la Brie,
les plaines de la Normandie et celles de Phi-
ladelphie. »

Sans étendre davantage cette énumération,
on peut s'assurer que telle est la véritable
figure des fantômes que j'ai mentionnés. Ils
n'ont pas tout le tort de se prévaloir des progrès de la civilisation. La société aujourd'hui
est faite de manière qu'en peu d'années on
peut acquérir une grande fortune par l'industrie, un grand talent par l'éducation. Une
considération qui ne peut s'acquérir que par

des pères et des grands-pères se présente dès lors comme un fléau. On va voir en ce genre une prouesse de l'esprit du siècle.

Vers le milieu du siècle dernier, tout encroûté de féodalité, et où, par cette raison, une extraction noble ou ignoble était encore quelque chose, on raconte qu'un poëte du premier talent, et qui, par ce talent même, se trouvoit en société avec les plus grands personnages du temps, eut le malheur d'être abordé publiquement par son père, cordonnier. Effrayé de la petite flétrissure qui allait résulter pour lui de cette circonstance, Jean-Baptiste Rousseau renia son père. On lui en a fait dans le temps une grande honte ; c'était une maladresse. S'il avait vécu au temps présent, il aurait fait comme ces messieurs qui, pour se dispenser de renier leurs propres pères, ont inventé de renier les pères des autres. Renier tous les pères et toutes les familles à la fois, c'est ainsi qu'en s'appliquant à un système général, la honte de Jean-Baptiste Rousseau est devenue un honneur.

En dévoilant cette confédération contre l'esprit de famille, je ne prétends pas dissimuler qu'il ne s'y trouve de plus honorables élémens. Dans les classes voisines de la noblesse,

récemment mélangées avec elle, et où par ce
rapprochement même son éclat a quelque
chose d'importun; dans quelques-unes qui,
vouées à des professions lucratives, importantes, voudraient continuer à en recueillir
les avantages, et participer tout de même aux
avantages des professions nobles; dans des
classes encore plus élevées, où les fautes de
la France ancienne, les dangers dont elle a
menacé un moment, font croire que tout retour d'influence de sa part sera funeste, il est
naturel d'avoir pour elle des préventions peu
favorables. Enfin, un grand nombre dit:
« Nous n'aurions pas voulu faire la révolution; mais, puisqu'elle est faite, ne serait-ce
pas une maladresse de n'en pas profiter»? César
n'eût jamais voulu couper la tête de Pompée:
cependant, quand il la vit,

Une secrète joie en son cœur s'éleva.

Bonaparte disait à ses amis: « Ce n'est pas
moi qui ai détrôné Louis XVI. » A un étage
plus bas, on dit dans le même sens: « Nous
n'aurions pas voulu couper la tête de la France
ancienne; mais, puisque c'est fait, qu'avons-
nous besoin de rétablir des distinctions qui
nous sont incommodes ? »

Il fallait tous ces détails pour faire comprendre comment la loi de recrutement, annoncée comme le complément de la destruction de la noblesse, a été une fête pour les classes inférieures. Les douces doctrines d'égalité qu'elle a donné occasion d'étaler sont devenues aussitôt un palliatif pour les détails d'une certaine nature qu'elle a présentés. Il n'est sûrement pas un médecin, un avocat, un architecte, un bon bourgeois, qui ne frémisse de livrer son fils à cette nouvelle conscription. Voici comment on les a consolés.

Aux anciens Etats-Généraux, le tiers-état souffrait beaucoup de lire sa harangue à genoux : cependant, encore qu'il trouvât cette attitude vile, il ne demanda jamais à s'y soustraire ; mais seulement que la noblesse y fût assujétie. Aujourd'hui, s'il s'élève dans la bourgeoisie quelque murmure sur cette façon de détailler en vile matière toute la population d'un pays, on lui dit : Qu'avez-vous à vous plaindre ? la noblesse y sera assujétie. On vante ainsi à la bourgeoisie la supériorité de souffrance de la noblesse, à l'effet d'adoucir la sienne.

CHAPITRE X.

Où nous mèneront les progrès de la civilisation.

———

O vous qui, sur un autre hémisphère, vous
jouez le soir avec vos nacelles sur les ondes du
Niagara! prenez garde, la cataracte est à peu
de distance! Pour peu que vous dépassiez
une certaine ligne, vous aurez beau manœu-
vrer, vous ne serez plus maîtres des flots!
Ainsi je parlais dans d'autres temps, et ma
voix ne fut pas écoutée. J'ai vu s'avancer avec
sécurité sur le bord d'un abîme, les hommes
de la France les meilleurs et les plus honorables. Je les ai vus ensuite se débattre vainement, et s'engloutir.

O vous qui, chéris et honorés de vos concitoyens, vous jouez aujourd'hui avec sécurité à la lueur de certaines doctrines, si, en
vous parlant de ceux qui vous ont précédés,
je vous citais ce qu'il y a eu de bonté, d'hon-

neur et de vertu dans leur vie première, vous seriez saisis de respect. Si je vous disais ensuite leurs noms, vous seriez saisis d'horreur. Les atrocités de la révolution ne sont pas, comme on croit, dans le cœur humain; elles sont dans le cœur de vos doctrines.

Je le répète. Je regrette de ne pouvoir reproduire ici accolés à vos discours certains premiers discours prononcés à l'Assemblée Constituante. Après vous avoir représenté ensuite ceux des mêmes personnages sous le Corps-Législatif et sous la Convention, vous verriez comment ces beaux germes savent se féconder en peu de temps et prendre un vaste développement. Toutefois il y a dans les situations quelques différences qu'il importe de connaître.

En 1793, d'abord les nobles, ensuite les prêtres, les magistrats, les gros négocians, les simples marchands, la faction des hommes d'Etat, la faction des modérés, les petits propriétaires et les muscadins : tout cela, enveloppé successivement comme des poissons sous le même filet, put être décimé et périr en petit nombre. Il y eut à peine une année entière de massacre ré-

gulier. On se blasa promptement sur le plaisir
d'égorger des victimes qui n'avaient pas de
mouvement. Aujourd'hui où, malgré tant de
malheurs, tant de leçons, tant d'exemples,
la même rage vient à se reproduire, comme
elle trouvera au-devant d'elle une rage de résistance à laquelle elle ne s'attend pas, le
choc cette fois pourra avoir un peu plus de
durée. Quand deux hommes de la Halle com-
mencent à s'attaquer d'injures, il est facile de
prévoir ce qui arrivera. La guerre civile n'est
établie qu'à coups d'épingles ; nous ne nous
jetons encore que de la boue. Qu'on nous
laisse faire. Seulement, comme la partie sera
moins inégale, des forces mieux réparties ressortant d'intérêts mieux divisés, établiront
des conflits plus vigoureux. 95 reparaîtra,
mais sur une plus grande échelle. La haine
ne sera plus, comme alors, un simple rica-
nement. On se tuera plus long-temps, et sur
un plus grand espace ; et cette fois au moins,
les bourreaux auront à égorger des victimes
qui auront pu se débattre.

Voilà où nous mèneront, si le Gouvernement, ou ce qui est la même chose, la Providence du Roi, n'y met obstacle, les progrès
de la civilisation. La noblesse, qu'on croit

plus faible qu'en 1789, est au contraire beaucoup plus forte. Elle est beaucoup plus unie
au corps des citoyens. Elle a pour elle l'éclat
de ses malheurs et de ses pertes. Moins de jalousie s'attache aujourd'hui à ce qu'elle a pu
conserver d'avantages, qu'aux avantages des
hommes nouveaux qui l'ont dépouillée. Commençons par bien connaître l'objet de la lutte;
nous en rechercherons ensuite les élémens.

J'ai lu avec beaucoup d'attention les discours prononcés à la Chambre des Députés.
J'ai porté la même attention à un discours
prononcé récemment à la Chambre des Pairs
par un homme qui me fait toujours une grande
impression par sa supériorité de talent et de
caractère. En vérité je suis convaincu que tous
les hommes de ce parti ne savent ni ce qu'ils
attaquent, ni ce qu'ils veulent. L'orateur
que j'ai désigné, nous dit : « Le premier
« besoin des sociétés civilisées est l'hon-
« neur. Plus leur civilisation est avancée,
« plus ce besoin devient universel et impé-
« rieux. » Que ce noble Pair veuille bien se
placer avec moi en présence d'une armée
abattue et découragée, quel que soit cet abat-
tement, on peut croire que dans les compagnies de grenadiers il se sera conservé du

courage. Remettez cette armée abattue; faites
rentrer le courage dans les compagnies de
chasseurs et de fusiliers; portez-le jusque chez
les simples tambours; faites-y participer jusqu'aux goujats; le courage abandonnera-t-il
pour cela les compagnies de grenadiers ? Au
contraire, il s'y renforcera sans cesse à mesure qu'il se trouvera pénétrer davantage les
cadres ordinaires et inférieurs de l'armée.

Vos progrès de la civilisation ont porté,
dites-vous, l'honneur dans les cadres ordinaires de la société. Je ne sais s'il n'y a pas en
cela même quelque inconvénient. Un ministre
de Louis XVI parla un jour, dans une proclamation, de l'honneur qui était dû aux professions bourgeoises; M. Burke remarqua qu'il
n'y avait d'honneur que pour les professions
vouées au service public. Enfin, soit ce que
vous voudrez. Si l'honneur est entré dans les
cadres ordinaires de la société, s'il est parvenu même aux cadres inférieurs, et si on doit
l'apercevoir bientôt dans les boutiques de dé-
croteurs du Palais-Royal, ce point d'honneur
des dernières classes effacera-t-il le point
d'honneur des classes élevées ? Non. Il fera,
dites-vous, qu'il n'y aura plus de classes élevées. Cette espérance me paraît impolitique :

elle est à contre-sens de toute espèce d'ordre social ; de plus, elle est vaine. Une seule chose suffirait pour conserver la noblesse en France ; c'est l'empressement que l'on témoigne pour la détruire.

En effet, que veut dire cette haine contre la noblesse, prononcée avec tant de franchise par les uns, avec tant de dissimulation par les autres ? N'est-ce pas à cause de l'importance qu'on y attache ? Si vous trouvez un jeune homme qui vous dise beaucoup de mal d'une femme ; qui, néanmoins, en soit sans cesse occupé, qui répète son nom à tout moment, il aura beau l'appeler cruelle, vous soupçonnerez qu'il est amoureux. Il en est de même aujourd'hui de cette abolition des rangs si ardemment réclamée. Cela veut-il dire que personne n'en veut ? Au contraire, que tout le monde en est affamé. A la chasse, on ne demande pas la mort de certains animaux pour les exterminer ; c'est seulement pour s'en emparer. On poursuit de même aujourd'hui la noblesse : ce n'est pas comme fléau, c'est comme proie. Tout ainsi que certains amis de la liberté ont horreur du pouvoir, jusqu'au moment où ils en sont saisis, les ennemis de la noblesse en ont horreur jusqu'à ce

qu'ils en soient revêtus. Au milieu de ses dé-
pits, le jeune homme qui a le plus maudit sa
maîtresse va au moindre de ses sourires tomber
à ses pieds. On peut voir la figure d'un de ces
détracteurs de la noblesse, au moment où la
puissance lui présente un titre ou un cordon.

Tous veulent avoir de l'honneur. Certes,
je le crois. Toutes les femmes veulent être
belles ; tous les hommes veulent être riches ;
tous les auteurs même veulent avoir de l'esprit. Si c'est là seulement ce qu'ont inventé
les progrès de la civilisation, ils n'ont pas fait
une grande découverte. J'ai peur qu'ils aient
été plus loin ; j'ai peur qu'ils n'aient mis dans
tous ces désirs une activité extrême : dans ce cas,
nous en serions aujourd'hui pour l'abolition
des rangs, comme on a été dans d'autres temps
pour le partage des terres et pour l'abolition
des dettes. Cependant, comme dans les temps
anciens, ceux qui avaient des créances ne se
souciaient pas de les abandonner ; comme
ceux qui avaient des champs ne voulaient pas
s'en dessaisir, il me paraît probable que ceux
qui occupent les rangs ne voudront pas en
descendre ; et alors, aujourd'hui comme autrefois, il pourra s'élever des collisions terribles.

On se targue contre la noblesse de beaucoup de choses qu'elle dit mal à propos, et
qu'elle fait mal à propos. Quand un malade
crie, il ne sait pas toujours ce qu'il dit ; il sait
très-bien ce qu'il souffre. Ce serait sûrement
une chose curieuse que d'exhumer les discours
prononcés par ce parti à Bruxelles, à Paris, à
Londres, à Coblentz. On trouverait une
grande variation dans les formes de sa résistance ; on n'en trouverait pas au fond. On
ne saurait croire combien ce parti serait fort
s'il était un peu raisonnable. Toujours décrédité par ses folies, toujours se relevant par sa
persévérance ; toujours vaincu, jamais dé-
fait ; il a disparu un moment : on le voit
aussitôt reparaître. Au milieu de contrariétés,
d'animosités, de dissidences apparentes, une
persistance opiniâtre dans le même fond de
volonté et de vues ; une union intime et constante, résultant d'une sympathie naturelle,
laquelle donne à ses mouvemens l'apparence
d'un concert et la vigueur d'une conspiration
sans qu'il y en ait l'ombre : c'est ainsi que se
défend aujourd'hui en France l'esprit de famille, beaucoup plus fort, beaucoup plus
redoutable qu'un autre parti n'affecte de le

penser. Cela même me rappelle un exemple
que j'invite à méditer.

On sait comment, un jour, Nabuchodono-
sor, qui était le Bonaparte de Babylone, s'em-
para de Jérusalem. Après y avoir laissé les
classes inférieures du peuple, il jugea à propos d'emmener avec lui toute la noblesse juive.
Encore que je l'aie recherché, je n'ai jamais
pu bien savoir ce qui se passa alors et à Babylone et à Jérusalem. Ce qui est sûr, c'est
que cette noblesse juive, que je vois d'ailleurs
extrêmement gourmandée par les prophètes
pour ses infidélités, même pour son idolâtrie,
résista tellement aux mœurs des Chaldéens,
qu'après avoir essayé contre elle tous les supplices, tantôt de la fosse aux lions, tantôt
de la fournaise ardente, on crut à la fin n'avoir
rien de mieux à faire que de la renvoyer dans
son pays. La noblesse française, chassée par
les Nabuchodonosors de la révolution, a pu
porter au loin ses torts, sa frivolité, ses folies ;
elle s'est trouvée d'une trempe qui n'a cédé ni
aux mœurs étrangères, ni à celles de la révolution. Elle ne cédera pas davantage à la compression des systèmes dominans. Elle pourra
se tromper encore dans sa conduite ; elle

pourra se tromper dans ses paroles : elle ne se trompera point dans son objet. Remise de nouveau sur les flots, elle s'attachera tantôt à une poutre, tantôt à un roseau. Elle se jettera à tort et à travers, tantôt dans la liberté contre l'autorité, tantôt dans l'autorité contre la liberté. Tour-à-tour hardie ou timide, imprudente ou avisée, elle avancera ou reculera; mais en reculant même, elle lancera le trait. Il n'est pas impossible qu'en ébranlant les colonnes du temple, elle ne se fasse écraser : elle fera écraser aussi des Philistins. J'ai entendu quelquefois rappeler à son sujet le supplice du muphti à Constantinople. Il faudrait, disait-on, prendre toute cette classe immaniable, intraitable, et la piler dans un mortier. En ce cas-là, pilez bien; car s'il en reste seulement un lambeau, vous devez vous attendre à ce que ce lambeau continuera à palpiter dans le même mouvement et dans le même sens.

Il est aussi une autre chose à laquelle vous devez vous attendre : c'est à être pilé à votre tour. Quand la révolution éclata, certaines classes crurent qu'il était tout-à-fait innocent de brûler, de lanterner les hommes des classes supérieures. Elles ne s'imaginaient pas

que la révolution pût arriver jusqu'à elles.
Quelques mois après, on envoya à la guillo-
tine ceux qui avaient envoyé à la lanterne ;
car le premier instinct du point d'honneur
d'en bas est toujours de vouloir effacer l'existence et le point d'honneur d'en haut.

CHAPITRE XI.

D'un certain mouvement des sociétés en France et en Europe.

IL m'est indispensable de revenir sur quelques détails de l'ancienne constitution de la France. Que mon lecteur ne s'effraie pas. Ce n'est ici ni Marculfe, ni Thegan, ni Grégoire de Tours, ni Hincmar, ni les capitulaires de Charlemagne, ni les établissemens de Saint Louis, que je veux lui reproduire; c'est une autre espèce de constitution que je veux lui retracer et lui rappeler.

Immédiatement avant la révolution, les hauts rangs de la nation française se composaient de la manière suivante : En haut, les hommes de la cour, qui se divisaient en seigneurs attachés au service, et en simples gentilshommes présentés. Il y avait ensuite parmi les gentilshommes de province la noblesse à preuve, c'est-à-dire ayant fait les différentes

preuves à Malte, aux pages, dans les chapitres
nobles ; ensuite les anoblis, et en dernière
ligne les magistrats et officiers publics non
nobles, mais vivant noblement.

On pourrait mettre en comédie, si on voulait, l'importance que s'arrogeait cette sphère
de futilités et de niaiseries, avec tout son ramage
de présentations et de prétentions, de révé-
rences et de petit babil, en dépit des frondeurs,
cette petite sphère s'appelait pompeusement LE
MONDE. Une femme disait très-sérieusement :
Mon fils est entré dans le *monde.* Il faut voir
avec quel plaisir un grave magistrat, un vieux
militaire, un bon prêtre s'entendaient dire
qu'ils avaient l'usage du *monde.* Une petite
dame disait très-sérieusement que sa coiffure
avait réussi, que sa parure avait fait un grand
effet, que telle ou telle plaisanterie de sa part
avait eu beaucoup de succès. Nos graves voisins n'ont pu échapper à cette magie. Ils ont
depuis long-temps leurs sociétés, leur *rout ;*
ils sont très-flattés quand on dit d'eux qu'ils ont
dans leurs manières, *what French call,* BON
TON : depuis long-temps leurs papiers publics
ne manquent jamais de réserver et d'écrire en
grandes lettres un article particulier sous le
titre de BEAU MONDE, *fashionable world.*

Avec ses lois, ses rits, ses règles, ce monde a établi, en France, une aménité de maniè-res qui, en rendant les communications plus douces, les rapports plus aimables, a attiré l'attention des étrangers, et a fini par se répan-dre dans toute l'Europe. Les autres nations se dessinant sur ce modèle, Paris est devenu une sorte de capitale pour tout le monde poli. On a souvent parlé de l'universalité de la langue française : on n'a pas soupçonné que le bon ton français, notre bel usage, nos belles manières répandus dans toute l'Europe, avec nos livres, nos modes, s'en sont en quelque sorte empa-rés. Le peuple qui avait dans son attitude, dans ses formes, dans ses sentimens, les plus belles nuances, a dû avoir la langue qui les exprimât le mieux : telle a été l'origine de la fortune de notre langue.

Tandis que ce monde, tout plein de gentillesse et de grâce, d'aménité et de bon ton, se déployait ainsi à la face des nations, avec sa parure, ses cordons, ses rubans, un autre monde, un peu grossier, mais plus robuste, croissait et se formait insensiblement auprès de lui : je veux parler du monde de la science, des lettres et des académies. Pendant long-temps ces deux mondes sont demeurés distincts. On connaît

d'époque où les magistrats eux - mêmes ont
commencé à aller dans le monde. Jusque vers
le milieu du siècle dernier, les savans, les académiciens et les hommes de lettres, n'avaient
encore, pour lieu de réunion, que des tavernes ou des cafés. Ces deux sphères une fois rap-
prochées, peu à peu elles se sont confondues: les
hommes de lettres se sont mis à prendre les
manières et le bon ton des hommes du monde:
les hommes du monde ont voulu prendre le
bel esprit des hommes de lettres. A force de
vivre entr'eux, les hommes du monde avaient
fini par contracter un peu de morgue et beaucoup d'ignorance. A force de vivre entr'eux,
les hommes de lettres avaient fini par mettre
dans leur esprit beaucoup de sottise, et dans
leur instruction beaucoup de fausseté. Tout
cela passa facilement pour de la lumière, auprès d'un peuple important qui avait peu d'é-
tude, parce qu'il avait le moyen de s'en passer. La philosophie du dix-huitième siècle,
après avoir fait son entrée dans le monde,
commença par y dominer. Si vous recher-
chez aujourd'hui les principaux moteurs de
la révolution, vous trouverez qu'ils ont été
nourris dans les palais des grands et des princes ; plusieurs ont été élevés par des évêques

et par des archevêques. Il en est résulté pour moi des points d'observation singuliers.

J'ai vu dans l'émigration quelques-uns de ces prélats qui m'ont semblé très-pieux, et que la philosophie néanmoins avait comptés parmi ses élèves. En recherchant avec les précautions convenables l'origine de cette singularité, j'ai cru reconnaître que le vernis d'impiété et de philosophie étant alors à la mode, on avait été entraîné, pour ses propres succès, à se produire sous ce vernis : voilà pour le clergé.

Dans la noblesse, c'était la même chose. Un homme de beaucoup d'esprit, qui a figuré ensuite avec éclat dans le parti opposé à la révolution, avait publié d'abord que la noblesse était un fléau ; il est revenu tout-à-fait de cette opinion, et cependant, jusqu'au dernier moment, il lui est resté dans la tête que la pairie, en France, avait été un *repaire de brigands*.

Une réunion nouvelle d'hommes de cour, d'hommes du monde, d'hommes de lettres, à laquelle étaient venus se joindre les hommes de finance et les hommes d'affaires : c'est ainsi que le beau monde s'était formé, lorsque la révolution survint. Dès qu'elle se fut déployée, cette petite sphère fut envahie facilement comme les autres. Des citoyens d'un droit égal, d'un devoir égal, d'un titre égal, y prirent, au nom de l'égalité, la supériorité à laquelle ils aspirent toujours. Depuis ce temps le beau monde a présenté les mêmes nuances que le monde politique.

A une première époque, des hommes en carmagnole, disant *j'avions*, *j'étions*, venaient le soir, en prononçant leurs oracles de bon ton, se délasser des oracles plus importans qu'ils avaient prononcés le matin pour le bonheur public. A une seconde époque, la révolution qui se fit dans le gouvernement passa dans le *monde*. Tout jeune homme bien mis avec son *épouse*, toute dame d'une mise décente avec sa *demoiselle* ; en un mot tout ce qui eut une fortune *conséquente* composa le nouveau beau monde. Encore en 1800, la municipalité d'Amiens avait à sa tête un cordonnier : on pouvait en même temps demander un passe-port, et commander des souliers.

A une troisième époque, celle du retour de l'émigration, les salons ont pris une nouvelle face. Les émigrés, ces hommes si vieillis, si ruinés, si décriés, se sont mis de nouveau, en dépit de Bonaparte et de ses agens, à la tête des salons et du beau monde. Les puissances s'étaient vues quelquefois obligées de traiter avec des coteries d'émigrés : Bonaparte fut entraîné à transiger avec le faubourg Saint-Germain.

Au retour de Louis XVIII, il était assez simple que l'ancienne noblesse française reprît tout-à-fait le sceptre du monde. Ce sceptre ayant, aujourd'hui, à gouverner les affaires d'opinion plus que les affaires de goût, ce qu'on appelle le monde est devenu, dans toutes les parties de la France, comme un grand club qui, sans combinaison, sans préméditation, s'est trouvé avoir naturellement, et par le seul mouvement des choses, ses correspondans partout et ses affiliés. C'est là que sont forcés chaque jour de comparaître les opinions et les systèmes, les factions et les partis. Dieu sait les jugemens qui s'y prononcent ! c'est égal. Un pouvoir exécutif bien constitué, sous un sénat de femmes aimables et brillantes, tient à sa disposition, comme autrefois, le blâme et la louange, les sifflets et les couronnes, les revers et les succès.

Avec ce petit empire, le beau monde français, mieux averti, et aujourd'hui plus éclairé, pourra repousser la révolution nouvelle qui se prépare. Je ne puis répondre de ce qui se passera en Europe. Là, s'il faut s'en rapporter à ce qu'on dit, la révolution française n'est pas une leçon : c'est un exemple. Le beau monde, plein de confiance en ses vieilles institutions, s'endormant sans précaution, ou s'irritant sans mesure, se trouve, comme l'ancienne France, placé entre des ténèbres qui ne leur permettent pas de se défendre, et des lumières qui menacent de devenir des torches. Là, ainsi que dans la France de 1789, comme des rapports nouveaux demandent absolument des cadres nouveaux, si les hommes de lettres, fortifiés des banquiers, des financiers et des hommes d'affaires, se prévalent contre le fond, du vice des formes, et parviennent à les décréditer en bloc ; s'ils parviennent à persuader aux évêques qu'il est du bon ton d'être impie, ou du moins d'en avoir l'apparence ; aux grands possesseurs, que leurs propriétés sont la suite du brigandage ; aux nobles, que la noblesse est un préjugé gothique ; aux princes, qu'il est honteux d'être grand ; aux souverains, qu'il est honteux d'être roi : ces progrès de la civilisation nouvelle finiront par généraliser dans toute l'Europe les bouleversemens et les catastrophes de la France.

On assure que nous ne sommes pas loin de

ce dénouement. De toutes parts les colléges, les universités, les académies, sont en marche contre les anciennes institutions : c'est-à-dire, pour parler un peu plus clairement, contre les anciens droits et les anciennes propriétés ; et, pour parler encore plus clairement, contre toutes les anciennes *inégalités*. L'Europe a ressenti une fois le contre-coup de la révolution qui a éclaté en France : la France pourra éprouver à son tour le contre-coup de la révolution qui se prépare en Europe.

CHAPITRE XII.

Du monde intellectuel. De l'opinion.

LORSQUE deux religieux de la Trappe se rencontrent dans leurs exercices, ils s'arrêtent un moment en face l'un de l'autre, et ils se disent: « Mon frère, il faut mourir! » C'est que, dans l'ordre des choses religieuses, la pensée de la mort, bien méditée et bien comprise, est ce qui nous donne au suprême degré la force des devoirs et le courage des sacrifices. Quand deux hommes d'état se rencontrent aujourd'hui, je voudrais de même qu'ils s'arrêtassent un moment en face l'un de l'autre, et qu'ils se dissent: « Mon frère, il y a eu une révolution. » De cette pensée, bien entendue une fois, et bien établie, se produirait sur-le-champ dans leur esprit, ce qu'ils ont à éviter et ce qu'ils ont à faire; et d'abord ils comprendraient ce que c'est que cette déraison qui est répandue aujourd'hui en France, et dans un grand nombre de nations.

Si vous examinez un corps sain dans lequel les organes et les viscères, les fibres et les nerfs, les glandes et les vaisseaux se trouvent en parfaite harmonie, vous reconnaîtrez bientôt que, dans ce corps si bien ordonné, l'intelligence fait elle-même partie de cette harmonie : c'est ce qui compose le *mens sana in corpore sano*. Au contraire, si vous venez à reconnaître, dans certains sujets, des lésions organiques graves, une irritation nerveuse ou une inflammation du sang, vous comprenez comment de ces divers accidens peuvent s'en suivre la fièvre, le délire, la fureur ou l'aliénation mentale. C'est ainsi, en France, que la désorganisation sociale a été le prélude d'une désorganisation correspondante dans la raison humaine. Au moment de la dissolution d'un peuple, c'est presque une chose uniforme que les *sans-esprit* s'élèvent en même temps que les *sans-culottes* : ceux-ci pour s'emparer du monde politique ; ceux-là du monde intellectuel.

On s'étonne, dans ce cas, des grands efforts et des grands effets. *Grand* n'est ici qu'en apparence : c'est *violent* qu'il faudrait dire.

On aperçoit de grands mouvemens. Il faut comprendre la cause de cette singularité.

On connaît l'axiome suivant d'un ancien : « Il n'est rien de si absurde qui n'ait été dit. » Il aurait dû ajouter : et à quoi un homme d'esprit n'ait prêté son appui. Placez - vous un moment hors des sphères chrétiennes, vous verrez qu'à une religion absurde, il n'a jamais manqué un prêtre. Tournez-vous d'un autre côté, vers tous les systèmes quelque absurdes qu'ils aient pu être, vous verrez qu'il ne leur a jamais manqué un homme d'esprit. Toutefois il faut faire attention à la différence des temps. On a pu dire autrefois les Neutoniens, et les Cartésiens, les Platoniciens et les Pythagoriciens ; on a pu dire le parti de César et le parti de Pompée : c'est bon pour les temps féodaux. L'égalité des rangs a amené aujourd'hui l'égalité des têtes. Les pauvres d'argent et les pauvres d'esprit, devenus deux peuples souverains, veulent bien permettre à quelques hommes de se désigner comme chefs de parti : ce n'est qu'à condition de faire réussir leurs atrocités, ou d'illustrer leurs folies. Au premier moment où les uns et les autres s'écartent de cette ligne, on sait comme ils sont abattus. Allez un moment dans les salles de l'Hôtel-Dieu de Paris, et voyez-y tous les malades dictant des ordonnances à leurs médecins; allez dans les cabinets des avocats, et voyez-y tous les plaideurs dictant des consultations aux jurisconsultes; allez dans toutes les places fortes, et voyez-y les soldats commandant partout l'exercice à leurs capitaines: vous aurez une idée juste des changemens opérés, par la révolution, dans le monde intellectuel.

Quand on connaît bien ce premier phénomène, il en est d'autres qu'on peut parvenir à expliquer.

On croit généralement que l'esprit seul peut avoir du succès : dans un certain état des peuples, l'ineptie peut en avoir beaucoup plus. L'esprit des lois a eu sûrement de la faveur en Europe; moins que l'esprit de certaines coteries d'émigrés à Londres et à Coblentz. On a eu beau lui opposer des obstacles, il les a renversés; il a fini par avoir les grandes entrées chez les rois et chez les ministres. Bonaparte n'était pas gai de sa nature; les extravagances du faubourg Saint-Germain le faisaient rire : tout cela était animé d'un certain bon ton qui lui plaisait. On a vu ainsi en mouvement trois sortes d'inepties, l'une appuyée par toute la grâce des hommes de bon ton, l'autre, par les armées et le gros canon de la république, la troisième, par l'éloquence des Pétion et des Saint-Just, pénétrer par diverses issues en Europe, et envahir son territoire, ses académies, ses cabinets.

Je reviens à mon premier principe. Vous avez eu une révolution qui a dissous la France; elle a dissous en même temps l'opinion. Tout ainsi que, dans l'aliénation mentale, c'est en traitant l'état physique qu'on parvient à rétablir l'état moral; ce n'est pas en traitant seulement l'opinion que vous rétablirez la France; c'est surtout en traitant la France que vous rétablirez l'opinion.

~~~~~~

CHAPITRE XIII.

Dans cette position il est impossible d'avoir des lois.
Premier exemple dans la loi de recrutement.

———

Il en est qui veulent rétablir la France par
l'opinion ; il en est d'autres qui espèrent la rétablir par les lois. Dans l'état actuel de la France,
il est aussi impossible d'avoir des lois que d'a-
voir une opinion. Donnez-nous des réglemens:
à la bonne heure. Il nous en faut pour nous
gouverner momentanément ; mais, au nom de
Dieu, renoncez à nous donner des lois. Elles
sont inutiles, et de plus, elles sont un fléau ;
car, comme vous n'avez pas de base, ou, ce
qui est la même chose, comme toutes les bases
sont contestées, vous ne savez où appuyer vos
lois. A mesure que, selon la variation des temps,
cette base s'élève ou s'abaisse, s'avance ou s'é-
loigne, vos lois subissant toutes ces oscillations, sont exécutées dans un sens ou exécutées dans un autre, ou ne sont pas exécutées
du tout. Ainsi, avant de penser à faire aucune

28

loi, c'est la base des lois, laquelle n'est elle-même qu'une loi générale primitive, que vous devez chercher à établir et à fixer.

Cette base, lorsqu'on la recherche par la pensée, se présente à l'esprit sous deux formes: 1° les classes, espèce de cadres où sont rangés les citoyens selon leurs mœurs, leurs occupations, leurs professions; 2° les rangs, c'est-à-dire les cadres où sont rangés les citoyens, selon l'ordre de leur volume dans l'Etat, de leur influence et de leur importance. Le vice de cette double composition serait si ces cadres étaient sans issue, comme dans plusieurs états, où les rangs et les professions, étant une fois fixés, ils demeurent inamovibles. Mais lorsque ces cadres, bien établis, ont des issues les uns dans les autres, lorsqu'il règne entr'eux des rapports qui y entretiennent l'activité et le mouvement, l'Etat est composé comme il doit être. Vous pouvez alors, selon votre volonté, faire des lois, ou vous en dispenser; les lois ressortiront comme d'elles-mêmes de la fécondité de cette base primitive.

J'ai annoncé d'abord pour exemple la loi de recrutement.

Que Dieu préserve les nations de votre niveau révolutionnaire, qui consiste à mettre toutes les têtes sur une même ligne, et à retrancher ensuite, ou à allonger de force avec un cabestan tout ce qui est au-dessus ou au-dessous de ce niveau! En ne supposant ni rang ni classe, on appelle de la même manière le fils du pair de France et celui du décroteur; on les envoie à la même gamelle et à la même chambrée : on appelle de la même manière le fils aîné et le fils puîné, le fils unique et celui qui a douze frères; on appelle de la même manière celui qui est propre aux armes et celui qui est propre à la science, au commerce et aux arts.

Actuellement plaçons-nous dans l'hypothèse contraire. Supposons la nation française distribuée et classée; dans cette supposition, je partirai tant que vous voudrez de votre principe d'égalité; car alors, comme l'a très-bien dit un noble pair, M. le duc de La Vauguyon, ce sera, non un niveau révolutionnaire, mais une égalité de balance, telle qu'elle convient à un état policé.

Ce qui rend votre loi de conscription odieuse pour les classes supérieures, ce n'est pas le danger des combats et le sacrifice de la vie; les sentimens de patrie sont exaltés au plus haut degré sous le nom d'honneur: c'est la mixtion avec les hommes des dernières classes ; c'est je ne sais quelle manière d'être débités ensemble et pêle-mêle comme une vile matière. En portant votre balance auprès de cette classe, vous verrez que c'est la conscription qu'il faut faire, et la mixtion qu'il faut éviter.

D'un autre côté, ce qui rend la conscription odieuse pour les dernières classes, ce n'est pas la peine ou la crainte de quelque fatigue corporelle ; c'est la crainte du déplacement, d'une sorte d'expatriation, et aussi la crainte de la mort. Dans des classes où les sentimens de patrie sont moins exaltés, en proportion que les sentimens du besoin le sont davantage, la demande qui est faite indifféremment à tous du sacrifice de leur vie, pour un objet vague et inconnu, est effrayante. En portant votre balance auprès de cette classe, vous penserez aux compensations qu'il faut lui offrir ; vous verrez qu'avant tout, c'est l'enthousiasme qu'il faut y créer.

Enfin, dans les classes bourgeoises, où le sentiment exalté de patrie se remarque souvent au plus haut degré, et où l'horreur de se trouver débité pêle-mêle avec les hommes des dernières classes se remarque souvent de même, la loi paroîtra fort dure. Quoi ! un fils a donné de grandes espérances pour les sciences, pour la magistrature, pour le commerce, et tout à coup il faut le sacrifier et le perdre !

Bonaparte lui-même avait été obligé de faire des exceptions en faveur des évêques et de leurs séminaires. Du moment que vous avez une classe qui s'appelle Clergé, cela est indispensable. Quand vous aurez des classes de lois, des sciences et de commerce, le besoin de ces lois et de ces sciences, et de ce commerce, vous prescrira les mêmes ménagemens. Il nous faut des savans et des magistrats, comme il nous faut des prêtres.

En partant de la distribution des classes et des rangs, vous eussiez fait une loi de recrutement douce et juste; vous eussiez été amené naturellement, non pas à effacer la conscription; la noblesse au contraire vous la demande; le premier caractère d'un gentilhomme est d'être en naissant citoyen de l'Etat et soldat de l'Etat ; mais à composer cette conscription d'une manière raisonnable. Vous eussiez offert aux classes bourgeoises et aux classes inférieures tous les dédommagemens qu'exigent leurs positions particulières. Pour arriver à un certain but qui vous plaisait, vous avez tout violenté et tout froissé. *

Je ne veux rien outrer. Grâce à la bonté du Roi, je vois qu'il y a dans les écoles spéciales, dans les remplacemens à prix d'argent, ainsi que dans d'autres dispositions, des moyens d'échapper aux inconvéniens de la loi. Sous Bonaparte on était parvenu à éluder les lois de la conscription, et sous le Directoire celles de l'émigration : il est possible qu'on parvienne de même à échapper aux réglemens de la conscription nouvelle. Je respecte tout ce qui a été suggéré à cet égard par de grands et honorables motifs; et cependant je ne puis m'empêcher de déplorer quelques fâcheux inconvéniens.

On sait ce qui s'est pratiqué envers les lois de l'émigration : bassesse, hypocrisie, faux témoignage, faux certificat, captation, subornation, sacrifice énorme d'argent; contre

---

* Je ne puis savoir ce qu'on obtiendra avec la nouvelle loi; mais si la France était distribuée et classée comme elle doit l'être, avant six mois elle pourrait avoir cent mille hommes de cavalerie et quatre cent mille hommes d'infanterie, sans qu'un tel appel excitât la moindre plainte.

certaines lois on dirait que tout est bon. Quand Gil Blas est tombé dans la caverne de brigands, on ne se scandalise plus des moyens qu'il emploie pour en sortir; tout est mis en activité alors, et presque en honneur.

Quand on pourrait échapper honorablement aux inconvéniens de la loi nouvelle, il en est un sur lequel je ne pourrais m'empêcher de gémir ; c'est tout l'ensemble de doctrines perverses dont on a jugé à propos de l'accompagner. Les effets qu'auront ces doctrines en France et en Europe me paraissent incalculables. On verra aux prochaines élections. La déclaration du Conseil d'Etat dans les cent jours a été moins révolutionnaire et moins funeste.

CHAPITRE XIV.

Second exemple dans la loi sur la liberté de la presse.

———

Un grand obstacle à la confection des lois est la confusion des rangs; un autre grand obstacle c'est la confusion des classes.

Le principal vice de la loi sur la liberté de la presse, c'est de nous avoir été donnée comme une loi stable : une loi transitoire n'eût éprouvé aucune difficulté. Cette pensée était tellement d'instinct dans les esprits, que les uns en ont fait la condition expresse de son admission ; les autres se sont attachés à l'établissement d'un jury. Un tel tribunal se composant d'une succession de juges, se rapportait par là même à une succession de temps. Une loi immobile qui a la prétention d'attacher à elle un sol essentiellement mobile, devient par cela même un fléau. Examinons actuellement la loi dans ses dispositions.

En vertu de l'article 8 de la Charte : *Les Français ont le droit de publier et de faire imprimer leurs opinions.*

Remarquons d'abord que le droit de publier est distinct ici du droit de faire imprimer. On publie en effet ses opinions par le moyen de la parole, par celui de l'écriture, ou par celui de l'imprimerie. L'antiquité n'a point connu la liberté de publier par l'imprimerie, puisque l'imprimerie n'existait pas ; mais elle a très-bien connu la liberté de publier par l'écriture et par la parole. Nous voyons par la quantité de livres qui nous restent, et par la nature de ces livres, qu'il a régné alors une grande liberté de publier sa pensée par l'écriture.

Cette liberté cependant n'a pas toujours été entière. Les empereurs romains et leurs ministres se sont permis quelquefois de faire brûler des livres. Je me rappelle à ce sujet un beau passage de Tacite : « Ils croyaient sans doute « en exterminant les livres, exterminer aussi « la conscience du genre humain. »

La liberté de la parole n'a pas été moins respectée dans l'antiquité que la liberté de l'écriture. Ce fut un bien singulier homme que ce Pythagore qui avait imaginé d'imposer à ses

disciples un silence de cinq ans. Toutefois à
la suite de cette épreuve les jeunes gens pouvaient, non-seulement parler tout à leur aise,
ils pouvaient aussi, si cela leur convenait, se
répandre dans toute la terre, former des écoles
et recevoir des disciples. Le passage de ces
philosophes dans les villes était un sujet de
fête ; on dressait pour eux dans les places publiques des amphithéâtres ; la ville entière s'y
rassemblait. Quand Pythagore débarqua en
Italie, les pères lui amenèrent leurs enfans :
bien plus, les maris lui amenèrent leurs femmes.

Quelque bien établi que fût ce droit de publier sa pensée par la parole, je trouve, comme
pour celui de publier sa pensée par les livres,
qu'il y a été fait de grandes infractions. Rome,
fatiguée de ces prédications en plein air, chassa
les philosophes de la ville à plusieurs reprises.

Aujourd'hui on a prévu que dans quelques
cas cette triple liberté pourrait avoir des inconvéniens. Toutefois, la loi a commencé à
poser le principe : *Les Français ont droit de
publier*. Quoi ! tous les Français indistinctement, les sages et les étourdis, les bons et les
méchans, ceux qui ont quelque chose et ceux

qui n'ont rien, le maréchal de France et le savetier, les maîtres et les simples élèves!

Pour rendre l'article de la Charte plus précis,
je suppose que tout le monde pût aller, comme
autrefois, établir des amphithéâtres dans les
lieux publics, à l'effet d'y étaler ses pensées
et ses doctrines; je suppose qu'attendu le droit
égal, le titre égal de tous les Français, et l'a-
bolition des priviléges, il fût permis à tous de
plaider dans les tribunaux, et de débiter dans
les églises la doctrine évangélique, il est probable qu'il en resulterait quelques inconvéniens; cependant, comme à la suite de l'article 8 il y a : *en se conformant aux lois qui
doivent régler les abus de cette liberté*, il faut
croire qu'il se présenterait bientôt une loi pour
régler l'usage de la loi. Vous établiriez d'abord
à la porte des églises, des tribunaux et des
lieux publics, des censeurs qui demanderaient
à chacun les paroles qu'il va dire, à l'effet de
les examiner bien soigneusement. Au bout de
quelque temps, si l'on trouvait impraticable
cette mesure des censeurs, voilà ceux-ci avec
leurs jurys, ceux-là avec leur police correctionnelle, occupés à *régler les abus de cette liberté* : je doute qu'on parvînt de cette manière
à quelque chose de sage.

Au contraire, voyez depuis long-temps ce qui se passe. Une portion très-considérable de Français ont joui sans Charte, sans loi préventive, de la liberté de la parole, de la liberté de l'écriture, de la liberté de la presse; on n'a observé presque aucun abus. Dans les cours judiciaires, il y a eu, sous le nom d'avocats, des hommes ayant le *privilége* (*horrendum!*) de débiter pour l'intérêt de leurs cliens tout ce qui leur passait par la tête. Ils ont écrit leurs plaidoyers, et les ont publiés sous le nom de mémoires ou de *factum*, sans aucune censure préalable. Il en a été de même dans les églises: on y a vu des curés, des prédicateurs, des évêques, qui dans leurs prônes, dans leurs sermons, dans leurs mandemens, prononçaient par écrit ou de vive voix, sans censure préalable, tout ce qui était dans leur conscience. On n'a remarqué dans cet usage de la liberté presque aucun écart. Et pourquoi cela?

Par rapport au barreau, c'est parce qu'un avocat, ayant été soumis d'avance à des études et à des épreuves, est ainsi dressé et façonné par une éducation première. Enfermé ensuite dans une hiérarchie particulière, sous la discipline générale d'un tribunal, et la discipline particulière d'un bâtonnier, il ne peut se livrer à aucun écart.

Par rapport au jeune orateur de la chaire évangélique, c'est qu'ayant déjà subi pendant plusieurs années dans des colléges et dans des séminaires, et ensuite comme sous-diacre et diacre, des examens et des épreuves, il se trouve déjà dressé et façonné comme l'avocat par une éducation première. Rangé après cela dans une grande hiérarchie, sous la discipline générale d'un évêque et de ses grands-vicaires, et sous la surveillance d'un curé, non-seulement il ne commettra pas d'écarts, il n'en aura pas même la pensée.

Certes, je suis partisan de la liberté de la presse, comme je suis partisan de toute autre espèce de liberté; et c'est pour cela même que je ne veux pas qu'on la prostitue : car prostituer, c'est déshonorer. Vous n'accordez pas à un enfant la liberté des armes à feu; vous n'accordez pas au premier venu la permission de fabriquer des drogues et de les débiter; vous n'accordez pas à un mineur la permission de disposer d'un arpent de terre : et vous accordez à tous les Français indistinctement la permission de disposer des choses et des personnes! Dans une nation qui a une grande délicatesse, et dans laquelle les bienséances et les convenances, la considération et la réputation, le ridicule et la bouffonnerie ont tant d'importance et d'effet, vous permettez à tous les Français indistinctement de bouleverser ces bienséances et ces convenances, ou bien vous soumettez tout cela à une police correctionnelle!

Quelque mauvaise idée que j'aie de la solidité du sol actuel de la France, je n'ai pu m'empêcher de rire de l'exagération qu'ont montrée en ce genre les orateurs du Gouvernement! Lorsqu'un mauvais livre aura paru, sera-t-il temps de le saisir, selon eux; lorsque semblable au poison, nous a dit l'un, à la peste, nous a dit l'autre, à la poudre à canon, nous a dit un troisième, il aura tout dévasté. Certes, si notre situation est telle que l'État soit sur le point de crouler à l'apparition d'un pauvre petit pamphlet, il me semble qu'il y a beaucoup d'autres choses à régler que des pamphlets. Si la chambre, où s'assemblent tous les jours les députés, est telle, qu'elle soit sans cesse au moment de crouler, c'est bien de prier ces messieurs de ne pas monter à la tribune, et de s'interdire toute espèce de mouvement : cependant ne faudrait-il pas en même temps appeler l'architecte ?

Le chancelier Bacon l'a fort bien dit : les choses ne veulent point être gouvernées, *res nolunt gubernari* ; elles veulent se gouverner elles-mêmes. Si certains législateurs plantaient une laitue, ils viendraient chaque matin la prendre dans leurs mains pour l'aider à croître et à pousser. Quand les choses sont dans leur ordre, ayez soin de ne pas les troubler ; quand elles n'y sont pas, ayez soin de les y placer. Vous voulez faire des lois partielles, faites d'abord la base sur laquelle elles doivent reposer; c'est-à-dire, faites la loi générale primitive, de laquelle ressortent facilement et presque d'elles-mêmes toutes les autres.

CHAPITRE XV.

Ce qu'il faut faire.

———

Il y a eu pendant près de quatorze siècles sur un territoire appelé la France un grand peuple appelé le peuple français. Ce peuple a péri dans une longue suite d'événemens, qu'on est convenu d'appeler révolution. Ce qui était la France, n'est plus aujourd'hui qu'un vaste pays ; ce qui était un grand peuple n'est plus qu'une multitude. Depuis plus de vingt ans, ce pays et cette multitude s'efforcent de revenir à l'état de peuple ; leurs tentatives continuellement répétées sont continuellement vaines, parce qu'en cherchant à se recomposer, ils s'obstinent à conserver les principes par lesquels ils ont été décomposés.

Le principe premier, le plus fâcheux, par lequel la France s'est décomposée, c'est la haine de ses temps anciens. Pendant près d'un siècle, le patriotisme a été, en France, la haine de la patrie. Les principes secondaires qui s'y sont joints, tels que les dogmes de la souveraineté du peuple, de la majorité délibérante, de l'égalité absolue, n'ont pas été moins fâcheux.

Si on veut refaire la France, c'est-à-dire si on veut redonner une véritable vie nationale à cette multitude, il faut commencer par se convaincre que, comme la vie se compose d'un passé, d'un présent et d'un avenir, il est impossible de conserver la solution de continuité que la révolution a opérée.

Au moment de la première restauration, le gouvernement avait compris qu'il était indispensable à un Roi ancien de se placer dans la France ancienne : au milieu des cadres vigoureux de la France nouvelle, cette démarche fut exécutée avec peu de prudence. A la seconde restauration, ces cadres ayant été brisés, et se trouvant, par là, affaiblis, le gouvernement put cette fois, avec plus de sécurité, se replacer dans la France ancienne. A une première époque, il avait été forcé de quitter sa situation par la faute de la France nouvelle ; à la seconde restauration il s'est trouvé obligé de l'abandonner par la faute de la France ancienne.

Reporté, par la mauvaise conduite de l'assemblée de 1815, au milieu de la France nouvelle, il est facile de prévoir qu'il ne se conservera pas mieux dans cette situation que dans la première. Ce qu'il faut faire aujourd'hui, c'est de revenir bien vite à la France ancienne, d'y faire entrer en même temps toute la France nouvelle; avec un grand soin de ne se laisser envahir désormais ni par les folies de celle-ci, ni par les erreurs de l'autre.

Avant tout, ce qu'il faut faire, c'est de marcher bien armé, et avec du gros canon, s'il est possible, contre tout ce qui s'appelle aujourd'hui accroissement des lumières, progrès de la civilisation, esprit du siècle : masques nouveaux sous lesquels reparaissent nos anciens droits de l'homme, avec leur sequelle de liberté, égalité, fraternité, ou la mort. Avec ceux-ci, il ne fallut pas plus d'un an pour que le trône de Louis XVI fût changé en échafaud; avec ceux-là, je ne puis dire combien dureront les trônes de l'Europe; mais je n'ai aucun doute qu'avant peu d'années toute l'ancienne civilisation du monde ne soit en poussière.

Toutefois, encore que ces doctrines, dans l'intention finale de leur objet, soient exécrables, même en donnant carrière à son indignation, il faut savoir la contenir dans ses bornes. Tout n'est pas faux dans cette erreur des droits de l'homme, qui nous a fait tant de mal ; tout n'est pas faux de même dans cette supposition des progrès de la civilisation, avec laquelle on arriverait à de si horribles résultats. Il est très-vrai que le temps qui change les rapports, change en même temps les intérêts et les habitudes. Dans une succession de choses aussi mobiles, quelque chose de mobile se montre aussi dans les lois, ainsi que dans la constitution d'un peuple. Dans ce cas, si quelque chose se déplace, c'est seulement dans les formes : il y a un fonds éternel qui ne varie point. Ceux qui, partant de la supposition d'un progrès dans la civilisation, veulent nous amener à renverser les principes essentiels de toutes les sociétés, me font la même impression que ceux qui, sous prétexte de certaines vicissitudes par lesquelles le corps humain passe des formes de l'enfance à celles de la puberté, de l'âge mûr et de la vieillesse, voudraient abolir, dans toute l'animalité, le cœur et les entrailles.

En suivant cette marche, on fera sûrement une contre-révolution dans les principes : on n'en fera point dans les formes que les choses nouvelles ont établies. On laissera pour ce qu'ils sont, les événemens survenus, et les avantages qu'ils ont déterminés : on empêchera que ces événemens ne se renouvellent. J'ai été dans la Calabre : ce pays a su s'arranger avec la catastrophe qu'il a subie ; il n'en demande pas une nouvelle.

Enfin, ce qu'il faut faire, c'est de tâcher que nous ayons désormais un plus grand nombre de citoyens ; et, s'il est possible, un peu moins d'hommes d'Etat. On est loin de soupçonner l'origine de cet inconvénient. Le Gouvernement a la bonté de s'occuper de ma maison ; il fait des lois pour m'obliger à bien nourrir mes enfans : il veut bien aussi s'occuper de la cité et de son territoire. En un mot, le Gouvernement a la bonté d'être citoyen ; c'est bien le moins, d'après cela, que les citoyens s'occupent à soulager le Gouvernement dans toutes les choses d'Etat. Lisez en détail l'*Histoire des Conspirations du Temps* ; vous vous y verrez les bottiers, les cordonniers, les serruriers, les perruquiers, tout pénétrés de la doctrine à la mode, du droit égal, du titre

égal, du devoir égal, s'occuper de la marche
du Gouvernement avec le même zèle que le
Gouvernement en met lui-même à l'administration de leurs boutiques.

CHAPITRE XVI.

Examen de ce parti, dans les rapports de la France ancienne et de la France nouvelle.

———

IL faut commencer par faire disparaître, dans cette matière, tout ce qui concerné la suppression des dîmes et de ce qu'on est convenu d'appeler droits féodaux ; il faut faire disparaître de même la grande difficulté des confiscations et de l'acquisition des biens nationaux. Comme sacrifices, la France ancienne a tout à accepter : comme peine, rien à supporter. Il ne reste à traiter que la juste parité d'avantages que, sur certains points, les deux Frances sont dans le cas de réclamer.

Ma doctrine s'étalera ici avec franchise. Lorsque la révolution, bouleversant l'ancien sol français, en a fait sortir les Masséna, les Pichegru, les Moreau, tout en abhorrant la cause, j'ai pu m'applaudir de cette partie des résultats. Faut-il pour cela regretter les boule-versemens de la révolution ? Dieu m'en pré-serve ! En reconnaissance de la gloire que ces hommes nous ont donnée, si le gouvernement recomposait l'ordre des choses qui les a pro-duits, il faudrait fuir au-delà des mers.

Avoir franchement horreur des résultats hor-ribles de la révolution, donner franchement son admiration à ce qu'elle a développé d'é-clatant ou d'honorable, est, ce me semble, une disposition juste. C'est précisément à cause des horreurs de la révolution, que mon cœur français s'attache fortement à tout ce qui a quel-que poids pour les balancer. La Grèce faisait tomber ses murailles en présence d'un simple joueur de flûte dont le triomphe avait donné de la gloire à sa cité. Que ferons-nous, nous, pour ces Français qui ont couvert la révolution elle-même de leur gloire ? Parmi ces hommes, quelques-uns ont appartenu à une condition élevée ; d'autres sont nés dans une condition obscure : qu'est-ce que cela fait ?

En visitant, dans ma jeunesse, un de ces monastères rigides qu'une certaine philosophie a voulu ridiculiser, comme si ce pouvait être une chose ridicule que ces exemples d'abnéga-tion de soi-même, et de victoires remportées

sur les frivolités du monde, je me souviens, à
la vue de ces respectables cénobites, d'avoir
été frappé de quelque chose de céleste qui
était dans leur contenance et dans leur sérénité. Je savais que c'étaient des hommes d'une
condition obscure : mon front s'abaissait avec
plaisir devant ces nouveaux parvenus, princes de la piété et de la vertu. Lors de ma ren-
trée en France, j'ai été dans le cas de rencontrer aussi quelquefois de ces héros de la France
nouvelle ; j'ai pu savoir de même que quelques-uns étaient nés dans une condition inférieure : mon front s'est abaissé avec joie devant ces nouveaux parvenus, princes du courage et de l'honneur. Partout où la gloire s'é-
tablit, son éclat est tel qu'il efface ce qu'il peut
y avoir de subalterne dans une condition
passée, de même qu'elle rehausse tout ce qu'il
y a d'élevé dans la condition présente.

En partant de ce principe que tous les avantages nouveaux, toutes les gloires issues de la
révolution seront consacrées et conservées,
quel inconvénient y a-t-il (à moins qu'on y
mette de la mauvaise volonté ou de la maladresse) de les rattacher aux avantages et à la
gloire de la France ancienne ? Louis XVIII
ne trouve sûrement aucune difficulté à être

Roi à la manière de Louis XV et de Louis XIV. Quelle peine peut éprouver un maréchal de France d'aujourd'hui, à l'être à la manière de Turenne et de Vauban, de Catinat et de Villars ? Quelle peine peut éprouver un duc et pair du temps nouveau, à l'être de la même manière qu'un duc et pair ancien ? L'épaulette même du petit sous-lieutenant, qui fait qu'elle est devenue un objet d'envie ? si ce n'est le reflet qu'elle conserve encore un peu de l'épaulette ancienne !

CHAPITRE XVII.

Examen de ce parti dans l'intérêt des conditions inférieures.

———

JE ne puis comprendre où en veulent venir ceux qui ont imaginé de jeter dans ces classes, jugées depuis long-temps si difficiles à conduire, en raison de leur nombre, de leur force, de leurs inquiétudes et de leurs besoins, le ferment nouveau de la prétention de droit égal, de titre égal, ainsi que du point d'honheur.

Dans toutes les classes de la société, l'économie, la frugalité et une sorte de sagesse de conduite sont des vertus recommandables : dans les dernières classes, elles sont de première nécessité. Aux prises habituellement avec la misère, ce n'est que de cette manière qu'elles peuvent y échapper. Là, il faut absolument que les six jours ouvrables de la semaine économisent pour le dimanche où on

ne travaille pas; il faut que les temps de bonne
santé économisent pour les temps de maladie ;
il faut, surtout dans les manufactures, que les
temps d'activité économisent pour ceux où il
n'y aura pas d'emploi : pour cela il faut faire
des épargnes même sur un petit salaire. Obligées, plus que les autres, à une rigueur de
tempérance et de frugalité ; ces classes avaient
eu jusqu'ici à se défendre tantôt d'un peu de
paresse , qui fait qu'on ne porte pas à son
travail toute l'activité dont on est susceptible;
tantôt d'un peu de gourmandise, qui porte à
tout consommer pour le plaisir d'un jour;
tantôt d'un peu de vanité, qui porte à vouloir égaler ou même surpasser en petites jouissances ceux avec qui l'identité des travaux et
des habitudes donne des rapports journaliers.
Toutefois ces inconvéniens n'avaient eu qu'une
petite sphère : aucun législateur n'avait cru
devoir souffler sur ces tisons, à l'effet de leur
donner plus d'activité. Point du tout, comme
si on avait intention d'encourager, dans ceux-
ci, la nonchalance ; dans ceux-là, l'intempérance ; dans les autres, les dispositions naturelles à la grossièreté et à la brutalité, voilà
des hommes avec un habit de député et des
noms respectables , qui viennent présenter

à ces classes les prétentions enivrantes d'un droit égal, d'un titre égal, ainsi que du point d'honneur.

A cet égard, remarquons que, dans les classes élevées, le point d'honneur se trouve en harmonie, d'un côté, avec l'élégance des manières, des vêtemens, des habitudes; d'un autre côté, avec une éducation soignée, les beaux sentimens qu'elle fait naître, et les honorables traditions de famille. Dans les classes grossières et misérables, où ne se trouvent pas ces préservatifs, on est effrayé, au premier abord, de l'espèce de point d'honneur qui va s'y introduire. Si, après cela, de grands événemens récens ont donné un grand exemple, si l'impunité laissée à ces événemens, et les avantages créés par eux, offrent un grand scandale et un grand appât, si la multitude des spoliations a établi dans tous les esprits que les possessions ne sont pas de droit, mais seulement de fortune, le misérable à qui on a persuadé qu'il est citoyen à titre égal, à droit égal, et qui est animé en outre par le point d'honneur, sera d'une complexion bien extraordinaire, si, à la première crise, il ne se jette pas avec impétuosité sur toute la composition sociale. Que dis-je? Il n'attendra pas la pre-

mière crise : l'égalité des rangs dont on lui
a parlé s'entendra, pour lui, de l'égalité des
richesses. Chez nos voisins, où, à l'aide de la
doctrine de M. Camille Jourdan, un certain
point d'honneur entre quelquefois dans les
dernières classes, on n'y a pas, comme en
France, seulement des gentilshommes de châ-
teau ; on y a aussi des *gentilshommes de grand
chemin* : HIGHWAY GENTLEMEN.

CHAPITRE XVIII.

De ce parti examiné dans les intérêts de la bourgeoisie.

———

Au lieu d'ouvrir, comme on le fait, carrière à l'orgueil, à la violence, à l'intempérance, le soin d'un moraliste devrait être de l'ouvrir à la modestie et à la sobriété. Au lieu d'inviter les conditions inférieures à se précipiter sur les conditions élevées, on devrait songer au contraire à les discipliner et à les contenir. Composer leurs sphères en petites républiques; composer, dans ces petites républiques, des lois, des règles, une sorte de constitution adaptée à leurs besoins; faire qu'en proportion de leur augmentation de fortune, fruit de leur augmentation d'industrie, elles puissent s'élever progressivement, d'abord à un rang supérieur, et ensuite à un rang plus élevé : c'est ainsi qu'on deviendrait le bienfaiteur de ces classes. Passons à la bourgeoisie.

Et d'abord, quand le brigandage sera établi, c'est se tromper que d'espérer qu'on pillera seulement les châteaux, et que, sur les grands chemins, on assassinera seulement des gentilshommes : l'expérience nous a appris que, dans ce cas, on assassine aussi les bourgeois, on pille aussi les boutiques. Sous ce rapport, la bourgeoisie a le même intérêt que la noblesse au bon ordre et à la régularité des classes inférieures.

On lui dit : « C'est vrai, il y a quelques dangers pour vous dans l'ordre de choses que nous allons établir; mais aussi quelle multitude de compensations! Sous cet exécrable ancien régime, vous n'étiez pas admis à la cour; vous n'étiez pas même admis dans le monde. On vous défendait du cumuler les honorables professions du commerce, de la jurisprudence, de la médecine et des beaux arts, avec les places de l'armée, de la magistrature et de la noblesse. Aujourd'hui tout vous est ouvert : le matin, vous gagnerez de l'argent; le soir, vous serez dans les honneurs. Après avoir expédié ses barriques de morue, celui-ci viendra faire sa place de premier gentilhomme de la chambre; après avoir expédié ses toiles, celui-ci paradera au salon du Roi et des princesses.

La capitale se modèlera, à cet égard, sur la cour ; les provinces sur la capitale : du reste, nous proclamons aujourd'hui l'égalité : c'est seulement pour détruire la noblesse. Une fois détruite, nous aurons bien soin d'empêcher le point d'honneur d'en bas de se mêler avec le vôtre. Nous composerons une loi d'élection, pour que toute l'autorité politique soit dans vos mains ; nous composerons une loi de recrutement, pour que vous ayez en même temps toute la force. Désormais la France entière est à vous ; vous allez être comme des dieux. *Vos sicut dii eritis.* »

Classe respectable, dans laquelle j'ai de si bons et de si nombreux amis, vous ne me démentirez pas, si j'ose dire ici avec quelle tendresse, quelle fidélité d'amitié, quelle vénération pour vos avantages de talent, de science et d'esprit, j'ai vécu avec plusieurs d'entre vous. Excusez si la main qui va tracer ces lignes, et que l'âge a déjà affaiblie, ose vous adresser ce qui pourra paraître à quelques personnes de dures vérités; mais je vous estime assez pour n'avoir aucune inquiétude ; et c'est presque vous donner une marque de mon respect, que de vous parler sans ménagement.

On s'indigne de voir éloignées du monde,

ainsi que de la cour, des professions aussi estimables que celles de l'avocat, du médecin, du négociant : on signale, dans cette disposition de choses, l'orgueil et la perversité d'une caste. Je répondrai que non seulement il n'y a pas eu le moindre orgueil dans tout cela, mais même qu'il n'y a jamais eu, à cet égard, d'intention précise. Le rapprochement en ce genre, ainsi que la séparation, s'est fait, non par des volontés particulières, mais par le seul instinct des choses. Je vois même en général que ces sortes de compositions seules ont du succès. O honte de l'esprit humain ! Ce n'est pas au siècle de lumière, mais aux temps féodaux, qu'il faut recourir pour trouver l'origine de la syntaxe, ou chartre constitutive de la langue française. Tous les beaux esprits de Paris réunis ne savent pas nous donner un dictionnaire, qui n'est autre chose qu'une bonne définition de mots. Une tête humaine, si elle veut procéder *à priori*, ne peut pas s'élever à la hauteur du subjonctif : il en est de même de toute chose. Cette ancienne composition du monde, cette distribution des classes et des rangs, objet de reproche et de jalousie, s'est faite, non par l'orgueil, mais par la nature des choses ; et

c'est par cette raison qu'elle s'est faite avec
sens et intelligence.

Et d'abord il est assez simple que, dans des
familles sans vacations positives, et ayant par
cela même à vivre toute la journée dans leur
intérieur, il y ait une sorte de penchant à se
produire à la fin du jour : l'activité du *monde* est
alors comme une sorte de délassement du repos.
En est-il de même des professions bourgeoises?
Elles veulent être mondaines : en ont-elles le
temps? Un médecin qui, pendant toute la journée a couru les rues de Paris, a la prétention
d'aller le soir dans le monde : à quelle heure
cet homme verra-t-il donc sa femme et ses enfans? A quelle heure consultera-t-il ses livres?
fera-t-il ses notes? S'occupera-t-il de ses affaires et de l'établissement de son fils?

Avec des nuances différentes, on doit en
dire autant du négociant, de l'avocat, de
l'architecte : la nature de certaines vacations
met, à cet égard, autant d'obstacles que leur
activité. Au milieu des jeux et des puérilités
du monde, que viendrait faire un évêque, un
prêtre, un magistrat, une large tête d'avocat,
toute pleine de possessoire et de pétitoire, de
lois et d'ordonnances? Peut-il être véritable-

ment un homme du monde, ce médecin qui a
passé sa journée à soigner des fièvres putrides,
ou ce chirurgien qui vient de panser des plaies
et de disséquer un cadavre? Il est évident que
ce n'est point l'orgueil qui a fait ces séparations:
c'est au contraire l'orgueil qui les a défaites, et
qui, en cela même, a fait violence à la nature
des choses.

Voilà pour le monde : passons à d'autres
prétentions.

Avec la loi sur les élections, on espère fixer
dans la classe bourgeoise la prépondérance
politique : avec la loi de recrutement, on espère lui donner l'influence de l'armée. La nature des choses s'opposera encore à ces deux
prétentions. On n'y a pas réfléchi : comment!
on arrange un système politique dans lequel
un médecin, un avocat, un architecte seront
nécessairement élus! En ce cas, malheur à eux
ou à nous; car, si ce sont des hommes considérables dans leur profession, ils ne peuvent
l'abandonner sans le plus grand dommage. Il
faut que vous leur donniez alors une indemnité
de ce dommage; ou qu'ils se la donnent.

Vous voulez que la bourgeoisie ait non seulement toutes les élections, mais encore toutes
les places de la magistrature et de l'armée;

mais d'abord que ferez-vous de la noblesse, qui ne peut pas en avoir d'autres? Avez-vous fait la réflexion suivante : Les places ne donnent pas seulement du lustre, elles en reçoivent. La place la plus insignifiante, si l'usage l'a affectée à une certaine classe élevée, en recevra l'éclat; au contraire, lorsque par l'usage elle est dévolue à une classe inférieure, elle devient inférieure comme cette classe. Voyez ce que vont devenir bientôt vos places de magistrat, que déjà les avocats repoussent et dédaignent ? Vous serez obligés de forcer de rétributions et de salaires, pour remplacer une considération qu'elles n'auront plus. Vous serez obligés d'en faire autant des places de l'armée. Qui fait aujourd'hui qu'elles sont recherchées? C'est le souvenir du lustre qu'elles avaient anciennement acquis, en cela même qu'on les regardait comme le domaine de la noblesse. Quand ce souvenir sera effacé, que leur restera-t-il?

Dans les classes bourgeoises, vouées en général aux professions lucratives, un article important, ce sont les rétributions manuelles. Vos prétentions d'égalité et de point d'honneur ont déjà mis dans les rapports de ces classes avec les classes élevées, un embarras qu'a fort

bien aperçu l'auteur de l'article *Honoraires*
(*Dictionn. des Scienc. médic.*). Dans ma jeunesse, un célèbre avocat, fondateur d'une famille aujourd'hui illustre, ne dédaignait pas de
prendre d'un homme du peuple vingt-quatre
sous pour une consultation verbale. Aujour-
d'hui un avocat n'ose plus prendre : ce qui est
un grand inconvénient pour lui ; ou il prend
immodérément, pour se compenser de la honte
de prendre ; ce qui est un inconvénient pour
nous. En prenant moins, mais prenant plus généralement, on arrivait anciennement à la considération et à la fortune ; la probité n'offrait
aucune difficulté : il n'y avait, en fait de luxe,
aucune dépense imposée par le point d'honneur. Dans le système de confusion d'aujour-
d'hui, comme il faut que la femme de l'architecte et du notaire aillent dans le monde à l'é-
gal de la duchesse et de la comtesse, je n'imagine pas comment elles peuvent faire : je me
trompe ; je ne l'imagine que trop. Il y en a pour
qui la femme d'un procureur, se produisant
toute affublée de bijoux et de dentelles, n'est
qu'un objet de ridicule ; pour moi c'est un sujet d'épouvante.

CHAPITRE XIX.

De la Noblesse.

A quelque prix que ce soit, il faut qu'une nation soit distribuée et classée ; en dépit de la haine du mot, il faut que chaque classe ait sés priviléges : ce qui ne veut dire autre chose que ses lois particulières, *privatæ leges*. En vertu de ces lois particulières, composées toujours d'avantages et de désavantages, un avocat ne peut exercer au-dessus de lui les fonctions de magistrat ; le procureur à son tour ne peut exercer les fonctions d'avocat. Au-dessus de lui le gentilhomme ne peut exercer les fonctions de la Chambre des Pairs ; au-dessous il ne peut exercer de profession lucrative. Entre ces deux exclusions, sa condition est déterminée : c'est d'être candidat né pour toutes les places de service public. La noblesse compose de cette manière une grande notabilité sociale; c'est là son véritable caractère.

Quelques personnes ont pensé qu'à raison de la suppression des priviléges pécuniaires, ainsi que des droits féodaux, il ne pouvait plus y avoir de noblesse en France; jamais elle n'a été mieux marquée. On n'est pas gentilhomme parce qu'on est seigneur, ou parce qu'on paie des impositions d'une dénomination particulière. On est gentilhomme, parce qu'on a été voué par la faveur du Roi, ou par sa naissance, aux professions de service public, à l'exclusion des professions de service privé.

On a beaucoup reproché à la noblesse de prétendre aux places honorables. Ou par les mœurs ou par les lois, ou par les ordonnances ou par la Charte, il faut absolument qu'elle ait les places honorables de l'Etat : car elle ne peut en avoir d'autres. Elle donne du lustre à ces places, et elle en reçoit. L'Etat paie moins en argent des places qui sont payées en honneur : il en résulte ainsi un avantage pour l'Etat; il en résulte aussi un avantage pour les conditions bourgeoises, en ce qu'elles ont à elles seules toute la carrière lucrative.

C'est de toute évidence. Je suppose que les inventions d'aujourd'hui eussent été réalisées cinquante ans plutôt, et qu'en conséquence des doctrines de l'égalité, mises à exécution,

on eût vu toute la noblesse de France descendre du rang qu'elle occupait, et aller remplir
les professions d'avocat, de notaire, de médecin, d'architecte, de banquier, de négociant;
vous voyez aussitôt le refoulement qui s'opère
dans toutes les professions. On m'accordera,
j'espère, que M. de Châteaubriand, M. de la
Bourdonnaye, M. de Villèle, seraient d'assez
bons avocats; que tels et tels autres gentilshommes seraient de même d'assez bons notaires ou
d'assez bons architectes.

La confusion qu'imaginent les niveleurs
d'aujourd'hui est d'une absurdité qui ne peut
se décrire. Elle est aussi d'une profonde injustice. Le Roi peut prendre sur les opinions
actuellement en faveur le parti que sa sagesse
lui suggérera; quoi qu'il fasse, notre devoir
est de défendre auprès de lui les libertés publiques, et de lui céder les nôtres. Nos douleurs ne peuvent avoir qu'un seul langage; notre
devoir est de le saluer en mourant : *Cæsar,
morituri te salutant*. Toutefois, comme toute
justice émane de lui, et que toute espérance est
aussi en lui, il n'est pas inutile de chercher à
attirer son attention sur la position aussi extraordinaire que violente qu'on prépare à l'en-

semble des familles les plus illustres, les plus puissantes et encore les plus influentes de l'Etat.

Quand on parle des pertes de la noblesse, on répond communément : les autres classes n'ont-elles pas perdu aussi ? On cite alors le *maximum*, les assignats, les mandats et la banqueroute des deux tiers, comme si la noblesse avait été étrangère à ces pertes. Tout ce que vous avez perdu en ce genre, la noblesse l'a perdu comme vous, quelquefois plus que vous. Elle a perdu en outre ses biens par la confiscation, et tout ce qui était attaché à la possession de ses terres. Pour les autres classes la révolution a cessé ; pour elle, elle dure encore. Sous Louis XVI, sous Robespierre, sous le Consulat, sous l'usurpation, sous la légitimité, la révolution la poursuit toujours ; elle ne l'abandonne jamais.

CHAPITRE XX.

Nécessité de ce parti pour le Roi.

Ce serait se méprendre sur ma pensée, que de croire, d'après des traits qu'il me sera nécessaire de renforcer, que je veux contester la moindre chose du dévoûment unanime des Français à la cause de la légitimité ; j'ajouterai même, si l'on veut, à la gloire, ainsi qu'à la défense de leur pays. Ce que je veux dire seulement, c'est que ce sentiment, susceptible de nuances diverses, a des degrés qui varient selon les situations, les conditions, et surtout selon l'impulsion toujours prédominante du besoin, de l'intérêt personnel et des liens de famille. Si un de nos envoyés est insulté chez les nations étrangères, si une puissance convoite une portion de notre territoire ou une de nos places fortes, n'est-ce pas s'abuser que de prétendre que ces évenemens feront la même impression sur un homme d'un rang élevé et sur un cocher de fiacre ? On peut dire à la tribune qu'il est indifférent pour le Roi de placer sa garde dans une classe ou dans une autre ; qu'il faut mettre l'autorité indifféremment dans les conditions basses ou dans les conditions élevées ; que le fils du décrotteur, s'il a du talent, doit être également magistrat, également ministre, également soldat, également officier, également général ; un tel renversement de raison serait capable de décomposer la société de l'existence la plus robuste : à plus forte raison ne contribuera-t-il pas à recomposer une société dissoute.

Les circonstances particulières ont ici un grand poids dans la balance.

Lorsqu'une nation a vécu pendant vingt-cinq ans sous une autorité illégitime, lorsqu'elle est pleine encore de cadres, de liens et d'intérêts dérivant de cette autorité, est-il prudent de ne tenir aucun compte de ces circonstances ? Je ne sais s'il a été très-convenable (*fair*) de la part des amis du ministère de porter quelque chose de cette discussion à la tribune. Toutefois il est facile de juger à cet égard le véritable intérêt du Roi. Il suffit de se faire une question. Si Bonaparte, échappé de Sainte-Hélène, ou encore mieux quelqu'un des siens, reparaissait en France avec une armée de cent mille hommes, qui verrait-on le plus ému, un soldat de l'armée de la Loire, ou un soldat de l'armée de Condé; un seigneur de la cour impériale, ou un seigneur de la cour de Louis XVIII? Lorsque je garde une place forte, si je sais que la place étant prise, une partie de mes soldats aura une récompense, et que l'autre, au contraire, sera mise à mort, laquelle des deux m'inspirera plus de confiance?

Les catastrophes particulières et les catastrophes publiques présentent à cet égard le même caractère. Si vous avez perdu un père, un fils, une femme chérie, le cœur navré de douleur, il vous semble que la nature entière doit la partager. Elle ne la partage pas du tout. Ce n'est que dans votre famille, et auprès de vos amis, que vous trouverez de l'intérêt et des larmes. J'ai été témoin, à Paris, du renversement d'un souverain légitime et d'un souverain illégitime. Dans les deux cas j'ai bien vu un peu de cette agitation qui est propre à tous les grands événemens; mais un grand intérêt, je ne l'ai aperçu que dans les deux familles opposées, c'est-à-dire dans les deux

noblesses de la légitimité et de l'illégitimité.
C'est là qu'étaient les douleurs et la conster-
nation ; car c'était là qu'était l'intérêt vif. En
général, c'est dans les classes supérieures, ha-
bituées à raison de leur éducation, de leur délicatesse et de leur loisir, à vivre des choses
de la pensée et du sentiment, qu'on trouve à
cet égard des impressions fortes. Au second
rang, elles s'affaiblissent ; un peu plus bas,
elles disparaissent. Le 19 mars au soir, j'avais
entendu l'horloge des Tuileries ; le 20 mars
au matin, je l'entendis de nouveau ; c'était le
même son.

CHAPITRE XXI.

Manière d'opérer.

COMMENT faire, vient naturellement à la suite de ce qu'il faut faire. Dans des temps aussi difficiles, le mode n'est pas moins important que la chose. La force de la volonté, la franchise dans la volonté, le choix des personnes, la gradation dans les mesures d'exécution, sont les derniers points que j'aie à traiter.

Dans le chapitre précédent, je disais du Roi : Toute justice émane de lui ; toute espérance est en lui. On a beau me menacer des grands mécontentemens de ceux-ci, des grandes plaintes de ceux-là : lorsque ces plaintes ont leur foyer dans une situation fausse, violente, continue, elles sont respectables, il faut les écouter ; mais lorsqu'elles n'ont leur source que dans les prétentions exagérées de quelques petits amours-propres, il faut les dédaigner et poursuivre sa voie. Jusqu'au moment présent, le Roi est la seule force. Il n'a qu'à vouloir, et rien ne remuera; il n'a qu'à parler, et tout se taira.

Une réflexion que ne doivent jamais abandonner ceux qui ont quelque influence dans la direction de nos affaires, c'est que les choses sont ici principalement en scène. C'est des choses qu'il faut surtout s'occuper. D'anciens jacobins furieux sont aujourd'hui des royalistes frénétiques : c'est tout simple. Notre dissolution a été telle, que ce ne sont plus les hommes aujourd'hui qui ont des opinions; ce sont les opinions qui ont les hommes; quelquefois elles ne les ont même pas : elles ne font que les traverser. Cette distinction des hommes qui sont bons et des choses qui sont mauvaises, est tellement nécessaire, qu'on ne peut faire un pas juste dans les affaires du temps, sans l'avoir sans cesse dans la pensée. En général telle est la faiblesse de notre nature, que dans notre haine ou dans notre amour des choses, nous aimons à leur donner une figure. Les ministres sont aujourd'hui, pour la haine d'un certain parti, des idoles d'une espèce particulière. Les enfans maudissent les arbres qu'ils voient s'agiter, dans la pensée que ces arbres font le vent. Certains enfans maudissent de même les ministres, parce qu'au milieu d'un grand mouvement, ils les voient en mouvement. En 1792, c'était la même méprise. On croyait comme aujourd'hui que c'étaient les ministres qui faisaient et qui dominaient les choses. C'étaient, comme aujourd'hui, les choses qui dominaient et qui emportaient les ministres.

Cela même me conduit à prononcer bien positivement, quoi qu'il arrive, mon vœu pour la conservation de l'administration actuelle. Je n'ignore pas que cette administration, toute dévouée au service du Roi, est extrêmement décriée par la France ancienne : c'est par cela même qu'elle peut la servir.

En général, voici la règle. Si vous voulez vous placer sagement dans le sens de la France nouvelle, tâchez d'avoir un ministère qui ait la couleur de la France ancienne. Au contraire, devez-vous vous placer dans la direction de la France ancienne ; il vous est indispensable d'avoir un ministère qui ait la couleur de la France nouvelle. Dans les deux cas, comme il y a des limites qu'il faut prendre garde de dépasser, les hommes deviennent une garantie des choses ; et voilà pourquoi,

à la première restauration, un discours de
M. Lainé, en faveur des émigrés, dans la
Chambre des Députés, et un discours semblable de M. le maréchal duc de Tarente,
dans la Chambre des Pairs, eurent un si grand
effet.

Quelque ministre qu'on ait, tant qu'on
voudra marcher, soit avec les opinions, soit
avec une assemblée représentative, on est
sûr de ne parvenir à rien, on est sûr de
demeurer éternellement dans ce mouvement
de bascule qui, depuis vingt-cinq ans,
est un objet de spectacle, et en quelque sorte
de risée; car, à mesure qu'un parti prend le
dessus, comme on ne sait s'en défendre qu'en
appelant l'autre parti, celui-ci, dès qu'il est
en place, se conduit de manière qu'on est
obligé de rappeler encore le parti opposé. Il
faut absolument laisser là les hommes et les
opinions : il faut marcher avec la raison,
avec la justice, avec la force. Quand un cheval vigoureux vient à s'abattre et à s'engager
dans les traits, que faites-vous? Vous le con-
tenez d'abord vigoureusement ; sans cela il
brise tout. La nation française a été de même
abattue par la révolution. Depuis vingt-cinq
ans, elle se démène avec violence, et ne peut

31

parvenir à aucune situation fixe. S'emparer d'abord de ses mouvemens pour avoir le temps de la dégager, la remettre ensuite dans sa véritable place : voilà ce qu'il faut effectuer.

Toutefois, pour ne donner aucune alarme, ni sur l'objet de cette compression momentanée, ni sur la route qu'on se propose de tenir, ni sur le but auquel on se propose d'arriver, la première condition est de ne laisser rien en doute, de tout découvrir, de tout mettre en évidence. Faire entendre avec clarté la nécessité de se recomposer comme peuple, et de se replacer pour cela sur le terrain de la France ancienne, en y faisant entrer toute la France nouvelle; faire entendre la nécessité de rétablir la distinction des classes, en même temps que la distinction des rangs, comme base fondamentale de toute composition sociale; faire entendre la nécessité de refaire la maison, la famille, la cité, comme base primordiale de toute constitution politique ; ces vues, convenablement présentées, n'auront rien d'effrayant. Une masse d'opinion ne tardera pas à s'en emparer; elle s'y attachera peu à peu, et s'y groupera. Après avoir jeté d'avance ses regards sur une assemblée extraordinaire de notables, ainsi que sur les meilleurs hommes capables de la former, si on a soin d'accréditer auprès d'eux ces doctrines, si on leur laisse le temps d'en délibérer avec eux-mêmes, *ut singuli*, avant qu'ils soient en position d'en délibérer *ut universi*, on parviendra à composer ainsi un système entier de restauration, et à le porter au plus haut degré de maturité.

FIN DE LA QUATRIÈME ET DERNIÈRE PARTIE.

☞ Comme cette dernière Partie a été composée un peu précipitamment à la fin de mars, on comprendra qu'il m'a été impossible d'y traiter ni des finances, ni du Concordat, ni de nos rapports politiques à l'étranger. Un point sur lequel je ne me trouve pas sans reproche, c'est l'omission des trois grandes conspirations intérieures ; celle de Paris, celle de Lyon, celle de Grenoble. Je trouve aussi, en ma qualité de partisan du ministère, que je n'ai pas assez parlé de l'administration actuelle dans toutes ses parties matérielles. M. de La Place a fait un très-bel ouvrage intitulé *De la Mécanique céleste* ; on fera, quand on voudra, un très-bel ouvrage intitulé *De la Mécanique du Gouvernement français*. D'après cela, ce qui y manque, on le voit assez ; c'est une âme. Il ne faut pas douter qu'elle ne s'y forme bientôt de la volonté, de la bonté et de la puissance du Roi.

FIN.

TABLE.

Pages

Objet et plan de cet ouvrage.

Préface .... j

PREMIERE PARTIE. — Analyse des principaux événemens
depuis la seconde Restauration............................ 1

Chap. Ier. Vue générale sur la situation de la France......... 2
   II. De l'intervention des Puissances de l'Europe dans
     les affaires de France. Du droit de cette interven-
     tion 7
   III. De la manière dont les Puissances sont intervenues
     dans les affaires de France, à diverses époques... 12
   IV. Du caractère que devait avoir, dans les circonstances,
     l'intervention des Puissances............... 16
   V. Du caractère de la première Restauration....... 21
   VI. Du 20 mars, et de la seconde Restauration...... 24
   VII. Du premier Ministère..................... 29
   VIII. Des premières opérations du Gouvernement...... 33
   IX. De la convocation de l'Assemblée de 1815....... 37
   X. De la marche et de l'esprit de cette Assemblée... 40
   XI. Poursuite des délits. Affaire du maréchal Ney et
     du comte de Lavalette.................... 45
   XII. De l'attitude de l'Assemblée dans cette circonstance. 49
   XIII. De la réaction de ce mouvement sur l'intérieur de
     la France................................. 54

Chapitres.		Pages.
XIV.	Des résistances apportées à ce mouvement.......	59
XV.	De l'influence de cette victoire sur les opérations ultérieures de l'Assemblée....................	68
XVI.	De l'embarras du Gouvernement...............	75
XVII.	De l'Ordonnance du 5 septembre..............	79
XVIII.	Du mouvement des esprits à l'occasion de l'Ordonnance du 5 septembre......................	85
XIX.	De l'Assemblée actuelle, de sa convocation, et de ses premières séances....................	91
XX.	Des diverses lois de l'Assemblée de 1816, et d'abord de sa loi sur les élections..................	95
XXI.	De la loi sur la liberté individuelle et sur la liberté de la presse.....................	100
XXII.	Des débats sur le Budget.................	105
XXIII.	Des rapports de l'Assemblée de 1815 avec le Gouvernement...........................	107
XXIV.	Des rapports du Gouvernement avec la Nation...	110
SECONDE PARTIE. — Des causes de notre situation.......		115
CHAP. Ier.	De l'illusion qui fait croire que la France a quelque chose d'établi. De notre état provisoire, et de notre état définitif.......................	119
II.	Comment l'état provisoire de la France empêche l'état définitif de se former...............	123
III.	Des exceptions à cette règle. Comment elles sont une nouvelle cause de désordre............	128
IV.	De l'amalgame d'ordre et d'anarchie qui résulte de cet ensemble........................	131
V.	Des intérêts anciens et des intérêts nouveaux.....	135
VI.	Des effets de la victoire remportée par les intérêts nouveaux sur les intérêts anciens. S'il en peut résulter le repos......................	138
VII.	Des effets de la Restauration de Louis XVIII sur le mouvement des intérêts anciens et des intérêts nouveaux........................	145

Chapitres. Pages.

VIII. S'il est vrai, comme on le dit, que la Révolution
soit finie................................. 151

IX. Premier principe d'un mouvement révolutionnaire
universel : esprit d'indépendance 155

X. Second principe de ce mouvement universel révolutionnaire : l'esprit d'égalité.............. 159

XI. Troisième principe de ce mouvement révolutionnaire universel : opposition de l'esprit individuel
à l'esprit de famille....................... 163

XII. Continuation du même chapitre.............. 168

XIII. Quatrième principe de ce mouvement révolutionnaire universel : la haine des temps passés..... 173

XIV. Cinquième principe de ce mouvement révolutionnaire universel : la souveraineté du peuple et la
majorité numérique....................... 177

XV. De l'exemple de l'Angleterre et de l'Amérique... 182

XVI. Influence de toutes ces causes sur notre situation.. 189

XVII. De l'influence de cet état de choses sur la composition de la Charte....................... 197

XVIII. De l'influence de notre situation sur l'exécution
de la Constitution, et sur sa marche......... 203

XIX. De l'influence de notre situation sur l'opinion publique et sur le Gouvernement.............. 209

XX. De l'influence de cette situation sur les Assemblées
délibérantes............................. 215

XXI. Insuffisance des tentatives faites jusqu'ici pour
vaincre cette situation.................... 220

TROISIEME PARTIE. — De la nécessité de changer la situation de la France, et comment il faut la changer........ 225

CHAP. Ier. Des avantages d'une haute commission d'Etat spéciale, à l'effet de préparer notre état définitif. 229

II. D'une première difficulté relativement aux personnes................................ 233

Chapitres. Pages.

III. Nécessité d'une déclaration d'État relativement à la Révolution........................... 243

IV. Du principe de la légitimité considéré dans ses rapports avec l'état général de la France. De l'harmonie sociale........................ 246

V. Sous quel point de vue il faut considérer l'événement de la Révolution.................. 250

VI. De quelle manière il faut considérer les injustices commises par la Révolution. Principe général. 254

VII. De la manière de procéder d'après ces principes envers les acquéreurs des biens nationaux.... 257

VIII. Sur quel principe il faut se décider relativement au retour ou à l'abandon de nos anciennes institutions........................... 267

IX. Applications particulières de cette règle; et d'abord des institutions propres aux classes inférieures. 270

X. De la Bourgeoisie et de la Noblesse. Leurs divers caractères.......................... 275

XI. S'il faut rétablir la Bourgeoisie............... 279

XII. S'il faut rétablir la Noblesse................ 282

XIII. Si la Révolution est un motif pour repousser toutes nos anciennes institutions........... 287

XIV. Du rétablissement de la Noblesse, considéré comme point de justice publique........... 288

XV. De la Noblesse considérée par rapport au Roi légitime............................. 293

XVI. De la Représentation nationale............... 300

XVII. De plusieurs difficultés. Leur solution........ 308

XVIII. De la Constitution de l'État. Principes généraux. 315

XIX. De la disposition d'esprit nécessaire pour s'occuper convenablement de la Constitution de l'État... 320

XX. Comment se compose la Constitution d'un État. Ce que c'est que les pouvoirs............... 324

XXI. De la Monarchie en France sous le Gouvernement représentatif........................... 331

Chapitres. Pages.

XXII. De la Religion et du Clergé................ 337

QUATRIEME PARTIE. — De la Session actuelle de 1817
à 1818................................... 345

CHAP. Ier. De l'impression générale sur la tendance actuelle
du Gouvernement...................... 351

II. Comment le Gouvernement a été porté dans cette
direction........................... 354

III. Des maximes politiques que la loi de recrutement
a donné occasion de manifester............ 359

IV. Impression qui résulte au premier abord de ces
doctrines........................... 367

V. Quelques considérations préliminaires......... 372

VI. Du sentiment de colère qu'a fait éprouver dans
les classes élevées la loi de recrutement...... 379

VII. De l'égalité révolutionnaire qu'on veut reproduire.
Comment cette égalité apparente produit une
inégalité réelle...................... 389

I. De la joie d'une certaine classe, à l'occasion de
la loi de recrutement.................. 396

IX. Continuation du même chapitre. Ce que c'est au
vrai que les progrès de la civilisation........ 402

X. Où nous mèneront les progrès de la civilisation... 408

XI. D'un certain mouvement des sociétés en France
et en Europe........................ 419

XII. Du monde intellectuel. De l'opinion.......... 428

XIII. Dans cette position il est impossible d'avoir des
lois. Premier exemple dans la loi de recrutement............................. 433

XIV. Second exemple dans la loi sur la liberté de la
presse............................ 440

XV. Ce qu'il faut faire..................... 448

XVI. Examen de ce parti, dans les rapports de la
France ancienne et de la France nouvelle.... 454

Chapitres.   Pages.

XVII. Examen de ce parti dans l'intérêt des conditions inférieures.............................. 458

XVIII. De ce parti examiné dans les intérêts de la bourgeoisie................................ 462

XIX. De la Noblesse................................ 470

XX. Nécessité de ce parti pour le Roi............. 474

XXI. Manière d'opérer.............................. 478

Table... 485

FIN DE LA TABLE.

ADRIEN ÉGRON, IMPRIMEUR
DE SON ALTESSE ROYALE MONSEIGNEUR, DUC D'ANGOULÊME,
RUE DES NOYERS, N° 37.

www.ingramcontent.com/pod-product-compliance
Lightning Source LLC
Chambersburg PA
CBHW050542270326
41926CB00012B/1881